WOLFGANG ROITHER

Sonnenblut und Löwenmilch

VERLAG BRÜDER HOLLINEK · 2013

ISBN 978-3-85119-345-9

Hersteller: Verlagsbuchhandlung Brüder Hollinek, A-3002 Purkersdorf
Printed in Hungary

Textbearbeitung: Richard Hollinek
Einbandgestaltung: Andreas Roither
Photo: Elise Madl

Widmung

Dieses Buch widme ich meinem viel zu früh verstorbenen Vater Johann, meinen drei Enkelkindern, meiner in Afrika lebenden Frau Johanna, ihrem Sohn Bobo und allen Menschen, die durch einen gewaltsamen Tod ums Leben gekommen sind.

„Und jedem Anfang wohnt ein Zauber inne.
Der uns beschützt und der uns hilft, zu leben."

Hermann Hesse

... in Afrika ist jeder Augenblick ein neuer Anfang!

Danksagung

Ich bedanke mich besonders bei meinen Eltern, vor allem bei meiner Mutter, die jahrelang in Sorge um mich lebte.
Bei meinen beiden Söhne Thomas und Andreas, die mir das Leben gerettet haben.
Bei meiner großherzigen Schwester Elisabeth, die immer für mich da war.
Bei meinem Bruder Manfred, der mich des Öfteren auf den Boden der Realität zurückgeholt hat.
Bei meinem Freund Richard Hollinek, der seine Erfahrung als Journalist und Verleger in die Überarbeitung meines Textes einbrachte.

Vorwort

Ich war Mitte Dreißig, als ich Österreich verließ, um in Südafrika mein Glück zu finden.
Ich war Mitte Vierzig, als ich endgültig mein ganzes Hab und Gut verloren hatte.
Ich war Mitte Fünfzig, als mich meine Söhne mehr tot als lebendig nach Österreich zurückholten.
Ich habe zu Gott gefunden, dessen Existenz ich bis dahin geleugnet hatte.
Ich habe Afrika in seiner ganzen Schönheit und Brutalität erlebt.
Ich habe menschliche Niedertracht, Behördenwillkür und Korruption am eigenen Leib verspürt.
Ich habe die letzten Naturparadiese dieser Erde kennengelernt.
Ich habe Menschen bitter leiden und qualvoll sterben gesehen.
Ich habe die Unbarmherzigkeit von Naturgewalten erlebt.
Ich bin mehrfach nur knapp dem Tod entronnen.
Ich habe großartige und warmherzige Menschen getroffen.
Ich habe mitangesehen, wie Menschen unterdrückt und diskriminiert wurden.
Ich habe die Liebe gefunden, verloren und wiedergefunden.
Ich habe Abenteuer erlebt, die man sich nicht erkaufen, die man in keinem Reisebüro buchen kann.
Ich habe mich zum Überlebenskünstler, zum Abenteuerakrobaten entwickelt und bin glücklich dabei.
Ich trage meine Abenteuer auf ewig in meine Seele eintätowiert.
Ich war unfähig, in Afrika etwas zu verändern – Afrika jedoch hat mich verändert!

Inhaltsverzeichnis

1. Flucht nach Wien

Sie waren tausende Kilometer geflogen – nicht um mich noch einmal zu SEHEN – sondern um mich aus dem Krankenhaus von Nelspruit ABZUHOLEN!

Es dauerte eine gewisse Zeit, bis ich realisierte, dass die beiden jungen Männer an meinem Krankenbett meine beiden Söhne Thomas und Andreas waren. Eigentlich wollte ich sie nur noch einmal am Telefon hören, bevor ich sterbe. Man wird sentimental, wenn man den Tod vor Augen hat. Jetzt standen sie völlig unerwartet da, mit weit aufgerissenen Augen – mitten in einem südafrikanischen Provinzspital, in einer Gegend, in der sich wenige Weiße aufhalten.

An ihren entsetzten Gesichtern erkannte ich, dass die beiden schwer unter Schock standen. Mein letztes Telefonat, mit dem ich mich für immer verabschieden wollte, mein Zustand, das desolate Krankenzimmer, das ich mit fünf Schwarzen teilte, das schäbige, rostige Bett, die stinkende Hitze, die lange Reise – all das hatte die beiden hergenommen. Entsetzt nahmen sie die Kakerlaken wahr und versuchten sich vergeblich, gegen die Mosquitoschwärme zu schützen.

Neben dem Bett stand ein rostiger und desolater Infusionsständer, an dem die letzte Blutkonserve mit meiner Blutgruppe hing. Die dünne Bettdecke war voll von eingetrocknetem, schwarzem Blut. Der Infusionsschlauch war vor Tagen abgefallen, aber man wechselte das Bettzeug nicht.

Bevor wir drei noch die Sprache wiederfanden, stürmten schon zwei schwarze Krankenschwestern auf die beiden zu, und wollten sie wild gestikulierend aus dem Krankenzimmer hinauswerfen. Weiße sieht man hier nicht gerne. Wir ignorierten sie und verstanden uns wortlos – nichts wie weg von hier! Ich rief Johanna an, um uns abzuholen. Für Fragen war keine Zeit. Ich entfernte den Infusionsschlauch und meine Söhne halfen mir beim Anziehen und Zusammenkramen meiner

Habseligkeiten. Auf sie gestützt machten wir uns auf den Weg, hinaus aus diesem Spital. Von den Krankenschwestern alarmiert kam uns auf dem Gang der behandelnde kubanische Arzt entgegen gestürmt. Es bestünde äußerste Lebensgefahr und es sei aus seiner Sicht unakzeptabel, das Krankenhaus zu verlassen. Vor zwei Tagen hatte er mir noch erklärt, dass man die nötige Operation hier im Krankenhaus nicht durchführen könnte. Gestern hatte er mir mitgeteilt, dass man nur mehr eine Blutkonserve mit meiner Blutgruppe hätte. Ich hatte mich abgefunden, hier zu sterben. Aber jetzt wo meine Söhne da sind – worauf soll ich warten? Es dauerte nicht lange, bis Johanna mit dem Pickup eintraf. Ich erzählte ihr hektisch, was meine Söhne mit mir vorhatten. Sprachlos fuhr sie uns zum Flughafen. Eine schwarze Frau am Steuer, daneben ein heruntergekommen aussehender Weißer und zwei junge Männer auf der Ladefläche fallen in Südafrika auf. In jeder anderen Situation hätten wir das jedenfalls vermieden. Wir erreichten aber ohne Zwischenfälle den Flughafen.
Wir hatten unwahrscheinliches Glück (oder war es göttliche Fügung), dass ich überhaupt ein Ticket im selben Flugzeug bekam, in dem meine Söhne ihre Rückflüge gebucht hatten.
Immerhin mussten wir von Nelspruit nach Johannesburg, von dort nach Dubai und dann nach Wien. Ich machte einen ziemlich erbärmlichen äußeren Eindruck und fühlte mich auch so. Hoffentlich erkennt niemand meinen Gesundheitszustand – keine Airline wird mich so mitnehmen, reiß dich zusammen, lächeln, lächeln, gerade gehen.
Der Abschied von Johanna war kurz, tränenreich und wahrscheinlich endgültig. Ich schickte sie fort, das gemeinsame Warten wäre für uns beide unerträglich gewesen.
Den einstündige Flug nach Johannesburg schaffte ich einigermaßen problemlos. Dort mussten wir sechs Stunden auf den Flug nach Dubai warten, der weitere neun Stunden dauern sollte. Ich verströmte einen widerlichen Geruch. Mit Hilfe meiner Söhne duschte ich auf dem Flughafen, nach langen

Tagen ohne Körperhygiene im Spital zum ersten Mal. Mit all meiner noch vorhandenen Kraft und abgedeckt von meinen zwei „Leibwächtern", innerlich zum Zerreißen angespannt, checkten wir ein. Wieder einmal waren meine schauspielerischen Fähigkeiten gefragt – nur nicht auffallen.
Da saß ich vorerst im Flugzeug nach Dubai, aber würde ich dort auch lebend ankommen? Wenn ja, werden wir den Flug nach Wien erreichen und wie werde ich diese letzte Etappe schaffen? Kaum auf Flughöhe machten sich wieder Schmerzen bemerkbar. Gelegentlich überkam mich ein unbeschreibliches Schwindelgefühl, so dass ich glaubte ohnmächtig zu werden. Ich begann zu beten und das gab mir die Hoffnung zurück, durchzuhalten. Kraft und Zuversicht gab mir auch die Entschlossenheit meiner Söhne, ihren Auftrag durchzuführen, der da lautete, mich auf alle Fälle zurück nach Österreich zu holen und mich in ein ordentliches Krankenhaus zu bringen. Und immer wieder kam mir die alte, triviale, aber sehr zutreffende Weisheit in den Sinn: „Es ist erst vorbei, wenn es vorbei ist."
Wir saßen getrennt voneinander. Meine zwei Söhne kümmerten sich rührend um mich, immer wieder kamen sie zu mir, um nach meinem Befinden zu fragen. Das beruhigte mich ungemein und mit jedem Flugkilometer, den wir hinter uns brachten, wurde mir bewusst, dass ich mich von Afrika für lange Zeit oder sogar für immer trennen musste.
Im Bullauge des Fliegers spiegelte sich mein elend fahles Gesicht, tief unterhalb die unendliche Weite Afrikas, wo ich so intensiv und kompromisslos mein Leben gelebt hatte.
Erschöpft fiel ich in mich zusammen und in einen Ohnmacht ähnlichen Schlaf.
Ich erwachte kurz vor der Landung in Dubai und es wurde mir bewusst, dass ich die zweite Etappe der Reise überlebt hatte.
Die Transferzeit war kurz bemessen, reichte aber aus, um mich problemlos zum Gate zu bringen.
Die Erleichterung war mir ins Gesicht geschrieben als die Maschine für die letzte Etappe nach Wien abhob. Zum ersten Mal

nach langer Zeit konnte ich mit meinen Söhnen ausführlicher sprechen. Zu meinen Schmerzen und Unwohlsein gesellte sich nun sowohl Ungeduld und Anspannung, als auch riesige Freude. Freude deshalb, weil mein älterer Sohn Thomas mir die Nachricht überbrachte, dass ich Opa werden würde. Das wollte ich jedenfalls erleben! Wir landeten pünktlich in Wien. Alles war von meinen Söhnen und meiner Schwester perfekt organisiert: Die Rettung wartete schon auf mich oder besser gesagt, auf das was von mir übrig war. Nach einer kurzen rührenden Begrüßung durch meine Familie brachte mich die Rettung auf dem schnellsten Weg ins Stockerauer Spital.

Schon während der Erstversorgung sagte mir der Notarzt, dass wir unwahrscheinliches Glück gehabt hätten, weil der Flughafen unmittelbar nach unserer Landung wegen einer herannahenden Aschewolke auf unbestimmte Zeit gesperrt wurde. Ein Vulkanausbruch auf Island legte in ganz Europa tagelang den Flugverkehr lahm.

Mit dieser überaus aufbauenden Nachricht, die ich nicht als Glück, sondern als Gottessegen sah, wurde mir klar, dass meine Zeit zu sterben noch nicht gekommen war.

Nach mehreren Untersuchungen in drei verschiedenen Spitälern wurde ich mit der Diagnose eines lebensbedrohlichen Aortenaneurysma nach Wien überstellt. Es wurde mir klar, dass der kubanische Arzt im Buschspital ohne Spezialgeräte zum selben Schluss gekommen war – trotzdem hätte er mir nicht helfen können.

Durch den Unfall mit Cäsar war die dreischichtige Aortenwand aufgespalten worden und hatte einen großen Blutsack gebildet. Dieser drohte aufzuplatzen, was für mich den schnellen und sicheren Tod durch innerliches Verbluten bedeutet hätte. Eine Operation war nicht mehr aufzuschieben und so wurde mir in einer aufwendigen Operation ein 30 cm langer Stent in die Aorta eingesetzt.

Nach meiner Rückkehr nach Österreich telefonierte ich fast täglich mit meiner Frau Johanna, die sehr unter den plötzli-

chen Umständen meiner Abreise und meinem Gesundheitszustand litt. Eines Tages teilte sie mir mit, dass Cäsar und Nero – unsere zwei „Haus“-Löwen – mir nichts, dir nichts in den Busch verschwunden waren und nicht mehr zurückgekommen waren.
Johanna ist mit mir nach Zulu-Ritus verheiratet, was international nicht als Ehe anerkannt wird. Daher kann sie auch nicht nach Österreich kommen. So verließ auch sie nach drei gemeinsamen Jahren das Camp in Thinshaba und zog zurück zu ihrer Familie nach Johannesburg.
Wie es mit ihr weitergeht und ob ich sie je wiedersehen werde, ist ungewiss.

Während meines Krankenhausaufenthaltes hatte ich viel Zeit, mein Leben in Afrika Revue passieren zu lassen und das Erlebte in Episoden niederzuschreiben. In Dankbarkeit für meine Söhne, Enkelkinder, Verwandte und Freunde – für all jene, die in der ganzen Zeit nicht allzuviel von mir wussten.

2. Fehlstart

Tiermörder – Nur Nutten und Tiere tragen Pelze stand wieder einmal in roter Farbe auf den Auslagenscheiben meines Pelzgeschäftes. Die Nachfrage nach Pelzen brach von einem Monat zum anderen immer mehr ein. Was sollte ich machen? Meine Existenz schien gefährdet. Als Kürschnermeister und Pelzhändler hatten ich schlechte Zukunftsaussichten. Ich muss mir etwas anderes einfallen lassen.
Ich war geschieden und somit unabhängig – warum also nicht auswandern?

Sie war bildhübsch und trug gerne teure Pelze. Eines Tages stand sie in meinem Geschäft und faszinierte mich sofort.
Elisabeth war Österreicherin, lebte aber schon damals mehr als zehn Jahre in Johannesburg.
Sie kam regelmäßig nach Österreich, um hier privat mit südafrikanischen Diamanten zu handeln, was mir damals schon zu denken geben hätte sollen.
Elisabeth schien meine Liebe zu erwidern und setzte mir den Floh ins Ohr, mit ihr gemeinsam eine Lederfirma und eine neue Existenz in Johannesburg aufzubauen.
Wenige Wochen später landete ich in Südafrika. Unsere Heiratspläne hatten wir schon in Österreich geschmiedet und verwirklichten sie mit afrikanischer Romantik.
Es dauerte einige Zeit bis ich eine uneingeschränkte Aufenthaltsbewilligung erhielt und somit die Erlaubnis, mein Geld von Österreich nach Südafrika zu transferieren. Immerhin hatte ich einiges angespart. Ich vertraute meiner frisch Angetrauten völlig. Ich hatte daher keine Bedenken, mein Geld vorerst auf das Konto von Elisabeth zu überweisen. Drei Tage später war das Konto leer und Elisabeth weg.
Da saß ich nun verheiratet – aber ohne Frau – ausgewandert, mit gerade 500 Rand Bargeld in der Hosentasche, ohne ausreichende Englischkenntnisse in einer afrikanischen 12-Millionen-Stadt.

Einen Anwalt zu beauftragen, mein Geld zurückzuholen, erschien mir sinnlos, außerdem fehlte mir das dafür nötige Geld. Zum ersten Mal in meinem Leben fühlte ich so etwas wie Panik in mir aufkommen. In dieser Situation versuchte ich Kontakte zu den wenigen Bekannten, die ich in Johannesburg hatte, zu knüpfen. Dank deren Hilfe kam ich wieder auf die Beine, besann mich auf meine Fähigkeiten und eröffnete eine kleine Lederwerkstätte.
Nach einigen Monaten erhielt ich von einem Scheidungsanwalt einen Scheidungsvergleich, den ich unterschrieb.
Nach nur einem Jahr fühlte ich mich schon fast wie zu Hause und lernte immer mehr Menschen, deren Mentalität, ihre natürliche Unbeschwertheit und die unwahrscheinlichen Chancen in diesem Land kennen. Zu dieser Zeit war es für Europäer noch leicht, Fuß zu fassen. Nach einem weiteren Jahr erwarb ich einen gebrauchten LKW und machte zusätzlich gutes Geld mit Übersiedelungen.
Eines Tages buchte Elke, eine junge hübsche Frau, in meiner Firma einen Umzug. Sie war Deutsche, hatte einen Friseurladen und war eine ausgesprochen gute Köchin.
Es war Liebe auf den ersten Blick, alles schien perfekt zwischen uns zu laufen, und niemand hätte sich damals vorstellen können, dass unsere Geschichte einmal so tragisch enden würde.
Nach knapp einem Jahr konnten wir uns einen Kredit für ein eigenes Haus samt Pool und einem Gästehaus in einer schönen Gegend von Jo´burg leisten. Das Haus war groß genug, um darin ein Restaurant mit großes Bar zu eröffnen. Schnell wurde unser Lokal zum beliebten Treff für weiße Zuwanderer.
1994 brach das Apartheitssystem zusammen und die Lebensverhältnisse begannen sich nun für Europäer negativ zu entwickeln. Die Kriminalität stieg drastisch an, nicht ohne dramatische Auswirkungen auf unseren Alltag und unsere weitere Lebensplanung.
Mit Peter fanden wir einen alleinstehenden jungen Mann als Mieter. Sein Gesicht war durch einen Autounfall schwer ent-

stellt. Er war ein herzensguter Mensch und verdiente sein Geld als Klimatechniker. Durch seinen Job musste er in seinem VW Bus wertvolles Werkzeug mit sich führen. Aus Angst ausgeraubt zu werden, war er stets mit einer 45er Magnum bewaffnet, was sich später als schicksalhaft erweisen sollte.
Eines Morgens beobachtete ich vom Küchenfenster aus, wie Peter unser Grundstück mit seinem VW Bus verließ. Er stieg gerade aus, um das große Tor hinter sich zu schließen, als ein weißer Opel Kadett direkt vor seinem Wagen stoppte.

Zwei schwarze Jugendliche springen aus dem Wagen, um den Bus samt seinem wertvollen Inhalt zu stehlen.
Peter greift nach seiner 45er im Hosenbund.
Der eine Schwarze sieht das, springt auf Peter zu und entwendet sie ihm blitzschnell. Ohne eine Sekunde zu zögern, setzt er ihm seine eigenen Pistole an die Schläfe und drückt ab.
Blut spritzt, Peter sackt zusammen.
Die Jugendlichen springen in den VW Bus und rasen davon.

Ich erstarrte. Als ich halbwegs realisierte, was sich da soeben vor meinen Augen abgespielt hatte, rannte ich in Unterhosen aus dem Haus. Es gab nichts mehr zu helfen. Langsam floss Peters Blut auf die Straße und vermischte sich mit Gehirnmasse. Völlig fassungslos stand ich mit bloßen Füßen in einer Lacke warmen Bluts. Es schüttelte mich am ganzen Körper und erst nach einigen Minuten, die mir wie eine Ewigkeit vorkam, war ich in der Lage, die Polizei zu verständigen. Ganz cool und ohne jegliche Rührung – so als ob es die natürlichste Sache der Welt sei – wurde der Leichnam Peters aufgeladen und abtransportiert. Routinemäßig und desinteressiert, begannen mich die Polizisten zu den Vorgängen zu befragen. Polizistenalltag in Johannesburg.
In den Großstädten Südafrikas wurde es für Weiße zunehmend unsicherer. Immer mehr Weiße bewaffneten sich. Durch das tragische Ereignis wurde mir aber klar, dass das Tragen einer Waffe keinen Schutz bieten kann, wenn ein Täter zu al-

lem entschlossen ist. Ganz im Gegenteil! Viele Einwanderer verließen damals Südafrika und kehrten zurück in ihre Herkunftsländer. Elke und ich wollten bleiben, aber raus aus der Großstadt und in den afrikanischen Busch ziehen. Dort schien es uns sicherer.
Mit aller Energie erkundeten wir jede Möglichkeit, wie wir uns diesen Traum erfüllen könnten und sondierten diverse berufliche Möglichkeiten und Jobangebote.

Das Begräbnis meines Vaters in Österreich unterbrach die immer konkreter werdenden Pläne. Trotz der Trauer über den Verlust freute ich mich auch sehr darauf, nach sechs Jahren meine Familie wieder zu sehen. Der Aufenthalt sollte sich auf vier Wochen beschränken. Es gab von allen Seiten viel zu berichten – trotzdem war mir Wien fremd geworden. Nach dem sich die Trauer um meinen Vater langsam gelegte hatte, wurde ich mit einem bislang unbekannten Gefühl konfrontiert: Heimweh. Es verging keine Nacht, in der ich nicht von Afrika, von meiner Frau, von der Weite des Landes und dieser herrlichen afrikanischen Sonne träumte. Vor allem sehnte ich mich nach Abenteuer und Freiheit. Vielleicht hatte ich deswegen nie Heimweh nach Österreich – seltsam!
„32 Grad, Sonnenschein und leicht windig ..." hörte ich über den Bordlautsprecher.
Durch das Seitenfenster konnte ich auf Johannesburg sehen. Die unzähligen türkisfarbenen Swimmingpools waren das erste, was mir ins Auge sprang. Unter mir lag Jo´burg, die Stadt, die mein neues Zuhause geworden war. Dennoch wollten wir weg von hier.
JOHANNESBURG, die Metropole, das New York Afrikas.
Die Atmosphäre dieser Stadt ist berauschend, anziehend und geheimnisvoll.
Eine Stadt, in der jederzeit alles passieren kann.
Eine Stadt wie ein Abenteuer.
Eine Stadt, in der jede Sekunde ein Abenteuer beginnen kann.

Mein Herz klopfte, meine Gefühle überrollten mich wie eine Springflut.
Der schwarze Boy, der meinen Koffer zum Auto brachte, quasselte mich unentwegt mit einer mir unverständlichen Sprache voll. Ich genoss seine unbefangene Natürlichkeit.
Das grausam brutale, aber auch friedlich zivilisierte Johannesburg hatte mich wieder.
Ich vermisste Elke, sie war, während ich in Europa weilte, nach Capetown geflogen, um ihre Tochter aus erster Ehe zu besuchen und kam erst einen Tag nach mir zurück.
Kaum im Haus angekommen läutete auch schon das Telefon.
Es war Ray, ein Farmbesitzer, dem ich vor vielen Monaten eine maßgefertigte Jagdweste aus bestem Leder geschneidert hatte. Er war überaus zufrieden damit und hatte uns spontan auf seine Farm eingeladen. Dann hörten wir nichts mehr von ihm.
„Ich bin dir noch eine Einladung schuldig, erinnerst du dich, vor ein paar Monaten sprachen wir von meiner Farm in Timbavati ... wir machen uns ein paar schöne Tage, gehen ein bisschen jagen und genießen das Leben hier im Busch, na wie klingt das?“ Ich war überrascht, denn geglaubt hatte ich an diese Einladung nie richtig.
„Das klingt verdammt gut, Ray. Wann soll es losgehen?“
„Meine Frau Meryl ist bis Freitag in Jo´burg, sie muss einige Dinge erledigen. Ihr könnt ja dann im Konvoi hierher fahren.“

Ich machte mich auf den Weg zum Flughafen, um Elke abzuholen.
Ich konnte es kaum erwarten, sie in die Arme zu nehmen und ihr von Ray´s Einladung zu erzählen. Die Wiedersehensfreude war riesig, und wir begrüßten uns in einer endlos verschlungenen Umarmung. Als ich ihr von Ray und Meryl erzählte, umarmte sie mich gleich noch einmal. Hektisch stellte sie fest, dass sie nur noch zweieinhalb Tage zur Verfügung hatte, um alles vorzubereiten. Elke ist sehr genau und gewissenhaft – deutsche Gründlichkeit eben.

Auf dem Heimweg kauften wir noch diverse Getränke ein und komplettierten unsere Reiseapotheke.
Wir erzählten uns die Erlebnisse unserer Reisen und genossen den hereinbrechenden Abend.
Ich grillte auf der Terrasse zwei saftige Steaks, stellte Bier und Sekt kalt und Elke machte sich inzwischen schön ...
Beim Frühstück fragte Elke mich, ob ich mich an Carlos, den Arzt erinnern könnte, den wir Monate zuvor auf einer Gartenparty getroffen hatten. „Er will eine Straußenfarm aufbauen, um die Augen der Vögel in der Human-Chirurgie einzusetzen."
„Menschen mit Straußenaugen ... gruselig!"
„Die Südafrikaner sind gut im Transplantieren, denk an Christiaan Branard, dem hat auch keiner geglaubt, dass man ein Herz transplantieren kann. Heute ist das Routine."
„Die Straußenfarm liegt in der Nähe von Rays Lodge, wir können am nach Hauseweg dort vorbeischauen und uns ein Bild davon machen" meinte Elke. Sie klang fast ein bisschen euphorisch.
Also rief ich Carlos an, der mich nicht sofort erkannte.
„Wir haben auf einer Party sehr ausführlich über deine Straußenfarm gesprochen, die du aufbauen wolltest, ist diese Idee noch aktuell?
„Ja klar – nur konnte ich mich in der letzten Zeit nicht darum gekümmert, aber die Idee ist noch aufrecht, warum?"
„Vielleicht können wir uns treffen, um über dein Projekt noch einmal zu reden."
„Klar, morgen hätte ich Zeit, abends bei mir, ist das O.K.?"
„Ja, auf alle Fälle ..."
Am nächsten Tag machten wir uns auf den Weg zu Carlos und Petra.
Zu dieser Jahreszeit waren die Jacarandabäume in voller Blüte und wir genossen die lange Fahrt quer durch Jo,burg. Der wunderbare Duft und das faszinierende Blau dieser prächti-

gen Blüten verzauberte uns, und wir genossen die Reize dieser schönen Stadt.
Bei Petra und Carlos angelangt, zeigten sie uns nach dem üblichen Begrüßungszeremoniell ihren herrlichen Garten mit Pool, Sauna und eigenem Vogelpark. Sie hatten für uns Braaifleisch und Getränke vorbereitet. Nach kurzem Smalltalk kamen wir gleich zum Thema.
Carlos erzählte mir nun mehr Details über sein Projekt. Dass er die Farm bereits gekauft hat und das sie am Fuße des Bloodriver-Canyons liegt, seit zehn Jahren nicht mehr bewirtschaftet wird und ideal für die Straußenzucht geeignet ist. Er sei auf der Suche nach einem Ehepaar, das Abenteuer liebt und sich nicht scheut, hart zu arbeiten.
„Wenn das Geld stimmt, dann sind wir die richtigen", dachte ich mir, ohne viel nachzudenken. Nach außen hin zeigte ich mich vorsichtig interessiert und abwartend. Carlos erklärte mir vorerst den Zustand der Farm und den Weg, auf dem wir dorthin gelangen würden.
Er klärte uns über den eingebrochenen Dachstuhl, Pflanzen, die sich den Weg durch den Holzfußboden suchten, Fledermäuse, Schlangen, Skorpione und dergleichen auf. Das machte die ganze Sache für uns noch interessanter. Dass auch Leoparden, Krokodile und Hippos da sein sollten, ließ in mir eine leichte Gänsehaut aufkommen. „Willst du im Busch leben oder nicht?", machte ich mir selbst Mut.
Wir verstanden uns gut und einigten uns darauf, dass wir uns vorerst einmal ein Bild vom Zustand der Farm machen wollten. Carlos zeichnete uns den Weg auf, gab uns den Schlüssel und erklärte uns, wo wir Matratzen und dergleichen für die Übernachtung finden könnten.
Carlos und Petra begleiteten uns noch zu unserem Auto. Carlos nahm mich dabei zur Seite: „Eins noch - das hätte ich beinahe vergessen. Auf dem Grundstück leben zwei Strauße, ein Männchen und ein Weibchen. Das Männchen ist auf einem Auge blind und sehr aggressiv gegenüber allem, was schwarz

ist. Seid vorsichtig und vermeidet dunkle Kleidung. Der Strauß wurde nämlich auf schwarze Einbrecher abgerichtet und du weißt, mit einem aggressiven Strauß ist nicht zu spaßen. Also nochmals alles Gute und genießt den Trip in die Wildnis."
Unsere Gedanken irrlichterten umher: Waren wir kurz davor, dass unser lang gehegter Traum in Erfüllung gehen sollte?
Noch während der Heimfahrt begannen Elke und ich die Dinge zu analysieren. Tausende Fragen und Vorstellungen quälten uns und versetzten mich in einen Zustand der Erregung, den ich bei mir noch nie erlebt hatte.
Letztendlich stellten wir fest, dass wir viel zu kurz in Afrika waren, um eine Ahnung davon zu haben, was ein Leben im Busch bedeutete. Wir beschlossen, die Sache auf uns zukommen zu lassen. Vorerst stand der Besuch auf Rays Farm an und danach der Besuch auf der Straußenfarm.

3. Die Jagd

Trotz einer Strecke von 450 Kilometern verging die Fahrt zu Ray´s Farm wie im Fluge.
Das schwarze Brüderpaar Syed und Paulus begrüßten uns kurz, aber herzlich. Sie arbeiteten auf der Farm und lebten mit ihren großen Familien in eigenen Hütten abseits des Haupthauses.
Syed war der Jüngere. Er war ein ausgezeichneter Spurenleser und konnte die meisten Tiere an ihrem Geruch erkennen. Sein Bruder Paulus war zuständig für das Haus, den Pool, die Waffen und Fahrzeuge.
Das Haupthaus war geradezu umwerfend schön, riesenhaft groß und mit allem erdenklichen Luxus ausgestattet. Ray erzählte mir, dass sein Großvater das Haus gemeinsam mit Paul Kruger gebaut hatte. Das machte Eindruck auf mich, Ray war wohl ein bekannter und einflussreicher Mann in Südafrika.
Nach einem Rundgang durch das Anwesen setzten wir uns auf die Terrasse, genossen unsere Drinks und begannen abzuschalten. Meryl entschuldigte sich, um sich schön zu machen und nach dem Abendessen zu sehen.
Das Violett-Rot der untergehenden Sonne legte sich wie ein Riesenteppich über den Busch, atemberaubend schön. Der Busch begann zu leben. Das erste, was man hören konnte, waren die Hyänen mit ihrem schauerlichen Lachen, zunehmend gefolgt von einem schier unglaublichen Gewirr an Tierstimmen.
Elke und ich blickten uns in die Augen. Wir verstanden uns wortlos: Genau das wollten wir erleben!
Ray sammelte Holz für ein Lagerfeuer. Er brach die Knüppel so leise wie möglich, um das Konzert der Tiere nicht zu stören. Das kleine Feuer vermittelte Geborgenheit und Sicherheit.
Ray setzte sich zu uns und wir genossen Zigarette rauchend den „SOUND OF ARIKA“, dann entschuldigte er sich auf einmal für einen Moment und lächelte irgendwie seltsam.

Kaum hatte sich Ray entfernt, spürte ich etwas Feucht-warmes in meinem Nacken, dann an meinem Ohrläppchen. Ich griff vorsichtig nach hinten und spürte Elkes seidenes, welliges, Haar. Ich konnte ihren Atem und ihre Haut riechen, pochend spürte ich ihr Herz auf meiner Zunge …
„Das Essen ist fertig!" Meryl stand, nur mit Bikini bekleidet, ein großes Tablett in Händen, mitten auf der Terrasse. Wir kamen uns ertappt vor, wie Halbwüchsige beim ersten Kuss.
Meryl war wohl 40, wirkte jedoch 10 Jahre jünger. Sie hatte eine tolle Figur, glatte Haut und war eine ausgeprägte Persönlichkeit. In dieser Umgebung kam es mir seltsam vor, wie sie da im Bikini stand, mitten im afrikanischen Busch.
Auf der Terrasse stand ein großer, schwerer Holztisch, wunderschön gedeckt mit verschiedensten Blumen und edlem Geschirr.
Syed und Paulus bedienten uns fein herausgeputzt in Baumwollhemden mit Leopardenmuster, kurzen Khaki-Hosen und dazu passenden Kappen.
Bevor wir mit dem Essen beginnen konnten, hielt Ray eine Tischrede.
„Meine lieben Freunde!
Herzlich willkommen auf meiner Farm mitten im Timbavati Nationalpark.
Ihr seid mitten in einem Big Five Gebiet. Hier gibt es eine Unzahl von Wildtieren, die bis zum Haus kommen, manchmal auch ins Haus.
Ihr seid neu hier, beachtet daher folgende Grundsätze:
Erstens: Keine Spaziergänge ohne mich, Syed oder Paulus im Busch.
Zweitens: Wenn ihr einen Raum betreten wollt, dessen Türe geschlossen ist, tretet zuerst mit dem Fuß gegen die Türe – ihr könnt es an den abgeschlagenen Türen sehen. Warum? Wenn sich ein Tier in diesen Raum befindet, gebt ihm die Chance, auf demselben Weg zu verschwinden, auf dem es gekommen ist.

Drittens: Lasst keine Speisen irgendwo herumliegen, gebt sie nach Gebrauch in den Eisschrank. Abgesehen von Ameisen haben wir hier auch Affen, Honybadger und genug andere Allesfresser.
Viertens: Wir sind hier nur Gäste bei den Tieren, vergesst das bitte niemals. Wir befolgen hier die Gesetze der Natur, das einzige, was ihr hier mitnehmen dürft, ist die Erinnerung. Was ihr zurücklasst, sind eure Fußspuren – sonst nichts – alles klar?
Ansonsten sind wir hier im Paradies, lasst es uns genießen.
Vor allem möchte ich mich bei dir, Elke, bedanken, dass du meine Frau immer mit ausgezeichnetem Hairstyling und Kosmetika versorgst.
Und bei dir, lieber Wolfgang, möchte ich mich für das schöne Huntingjacket und all die anderen Dinge, die du für mich angefertigt hast, bedanken.
Ich hoffe, wir haben eine gute Zeit miteinander und der Busch zeigt sich von seiner schönsten Seite – Prost!
Lasst euch das Essen schmecken!"

Ein eigenartiges Vogelgezwitscher, vermischt mit einem tiefem Grollen ließ uns wach werden. Ich schob vorsichtig und neugierig die Vorhänge zur Seite. Durch den Morgennebel hindurch bot sich mir ein überwältigender Anblick. Vor dem Fenster graste eine Büffelherde. An den Äsern, den Lauschern und zwischen den Läufen der Büffel hingen Oxpecker und reinigten sie von Ungeziefer. Oxpecker haben auch die Funktion einer „Warnanlage". Wenn man im Busch ist und die typischen Laute der Vögel hört, dann sind Büffel in der Nähe. Sie melden aber auch die Anwesenheit von Löwen mit speziellen Pfeiftönen. Die Büffel ergreifen daraufhin sofort die Flucht.
Ein Bulle stand ungefähr drei bis vier Meter vor unserem Fenster und sah mich direkt an. Elke klammerte sich von hinten an mich, aufgeregt vibrierte ihr ganzer Körper.
Der Büffel hob seinen gewaltigen, massigen Kopf, als er uns witterte. Die Flanken des 1.500 kg schweren Brockens began-

nen sich anzuspannen und zu beben, so als wollte er jeden Moment vorpreschen.
Die Umklammerung meiner Frau wurde fester.
Er hob sein schweres Haupt und schnaubte laut und bedrohlich durch seine geblähten Nüstern. Ich roch seine Ausdünstung. Wie auf Kommando preschte die ganze Herde davon, 20 bis 30 Büffel samt Kühen und Kälbern. Sekundenlang konnten wir noch das Grollen ihrer Hufe hören.
„Dieser Tag fängt ja großartig an!" meinte ich und Elke nickte wortlos.
Da es noch sehr früh und von Schlafen keine Rede mehr war, beobachtete wir vom Fenster aus die unmittelbare Umgebung. Wie in einer Theaterloge wartete wir auf den nächsten Akt dieses Naturschauspieles.
Mit lautem Gequake tummelten sich Kröten im Gras.
Plötzlich ging alles sehr schnell, ich vergaß vor Aufregung fast auf´s Atmen. Mit einem sicheren Biss schlug eine wie aus dem Nichts auftauchende Schlange ihren Kiefer seitlich in den Bauch einer Kröte. Langsam, aber bestimmt wickelte sie sich um ihr Opfer, um es dann Stück für Stück in sich hineinzuwürgen, bis nur mehr die Hinterbeine der Kröte zu sehen waren. Dann verschwand die Schlange träge im hohen Gras.
In Rays Bibliothek fand ich später heraus, dass es sich um eine besonders giftige Puffotter handelte, die sich auch gerne in der Nähe von Menschen aufhält.
Es war Zeit zum Frühstücken. Es duftete bereits nach frisch gebrühtem Kaffee.
Doch bevor wir noch am Tisch Platz nehmen konnten, kam Syed aufgeregt aus der Küche gerannt. Meryl erzählte uns, was vorgefallen war. „Ray und Syed haben einen Honybadger im Schlachthaus gefangen. Der hat heute früh eingebrochen. Kommt, lasst uns in der Zwischenzeit frühstücken", sagte sie ganz cool.
„Nein, das muss ich sehen", antwortete ich und ging durch den Korridor zum Schlachthaus.

Durch einen Spalt in der Tür sah ich, wie die Männer einen sich wild wehrenden, pfauchenden Honigdachs in einem Netz zu bändigen versuchten. Immer wieder gelang es dem Tier, das Netz zu lockern, und plötzlich schnappte es Syed am Unterarm. Blutend sprang Syed mit schmerzverzerrtem Gesicht zur Seite. Jetzt war ich als Hilfe gefragt. Ich hatte aus Sicherheitsgründen immer einen Taser bei mir, den ich rasch aus meinem Zimmer holte.
Der Honigdachs wehrte sich noch immer wild. Entschlossen betrat ich den Raum, setzte ihm den Taser am Rücken an und drückte ab. Die Elektrizität zeigte ihre Wirkung: Als ob man das Licht abdreht sofortige Stille und der Honeybager war bewegungsunfähig.
Stoßweise zuckte sein bewußtloser Körper und er atmete schwer.
Ich hatte keine Ahnung, wie lang dieser Zustand bei einem Honeybager anhalten würde. Ohne zu zögern ließen wir das Netz mit dem Tier zu Boden und trugen ihn vor das Haus. Dort lösten wir das Netz und brachten uns in Sicherheit. Ich hatte Zeit, das Tier zu beobachten, während es wieder zu sich kam. Er schaute etwas verdutzt und planlos, anschließend wild und verärgert um sich und trottete dann wie ein geschlagener Champion in den Busch davon.
Mit meiner Aktion und dem entschlossenen Einschreiten verschaffte ich mir Respekt. Ray kannte Taser nur vom Hörensagen und ich musste ihm sofort erklären, wie er funktionierte.
Im Haus waren unsere Frauen noch immer mit dem Verarzten von Syed beschäftigt.
Der Honeybager hatte ihm eine tiefe Wunde am Unterarm zugefügt, aber zum Glück nicht so tief, als dass er ins Spital hätte müssen. Ranger sind hart im Nehmen.
Nun war endlich Zeit für das Frühstück und Gelegenheit, unseren Frauen den Vorfall zu berichten.
Meryl blieb nach meiner Erzählung eher gelassen und sagte nur: „Es kommt öfter vor, dass Honeybager ins Haus kommen.

Ein Glück, dass er alleine war, manchmal sind es drei oder vier. Mit den fürchterlichen Krallen kommen sie fast überall hinein. Sie sind so kräftig, dass sie ganze Bäume zerreißen, um an den Wildbienenhonig zu kommen - deshalb auch ihr Name."

„Warst du schon einmal jagen?", fragte mich Ray.
„Noch nie richtig," antwortete ich.
„Wie wär´s mit einem Impala Bock?"
„Traust du mir das zu?"
„Mal sehen."

Ray ging ins Haus und kam mit einem Gewehr zurück. Er wollte sehen, ob ich damit umgehen könnte. Dazu sollte ich es zerlegen, reinigen und wieder zusammenbauen.
Dabei wurde ich durch lautes Trompeten unterbrochen.
„Kommt schnell, nehmt eure Sachen, es sind Elefanten beim Wasserloch!" rief Ray.
Wir bestiegen den Landrover.
Obwohl wir sie noch nicht sehen konnten, wussten wir doch, dass sie hier waren.
Wir hörten das Knacken der Äste und rochen den frischen Urin.
Wir vernahmen auch jenes Bauchgrollen, mit dem sich die Elefanten unterhalten. Ein plötzliches Trompeten schräg hinter uns ließ uns aufschrecken.
Ein riesiger Bulle direkt hinter unserem Wagen gab uns zu verstehen, dass wir hier unerwünscht waren. Durch seine ständig vorwärts schlagenden, riesigen Ohren konnten wir deutlich seinen Unmut erkennen. Seine Drohgebärden unterstrich er durch das Herumtänzeln von einem Bein auf das andere. Seinen Rüssel schleuderte er ununterbrochen Richtung Auto.
Syed stieg aus und versuchte, den Bullen durch Steinwürfe und Geschrei zu vertreiben.
Er wusste mit solchen Situationen umzugehen.

Der Elefant stand noch immer sehr aufgeregt hinter uns, war sich aber offensichtlich selbst nicht mehr im Klaren, ob er angreifen oder abhauen sollte.
Laut schreiend, Steine werfend und wild gestikulierend lief Syed dem Koloss entgegen.
Erfolgreich, denn der Bulle drehte sich um und zog sich in den Busch zurück.
Wir atmeten erleichtert auf, besonders Elke, die sich zwischenzeitlich in den Fußraum der Rücksitzbank verkrochen hatte.
Syed kannte den Bullen schon seit einigen Jahren. „Der führt sich immer wilder auf als er ist ..." meinte er.
„Danke, dass du das jetzt erst sagst, ich hätte mir beinahe die Hosen vollgeschissen ...", dachte ich stirnrunzelnd.
Syed gab uns zu verstehen, dass der Elefant noch immer hier war und uns aus einer größeren Distanz beobachtete.
„Wir bleiben aber noch hier, ansonsten glaubt der Elefant noch, er ist der Gewinner und läuft uns nach, um seinen Sieg sicher zu stellen. Nehmt gemütlich einen Drink, er wird uns nichts tun. Irgendwann wird ihm langweilig und verschwindet von selbst," erklärte uns Ray.

Der Straße folgend, die wegen der starken Regenfälle der letzten Tage Rays gesamtes Fahrkönnen abverlangte, ging es über lang gezogene Kurven auf einen Hügel hinauf.
Dort angekommen sahen wir hinunter auf das Wasserloch, um das sich eine Elefantenherde versammelt hatte. Wir konnten Mütter, Tanten und Jungtiere beobachten, wie sie badeten, tranken und spielten. Elke und Meryl waren besonders von den Babies entzückt.
Eine kleine Herde Zebras gesellte sich zu den Dickhäutern, auch Impalas waren zu sehen.
Ich legte meinen Arm um Elkes Schultern und wir genossen den Augenblick.
„So habe ich mir das vorgestellt", flüsterte ich Elke ins Ohr.
„Genau so", stimmte sie mir zu.

Ray riss mich aus meinen Gedanken: „Komm, Wolfgang, wir gehen zum Schießplatz, zeig, was du kannst".
„Klar, ich will das alles lernen, obwohl ich keine Leidenschaft für die Jagd empfinde, hier draußen sollte man jagen können." antwortete ich.
„Gut so. Syed sucht dir morgen einen alten Impala Bock. Ihr werdet vielleicht sogar einige Tage unterwegs sein müssen. Du kannst dich auf ihn hundertprozentig verlassen, er ist hier im Bush geboren und war noch nie in einer Stadt."
„Aber nervös bin ich trotzdem".
„Das kann ich gut verstehen", beruhigte mich Ray.

Müde und überwältigt von den Eindrücken fielen wir ins Bett. Normalerweise wären wir nach einem anstrengenden Tag wie diesem gleich eingeschlafen, dazu roch mir aber Elke zu gut …
Am nächsten Morgen drückte mir Ray das Gewehr und eine Packung Patronen in die Hand.
„Hier draußen ist Syed der Boss, mach, was er sagt!"
„Okay, Ray."
Ich sollte strikt hinter Syed hergehen und keine eigenen Wege suchen.
Nordwestlich vom Haus hatte er eine mittelgroße Impala Herde mit ein paar alten Böcken ausgemacht. Genau das, was wir suchten.
Wir erreichten das Gebiet, in dem sich die Impalaherde aufhalten sollte und stiegen aus.
Mein Herz pochte so heftig, dass ich dachte, jeder könnte es hören. Mein Blut pulsierte in meinen Adern, wie ich es noch nie zuvor erlebt hatte.
Plötzlich hielt Syed an. Konzentriert starrte er auf das Geäst direkt vor uns. Ich konnte außer Blättern und Ästen nichts erkennen. „Twigsnake" flüsterte er mir ins Ohr.
Jetzt sah auch ich die Schlange.

Steif wie ein Ast lauerte sie perfekt getarnt in zwei Metern Höhe im Geäst. Ich alleine hätte das überaus giftige Reptil einfach übersehen!
Syed nahm einen dürren Ast und schleuderte ihn gegen die Schlange. Diese schoss wie ein Pfeil durch die Äste bis sie nicht mehr zu sehen war.
Dann endlich tauchte die Antilopenherde auf. Friedlich grasend standen die herrlichen Tiere keine 50 Meter vor uns. Mitten in der Herde entdeckten wir einen prächtigen alten Bock.

Syed kniete vor mir nieder und ich lege das Gewehr wie ausgemacht auf seiner Schulter auf.
Ich drücke den Kolben fest in meine Schulter.
Im Zielfernrohr sehe ich den Bock, Haupt, Träger, Blatt …
Ich ziehe den Stecher, atme aus und drücke ab.
Mit einem hörbar dumpfen Aufschlag trifft das Geschoss sein Ziel.
Der Bock bricht auf der Stelle tot zusammen.

Ray und Syed gratulierten mir zu diesem perfekten Schuss.
Ich hatte irgendwie Mitleid mit dem schönen Tier, gleichzeitig war ich stolz auf mich!
Syed schälte mit seinen Zähnen einen Streifen Rinde von einem Ast und flocht daraus einen Riemen, mit dem er die Vorderläufe mit den Hinterläufen des Tieres zusammenband. Dann hoben sie gemeinsam den Bock auf und hingen ihn mir schräg über Kopf und Schulter. Ich musste meine 70 kg schwere Beute selbst bis zum Auto schleppen, das ist so der Brauch. Hautnah spürte ich zum ersten Mal in meinem Leben einen toten Körper an meinem Leib, noch warm und blutend.
Ray schoss einige Zeit später noch einen weiteren Bock für sein Personal. Ray versorgte seine Leute regelmäßig mit Fleisch, damit sie nicht auf die Idee kamen, zu wildern oder Schlingen auszulegen.

Zurück auf der Farm, zeigte mir Syed gekonnt, wie man das Tier aufbricht, häutet, zerlegt und die Trophäe abnimmt. Diese sollte mir gehören.
Vom Blut der Gazelle angezogen, hatten sich Ameisen in meine Kleidung eingeschlichen.
Die unzähligen Bisse schmerzten wie kleine Nadelstiche. Ich riss mir die Kleider vom Leib und rannte durch das Haus zur Dusche. Ich musste die Biester so schnell wie möglich los werden, die Bisse konnten sich gefährlich entzünden.
„Das Wetter ändert sich, nackte Männer fliegen durch das Haus!" scherzte Meryl.
Elke hatte einiges zu tun, um mir dabei zu helfen, Ameisen, die sich in den unmöglichsten Stellen verbissen hatten, zu entfernen. Nicht unamüsiert, wie ich feststellte, da sie an einem bestimmten Körperteil länger als nötig schrubbte.
Nachdem ich von den Quälgeistern befreit war, erschien Ray und meinte schmunzelnd: „Es ist Brauch, dass derjenige, der zum ersten Mal auf die Jagd geht, die Hoden des Tieres isst, das er geschossen hat." Er stellte mir den Teller mit den liebevoll garnierten Impalahoden auf den Tisch. Leicht angebraten mit etwas Petersilie und Bratensaft.
„Das krieg ich nie hinunter" stammelte ich.
„Ja, ja, typisch: Zuerst den großen Macker spielen und dann den Schwanz einziehen!", murmelte Meryl halblaut in sich hinein.
Raymond zuckte mit den Schultern und schaute streng, so als wollte er mir sagen: „Tu das, was Brauch ist, sonst verlierst du dein Gesicht."
Syed brachte eine Flasche Brandy, für alle Fälle.
Mittlerweilen hatte sich das ganze Hauspersonal eingefunden, um das Schauspiel belustigt zu beobachten.
Die Dinger schmeckten genauso, wie sie rochen. Zu allem Unglück waren sie auch noch kaum zu kauen. In einem Stück hinunterwürgen ging auch nicht, dazu waren sie zu groß.
Schluck für Schluck, Biss für Biss, hinunter damit.

Dazwischen nahm ich immer wieder einen kräftigen Schluck Brandy zu mir.
Geschafft.
Die Zuschauer applaudierten und klopften mir auf die Schulter.
„Einige andere haben sich dabei angekotzt...", meinte Meryl. Diesmal klang es so, als ob sie ein wenig stolz auf mich wäre.

4. Löwenmilch

Am nächsten Abend erzählte Syed, dass er eine verletzte Löwin in einem ausgetrockneten Flussbett entdeckt hatten. Sie hatte sich den Stachel eines Stachelschweins ins Maul gerammt und konnte dadurch weder fressen noch saufen. Raymond beschloss, der Löwin zu helfen, noch unklar darüber, ob er mich als Buschneuling mitnehmen sollte. Syed ergänzte, dass diese Löwin Junge hätte, was die Situation noch gefährlicher erscheinen ließ. Ich versicherte Ray, dass ich keine Angst hätte und unbedingt mit dabei sein möchte.

Ray hatte einige Semester Veterinärmedizin studiert und war daher mit allem ausgerüstet, was man so braucht. Er holte einen Aluminiumkoffer mit einem Narkosegewehr aus seinem Schrank und packte konzentriert seine Ausrüstung zusammen.

Ray bat mich, meinen Taser mitzunehmen. Schnell ging ich ins Haus, um ihn zu holen. Als ich zurück zum Landrover kam, saßen beide bereits im Auto. Raymond hinter dem Steuer, Syed, wie immer entspannt und cool auf dem Treckersitz. Ich sollte neben Ray Platz nehmen. Sydney wies Raymond den Weg. Der Bush war ungewöhnlich ruhig, so als würde man durch einen Park fahren.

Auf einer Anhöhe mit einer Lichtung stoppte Ray nach Syeds Aufforderung den Wagen und wir schulterten unser Gepäck. Von nun an ging es zu Fuß weiter. Ray drückte mir ein geladenes Gewehr in die Hand, mit dem Hinweis: „Zur Selbstverteidigung! Bleib strikt hinter mir, immer!"

Nicht ohne Stolz sah ich, dass Ray die Jagdweste trug, die ich ihm gemacht hatte. Nach einigen Minuten erreichten wir das ausgetrocknete Flussbett. Syed zeigte uns die Spur der Löwin, die er entdeckt hatte und erklärte auch, dass er anhand der Spuren erkennen könne, dass sie eine Verletzung habe. Das hieß: Doppelte Vorsicht! Der Spur folgend gingen wir das Flussbett entlang. Ray hielt an, nahm das Gewehr aus dem Koffer, steckte das Zielfernrohr auf und justierte es. Dann nahm er eine Liste aus einem Seitenfach des Koffers sowie einige Ampullen und begann, eine Mixtur zu mischen. Syed erkundete in der Zwischenzeit die Umgebung.

Wir gingen weiter, nachdem Ray mit der Adjustierung des Gewehres fertig war.

Ray erklärte mir, dass verletzte Löwen häufig die Nähe von Menschen aufsuchen. Daraus könne man schließen, dass sie sich Hilfe erwarten. Wahrscheinlicher sei es aber, dass Menschen eine leichte Beute für sie darstellen. Nicht gerade beruhigend, dachte ich. Syed stoppte und zeigte uns, dass die Löwin hier angehalten hatte, um zu rasten und ihre Wunden zu lecken. Im niedergedrückten Gras waren deutlich Blutspuren zu sehen. Es wurde immer heißer und unser Weg immer beschwerlicher, denn das dornige Gestrüpp wurde zunehmend dichter.

Syed blieb wie immer ruhig. Er brach einen Ast ab, schälte die Rinde mit den Zähnen ab und kaute das Stück Holz genüsslich. Die Einheimischen kauen das fasrige Holz auch zum Zähneputzen. Endlich hatte ich die Gelegenheit, mit einem echten Buschläufer zusammen zu sein und von ihm zu lernen. Obwohl wir in einer durchaus gefährlichen Situation waren, bewegte er sich so, als ob wir in einer Fußgängerzone wären, locker und unbeschwert, aber stets handlungsbereit. Spinnennetze, die vor ihm auftauchten, entfernte er gelassen und gekonnt. Mehrmals musste er Schlangen verscheuchen, ohne dabei ein Anzeichen von Angespanntheit zu zeigen.

Plötzlich stoppte er. „Nashörner“ flüsterte er. Ohne sie sehen zu können, hatte er sie einfach gerochen! Er lotste uns um einen Termitenhügel herum und da waren sie: Acht stattliche Nashörner, friedlich vor sich hin grasend, in weniger als zwanzig Metern Entfernung.

Wir genossen diesen majestätischen Anblick einige Zeit, während Syed eine zweite Löwenspur entdeckte: Die eines Männ-

chens. Die Situation wurde dadurch noch gefährlicher, als sie ohnehin schon war. Entweder war das Männchen nur zufällig da, oder es folgte „seiner" Löwin, um sie und deren Jungen zu töten, weil sie keine aktive Rolle mehr im Rudel spielen konnte. Das hieß nun für uns: Hundertprozentige Aufmerksamkeit!
„Da vorne liegt sie, unter einem Baum" flüsterte Ray und wies mich an, mein Gewehr durchzuladen. „Schieß aber nicht, bevor ich es dir sage ... verstanden?" Ray klang angespannt und überprüfte sein Narkosegewehr.
Geduckt und im hohen Gras gegen den Wind näherten wir uns der Löwin.
Wir konnten deutlich das schwere, schmerzerfüllte Atmen der Löwin hören. Wir erreichten einen alten, verwitterten Termitenhügel und robbten hinauf.
In sich zusammengekauert lag die schwer atmende Löwin vor uns in einem Gebüsch.
Wir konnten deutlich sehen, dass ein Stachel in ihrem Oberkiefer steckte und sie ihr Maul dadurch nicht schließen konnte. So hatte sie keine Chance, Nahrung oder Flüssigkeit zu sich zu nehmen. Es würde nicht lange dauern, bis sie verhungerte. Ein Gefühl der Ungeduld und Zeitnot kam in mir auf.
„Schön langsam, Wolfgang. Wir müssen sicher sein, dass der andere Löwe nicht in der Nähe ist, erst dann können wir sie betäuben. Das Mittel wird sie 15 Minuten außer Gefecht setzen. Dann ziehen wir ihr den Stachel aus dem Maul und verschwinden wieder, verstanden?"
Plötzlich drehte der Wind und die Löwin nahm unsere Witterung auf. Sie richtete sich mühsam auf und ging in Angriffsstellung. Ich brachte mein Gewehr in Anschlag. Pfauchend und matt brüllend starrte sie in unsere Richtung, aber sie war zu schwach, um uns gefährlich werden zu können. Bei dieser Gelegenheit konnten wir feststellen, dass sie an der rechten Vorderflanke eine tiefe Fleischwunde hatte. Man konnte ihr die starken Schmerzen förmlich ansehen. Erschöpft legte sie sich gleich wieder ins Gras und atmete schwerfällig weiter.

„Um dieser Löwin wirklich helfen zu können, benötigen wir wesentlich mehr Zeit, als ursprünglich angenommen", meinte Ray.
Syed kam mit einer positiven Nachricht zurück. „Keine Löwen in der Gegend". Ray öffnete seinen Koffer, nahm das Gewehr heraus und schob den Betäubungspfeil in den Lauf. Steif und angespannt verfolgte ich jeden seiner Handgriffe. Syed stand neben uns und seine Körperhaltung verriet mir, dass alles in Ordnung war.
Ray legte an und schoss. Mit einem kurzen Pfauchen schreckte die Löwin auf, ließ sich aber gleich wieder fallen. Rasch begann das Mittel zu wirken. Mit dem Gewehr im Anschlag näherten wir uns bis auf wenige Meter.
Da lag sie vor uns. Majestätisch, mächtig – wie eine Königin. Mit gehörigem Respekt näherten wir uns ihr. Ihr ruhiger, aber kraftvoller Atem vermittelte mir immer noch Achtung und Respekt.
Ray prüfte ihre Reflexe, indem er mit den Fingernägeln über ihre Fußballen streifte. Vorsichtig und immer auf der Hut näherten wir uns ihrem Kopf. Unschuldig, wie ein überdimensionales Stofftier lag sie vor uns im Gras.
Ray checkte ihre Augenreaktion. Wir konnten loslegen. Syed und ich spreizten ihr das Maul ganz auf. Ray entfernte mit einer Zange den Stachel aus ihrem Oberkiefer. Die Verletzung im Gaumen war groß und entzündet. Raymond desinfizierte die Wunde und wandte sich der lädierten Flanke zu. Man musste kein Tierarzt sein, um zu erkennen, dass auch Muskeln verletzt waren. „Ich brauche sicher eine halbe Stunde mehr Zeit, um das zu flicken … hoffentlich steht sie das durch …" meinte Ray und bereitete eine weitere Narkose vor.
Ihr Atem war nun ruhig und gleichmäßig. Ich legte meinen Kopf an ihre Brust. Ihr Herz schlug langsam und gleichmäßig. Ihre Körperwärme strömte durch meinen Kopf. Ich roch ihre Energie und ihren Lebenswillen. Ich spürte die Liebe und Solidarität zu ihren Jungen, ihr Leben, ihre unbändige Kraft, aber

auch die Entschlossenheit, zu töten. Ihr majestätischer Körper faszinierte mich.
Während Ray sie zusammennähte, streichelte und drückte ich sie liebevoll.
Ich hatte 120 kg Muskeln, Gefühl und Kraft in meinen Armen. Ihre Zitzen waren prall und hart, da sie ihre Jungen schon längere Zeit nicht mehr säugen konnte. Ich drückte vorsichtig eine ihrer Zitzen – nichts. Ich konnte nicht widerstehen und beugte mich hinunter, um an ihren Zitzen zu saugen. Es war ein unbeschreibliches Gefühl, als ich die Löwenmilch in meinen Mund saugte.
Der etwas süßliche, seifige und sehr fette Geschmack vermittelte mir Kraft und Stärke. Ray schaute mich verwundert von der Seite an. Mit der Zunge genoss ich die kräftig, fette, körperwarme Löwenmilch. Den letzten großen Schluck behielt ich noch eine Weile im Mund und spielte mit meiner Zunge damit, wie mit einem guten Wein. Ein unbekanntes Gefühl durchzog meinen Körper. Ich spürte und schmeckte in dieser konzentrierten Flüssigkeit die ganze Faszination, die von diesen Tieren ausging. Afrika hatte mich voll erwischt!
Mit 28 Stichen, hatte Ray die Löwin zusammengeflickt und wir begannen uns zurückzuziehen.
Erneut suchten wir hinter dem Termitenhügel Deckung und beobachteten nun unsere Königin, wie sie aufwachte. Keine fünf Minuten später setzten Muskelzuckungen ein und sie öffnete ihre halbgeschlossenen Augen ganz. Zittrig und unkontrolliert versuchte sie, ihren massigen Kopf anzuheben. Mit sichtlich großer Mühe schaffte sie es schließlich. Mit einem anstrengenden Ruck brachte sie sich in Seitenlage und stützte sich auf ihren Vorderpfoten auf.
Voll Mitleid kam in mir das Bedürfnis auf, ihr auf die Beine zu helfen.
Ihr Blick wurde zunehmend klarer und entschlossener. Nachdem sie sich ausgiebig und mit voller Energie gestreckt hatte, kehrte sie uns den Rücken zu. Dann trottete sie mit leicht hin

und her wedelndem Schwanz gemächlich Richtung Busch, so als ob nichts gewesen wäre.
Syed beobachtete mich seit geraumer Zeit sehr genau. „Du bist kein Weißer. Du bist nur weiß angemalt!" sagte er. „So wie du dich verhältst, habe ich noch keinen Weißen gesehen. Dass du Löwenmilch trinkst zeigt, dass du sehr mutig bist." Ich fühlte mich sehr stolz und geschmeichelt. „In unserer Kultur ist Löwenmilch nur dem Medizinmann vorbehalten."
Hatte ich etwas falsch gemacht?
Ray mischte sich in unser Gespräch ein und klärte mich auf: „In der schwarzen Kultur wird Löwenmilch nur für religiöse Zwecke und Magie verwendet. Das ist mit ein Grund, warum Löwen gewildert werden. Es ist die einzige Möglichkeit, um an die Milch zu kommen. Du wirst jetzt verstehen, warum Syed großen Respekt vor dir hat."
Durch die Ereignisse der letzten Stunden hatte ich die Mittagshitze gar nicht wahrgenommen. Ich hatte das Gefühl, als ob ich Drogen genommen hätte, oder war es die Magie der Löwenmilch?
Ray zauberte aus seinem Rucksack eine Flasche Whisky, öffnete sie, trank einen Schluck und reichte sie mir. „Willkommen in der afrikanischen Wildnis." Die Situation entspannte sich dadurch zunehmend. Auf dem Rücken liegend schaute ich durch die zerklüfteten Äste des neben uns stehenden Umbrellatrees und flog im Geiste mit den Wolken davon. Wort- und sprachlos nickte ich ein. Kurz nur, denn Syed weckte mich und forderte uns mit Handzeichen auf, ihm zu folgen.
Vor uns befand sich ein nicht ganz ausgetrocknetes Wasserloch.
Da lag sie in ihrer vollen Größe. Die Vorderbeine nach vorne gestreckt, die Hinterläufe angezogen, den Kopf angehoben blickte sie leicht blinzelnd in unsere Richtung. Ich konnte sofort erkennen, dass sie wieder bei Kräften war. „Sie bedankt sich bei uns ..." flüsterte Syed mir leise ins Ohr.

Dann drehte sie ihren Kopf in die andere Richtung. Gespannt verfolgte ich jede ihrer Bewegungen.
Und plötzlich verschlug es mir den Atem. Ihre einige Wochen alten Jungen kamen drollig und halb hüpfend aus dem Bush gelaufen. Ich war sprachlos. Die Löwenkinder tollten wild herum, eines spielte mit dem Schwanz seiner Mutter, als ob es das erste selbst erlegte Beutetier gefangen hätte. Das zweite versuchte mit großer Anstrengung über den Rücken der Mutter zu klettern. Und das dritte genoss es, von seiner Mutter behutsam und mit viel Liebe abgeleckt zu werden.
Ich spürte den Drang, zu ihnen hinüberzulaufen und alle vier so richtig zu knuddeln. Stattdessen fiel ich Syed um den Hals und drückte ihn so heftig, dass er nicht wusste wie ihm geschah.
Tränen der Rührung füllten meine Augen. Wir beschlossen der Löwin einen Namen zu geben. Spontan fiel mir ein Name ein, den ich auch sofort halblaut, aber entschlossen aussprach: „ANGIE“.
Ohne viele Gegenargumente wurde er mit allseitigem Einverständnis angenommen und mit der Bemerkung „Wolfgangs Lionangie“ bedingungslos akzeptiert.
Die Sonne stand schon ziemlich weit im Westen und die Schatten wurden immer länger, als die Löwin schließlich langsam aufstand und mit ihren Jungen im Gänsemarsch im Bush verschwand. Überwältigt von meinen Gefühlen wurde mir klar, dass sich dieser Tag in mein Herz eingebrannt hatte.

5. Das große Fressen

Wir wurden von kreischenden Geiern geweckt. Aufmerksam beobachteten wir ihre kreisförmige Flugbahn. Uns war sofort klar, dass ein Kadaver irgendwo in der Nähe liegen musste. Die Geier wiesen uns den Weg dorthin.
Syed erzählte, er habe in der Nacht Löwen nicht allzu weit von uns entfernt jagen hören. „Hat jemand Angie, unsere Löwin, gesehen?" Mir schossen sofort die schlimmsten Gedanken durch den Kopf – war sie etwa von einem anderen Löwen getötet worden? Immerhin musste sie noch schwach und wehrlos sein. Der Gedanke quälte mich. Ray sah mir meine Nervosität an und beruhigte mich. Wir packten unsere Rucksäcke, um in Richtung Nordwesten, wo wir die Geier kreisen sahen, aufzubrechen. Zwischen den Bäumen und Büschen hingen Nebelschwaden. Die kaltnasse Luft kroch uns bis in die Knochen. Es ist extrem gefährlich, bei schlechter Sicht in der Morgendämmerung durch den Busch zu gehen. Syed kannte die Gegend wie seine Westentasche. Er hatte alles unter Kontrolle, selbst bei diesen Wetterbedingungen. Angie war uns das Risiko wert.
Gerade erst hatte eine aufgeschreckte Thomson Gazelle unser Adrenalin in Wallung gebracht, als Syed anhielt und uns aufforderte, in Deckung zu gehen.
Schemenhaft konnten wir in 30 bis 40 Meter Entfernung einige Löwen erkennen. Wie viele es waren und was sie machten, konnten wir wegen der eingeschränkten Sicht nicht erkennen. Wir mussten näher heran. Geduckt suchten wir im hohen Gras Schutz und versuchten uns ein besseres Bild von der Lage zu machen. Dazu kletterte Syed auf den nächsten Baum, während Ray und ich die Gegend rund um den Baum sicherten. Meine Anspannung stieg und ich konnte es kaum erwarten, dass die Morgensonne den Nebel durchbrach und wir endlich mehr sehen könnten. Warten war noch nie meine Stärke, in Afrika gehört Geduld aber zu den wichtigsten Charaktereigenschaf-

ten. Überfallsartig verspürte ich den Drang, meine Notdurft zu verrichten. Geduld hin oder her, das konnte ich nicht aufschieben! Vorsichtig und in gebückter Haltung steuerte ich den nächsten Baum an, Hose runter und los ging es. Unter Krämpfen wurde mir schlagartig klar, dass ich Dünnschiss der schlimmsten afrikanischen Art hatte. War es die Löwenmilch oder einer der üblichen Infekte? „Während die Löwen Angie auffressen, sitze ich hier, scheiße mir die Seele aus dem Leib und vertreibe sie vielleicht auch noch durch meinen Gestank", quälten mich Selbstvorwürfe. Mit anhaltenden Krämpfen und brennendem Arsch pirschte ich zurück zu Syeds Baum. Er hatte in der Zwischenzeit fünf bis sechs Löwen ausgemacht, aber er konnte noch nicht erkennen, welches Tier von ihnen gerissen worden war. Auch ein fragender Blick an Ray blieb unbeantwortet.

„Verdammt!", dachte ich ungeduldig „es muss doch eine Möglichkeit geben, näher an die Löwen heranzukommen." Ich hatte alle Ängste und Bedenken bereits abgelegt und war nur noch entschlossen herauszufinden, was mit „meiner" Angie passiert war. Ich wollte Gewissheit.

Auf den umliegenden Baumwipfeln hatten sich bereits Geier niedergelassen. Sobald sich Geier für einen Kadaver zu interessieren beginnen, werden Löwen nervös.

Der Wind drehte sich plötzlich und gab uns damit die Chance, sich von der anderen Seite zu nähern. Auch die Hyänen hatten den Braten mittlerweile gerochen, und das hieß für uns, noch mehr auf der Hut zu sein. Schießen wollten wir auf keinen Fall. Syed kletterte vom Baum herunter und entfernte sich kurzfristig. Er kam mit einem Haufen stinkender, brauner Masse zurück, die er mit beiden Händen knetete.

„Was zum Teufel ist das?", fragte ich ihn, während ich den Atem anhielt. Syed legte den größten Teil der Masse im Gras ab und schmierte mir den Rest auf meine Schultern und den Rücken. Überrascht fragte ich ihn, was denn das zu bedeuten

habe, während er dasselbe bei Ray machte. „Löwenscheiße!", gab er uns kühl zur Antwort.
„Warum nicht? Wenn ich schon Löwenmilch trinke, kann ich mir ja auch Löwenscheiße aufs Hemd schmieren", dachte ich selbstironisch. Auf alle Fälle konnten wir uns jetzt weiter unerkannt an die Löwen heran pirschen. Bald vernahmen wir die zornig kurzen Laute, welche die Rang- und Positionskämpfe der Löwen bei der Beuteaufteilung begleiteten.
Das kurze, tiefe Aufbrüllen der Tiere flößte mir gehörigen Respekt ein. Die Spannung stieg ins unermessliche. Ich wollte unbedingt wissen, welches Tier die Löwen erlegt hatten. Syed lotste uns gekonnt zu einer kleinen Anhöhe.
Auf dem Bauch robbend, das Gewehr in beiden Händen, erreichte ich die Kante des Hügels. Dann durchbrach die Morgensonne den Nebel. Schlagartig konnte ich sehen! Wie in einer Loge waren wir keine 15 Meter von der hell erleuchteten Bühne des großen Fressens entfernt. Erleichtert stellten wir fest, dass die Löwen einen Büffel gerissen hatten.
Mir fiel ein Stein vom Herzen. „Doch nicht Angie!", schoss es mir durch den Kopf. Da die Löwen ständig ihre Position wechselten, war es für uns sehr schwierig, ihre genaue Anzahl festzustellen.
Syed gab uns mit Handzeichen zu verstehen, dass er sich um die Rückendeckung kümmern würde. Einige Hyänen versuchten mittlerweile, den Löwen das Mahl streitig zu machen. Diese wiederum wehrten sich, indem jeweils eine Löwin die Hyänen abwehrte. Dabei wechselten sich die Löwen geschickt ab, während die anderen ruhig weiterfressen konnten.
Plötzlich traute ich meinen Augen nicht. „Das ist ja unsere Angie!" Ich konnte es nicht fassen. Freudestrahlend signalisierte ich die Beobachtung wild gestikulierend meinen Begleitern.
Lächelnd und voll Freude drückten wir uns gegenseitig still die Hände. Angie hatte ihr Rudel wiedergefunden, und nicht nur das, sie war auch vollständig akzeptiert worden!

Überglücklich und mit dem Bedürfnis einen Freudensprung zu machen, fragte ich Ray flüsternd, ob er ihre Jungen sehen konnte.
Er verneinte. „Die sind in einem Versteck und kommen als Letzte des Rudels zum Fressen dran." „Und die vielen Hyänen?", wollte ich ängstlich wissen. „Die Löwen wissen schon, was sie zu tun haben. Außerdem siehst du ja, wie schnell sie sich regeneriert hat," flüsterte er mir beruhigend zu. Diese Antwort entkräftete meine Sorgen, und ich konnte mich nun ganz der Beobachtung des Löwenmahls widmen. Mein Blick war natürlich ganz auf das Verhalten von Angie gerichtet. Ich konnte deutlich erkennen, dass Angie sich gut in das Rudel eingelebt hatte. Ich empfand Freude, als Angie am Büffelkadaver zog und zerrte. Mit ganzer Kraft und Entschlossenheit verbiss sie sich in das tote Fleisch. Immer wieder nahm sie dabei ihre linke Vorderpfote zu Hilfe, um ein großes Stück Fleisch aus dem Kadaver zu reißen. Stolz und siegessicher trug sie ihren Anteil an der Beute in Richtung Busch, wo sie aus unserem Sichtfeld verschwand. „Das wird sie ihren Jungen bringen," sagte Ray zu Syed. Großer Stolz durchströmte mich. „Sie ist doch eine echte Königin", stellte ich befriedigt fest.
Ray forderte uns nun auf, den Rückzug anzutreten.
Wehmütig fügte ich mich, und wir krochen langsam und behutsam die Anhöhe hinunter.
Wir nahmen unsere am Fuß des Hügels abgestellten Rucksäcke auf und suchten den Weg zurück zum Wagen.
„Damit werden wir Angie wohl nie wieder sehen ...", stellte ich bedauernd fest und konzentrierte mich auf den Rüc kmarsch. „Sie gehört hierher ...," meinte Syed. Umsichtig wie immer, führte er uns von diesem unbeschreiblichen, aber noch immer gefährlichen Schauplatz weg. Die Löwen konnten jetzt überall sein, denn nach einem ausgiebigen Mahl pflegten sie sich gerne verstreut in den Busch zurückzuziehen, um sich auszuschlafen.

Auch wenn satte Löwen faul und eher träge sind, können sie, wenn sie sich gestört fühlen, überaus gefährlich sein. Es war mittlerweilen heiß geworden und mein Hemd klebte am Körper. Vor uns tauchte die Lodge in der flimmernden Luft auf. Ich schaute noch einmal zurück, dorthin wo die Geier kreisten. Einer nach dem anderen setzte zur Landung an. Ich wusste, dass damit die Löwen ihr Mahl beendet hatten. Die Reste des Büffels würden sie sich nun mit den Hyänen teilen müssen.
Ein seltsames Gefühl der Wehmut, aber auch der Zufriedenheit überkam mich.
Tränen liefen mir die Wangen herunter – Glück oder Trauer? Die Tränen vermischten sich mit Schweiß und Staub und lagerten sich krustig in meiner Nase und den Mundwinkeln ab. Unbewusst leckte ich meine Lippen ab:
Das Salz von Tränen, Schweiß und der Erde Afrikas – eine unbeschreibliche Mischung!

6. 35 Sprossen zum Himmel

Unsere Frauen hatten uns schon von Weitem kommen hören. Beide waren in Sarongs gehüllt und erwarteten uns auf der Terrasse. Voll Wiedersehensfreude fiel mir meine Frau um den Hals und küsste mich. Aber genauso schnell, wie sie mich umarmt hatte, ließ sie mich auch wieder los und schob mich angeekelt weg.
„Du stinkt ja fürchterlich!" Mit einer Hand hielt sie sich die Nase zu, mit der anderen zog sie mir die Jacke aus, an der die Löwenscheiße angetrocknet war.
„Wolf, du bist ein verdammt guter Buschläufer." Beschämt nahm ich das Kompliment von Ray an und bedankte mich von ganzem Herzen.
„Dieses Erlebnis hat dein Leben verändert. Du bist ab heute nicht mehr der, der du früher warst." Wie recht hatte er!
„Auch Syed ist ganz begeistert von dir", berichtete Meryl, „er hat mir in der Küche von euren Abenteuern erzählt."
Verlegen wusste ich nicht, was ich darauf antworten sollte und verzog mich. Ich wollte duschen. Ganz nackt unter freiem Himmel, herrlich kühles Wasser aus dem Gartenschlauch, anstatt Seife der rote afrikanische Sand.

„Habt ihr Hunger?", fragte meine Frau.
Während des Essens mussten wir unseren neugierigen Frauen die Erlebnisse in allen Details erzählen.
Immer wieder driftete ich gedanklich fort, hinaus in den Busch zu meiner Löwin. Das bemerkte auch Elke.
Ich musste ihr letztendlich eingestehen, dass ich mich verliebt hatte. Ich beschrieb ihr meine neue Geliebte: relativ klein, samtbraune, warme Augen, einen sehr weichen Bauch und dicke, fette Titten. „Sie hat ein Herz voller Liebe und ist eine sehr majestätische Persönlichkeit. Ihr Name ist Angie." Man merkte Elke an, dass sie sich nicht ganz auskannte.

„Ist sie schwarz?“, fragte sie. Ich setzte fort, indem ich ihr schilderte, wie ich mit meiner neuen Liebe ganz fest und innig geknutscht und an ihren Titten gesaugt hatte. Jetzt war alles klar und das allgemeine Gelächter entspannte die Situation.
Das Läuten von Rays Handy unterbrach die fröhlich ausgelassene Stimmung.
„Ich muss morgen früh überraschend nach Johannesburg“ ließ Ray uns wissen.
Die Enttäuschung über das vorzeitige Ende unseres Besuches stand mir ins Gesicht geschrieben.
„Es tut mir verdammt leid, Wolfgang, wir wollten noch zwei weitere Tage mit euch verbringen, aber ich verspreche dir, das war sicher nicht das letzte Mal.“
Ich wusste, dass Ray sein Versprechen halten würde.
Ich erzählte ihm in kurzen Worten von Carlos´ Farm, und dass wir diese aufsuchen wollten. Ich zeigte ihm die Lage auf der Landkarte und Ray bestätigte mir, dass es sich um eines der schönsten Gebiete in ganz Südafrika handelte.
„Ich habe eine Abschiedsüberraschung für euch“, verkündete Ray.
Eine halbe Stunde später saßen wir vier wieder im Landrover Richtung Wasserloch.
Ray stoppte den Wagen vor einem auf Stahlstehern gebauten Hochstand.
„Ihr werdet heute Nacht da oben schlafen. Euer Bett ist schon gemacht. Für Getränke und Snacks haben wir auch gesorgt.“
Sprachlos und von dieser Idee überwältigt, kletterten wir die 35 Sprossen auf den Hochstand. Beeindruckt von dem fantastischen Rundblick machten wir es uns gemütlich. Meryl nahm eine Flasche Sekt aus der Kühlbox und schenkte ein. Wir toasteten einander zu, genossen die wohlig leichte Brise und die letzten Sonnenstrahlen.
Schweigend lehnten wir am Geländer und warteten darauf, dass sich die Sonne mit der Dämmerung vereinigen würde. Meryl und Ray zogen sich zurück. Erwartungsvoll und über-

wältigt von Gefühlen standen wir da, am Dach der Welt. Unter uns der mystische Zauber der afrikanischen Dämmerung, abgelöst von einem uns allseitig umgebenden berauschend schönen Sternenfirmament.
Wir wollten eins sein, unter diesem Himmel.

Wir frühstückten zeitiger als sonst. Es galt aufzubrechen.
Eine große Herde Gnus kreuzte unseren Weg und öffnete sich zum Spalier, wie zum Abschied. Die Szene verwischte sich zu einem tränenfeuchten Aquarell.

7. Im Schatten des Leoparden

Der Weg führte uns durch riesige Orangen- und Mangoplantagen. Diese Gegend wird auch als der Obst- und Gemüsegarten Afrikas bezeichnet. Ich erinnerte mich an Carlos´ Zeichnung und orientierte mich an den mächtigen Drakensbergen, die nunmehr ständig zu sehen waren.
Da war die Abzweigung zur Farm, genau wie beschrieben. Laut Zeichnung mussten wir bei einem ausrangierten Traktor, der als Werbemittel für ein Restaurant diente, rechts in eine Sandstraße einbiegen. Das Gras wurde immer höher und reichte fast bis zur Motorhaube. Immer wieder musste ich uns den Weg mit dem Buschmesser freihacken. Dann erreichten wir das angegebene Gatter, das ich erst vom Gras freilegen musste, um es ganz öffnen zu können.
Wir erreichten eine von Sand bedeckte, unbewachsene Fläche, von der aus man einen Teil des Hausdaches erkennen konnte. Nach wenigen Metern sah ich das Haus, das von Schlingpflanzen und allerlei anderem Gestrüpp überwuchert war, davor stand ein riesenhafter, atemberaubend schöner, ausladender Marulabaum.
Wir verweilten einige Minuten im Wagen um die Gegend abzuchecken. Nicht ohne Grund.
Vorsichtig, aber doch in Angriffshaltung kamen die beiden Strauße auf uns zu.
Mit hoch erhobenem Kopf, flügelschlagend, tänzelte das Männchen vor und zurück. Das Weibchen hielt sich im Hintergrund.
Angespannt beschlossen wir, vorerst im Wagen zu bleiben.
Nach geraumer Zeit beruhigte sich das Männchen und begann, Futter vom Boden aufzupicken. Behutsam öffnete ich die Wagentüre und stieg langsam aus.
In der linken Hand hatte ich Brotkrumen und in der anderen eine lange Nilpferdpeitsche, auch Sjampok genannt.

Mir kam die Warnung von Ray in den Sinn: „… mit ihrer langen Mittelzehe können sie sogar Löwen töten. Sie springen dich aus dem Stand an und versetzen dir heftige Hiebe, wie mit einer Machete. Komm ihnen nicht zu nahe.“
Der Strauß stand ganz ruhig vor mir, die Flügel vom Körper weggespreizt, den Kopf ständig von links nach rechts schwenkend und mit leicht gebeugten, sprungbereiten Beinen.
Ich konnte sehen, dass er auf seinem rechten Auge blind war. Da fiel mir ein, dass ich mit meiner Jeans und dem grauen Hemd viel zu dunkel angezogen war, also hieß es doppelt vorsichtig sein.
Ich streckte ihm die Hand mit den Brotkrumen entgegen, die Peitsche einsatzbereit.
Das verunsicherte den Riesenvogel offensichtlich und er näherte sich zaghaft.
Zu früh gefreut. Wie aus dem Nichts attackierte er mich mit einem kräftigen Sprung und trat nach mir. Mit einem Satz zur Seite konnte ich seinem Angriff ausweichen.
Fast gleichzeitig zog ich meine Peitsche durch.
Der laute Knall erschreckte den Strauß und er wich sofort zurück.
Das Spiel wiederholte sich. Jedes Mal, wenn der Strauß seine Attacke mit bedrohlichen Gesten ankündigte, ließ ich die Peitsche knallen und streckte ihm daraufhin die Hand mit den Brotkrumen wieder entgegen. Nach mehreren Anläufen beruhigte er sich, entschied sich für die Brotkrumen und schloss Frieden mit mir.
Jetzt konnte Elke aussteigen und wir nahmen das Haus in Augenschein.
Ein etwa zwei Meter langer, verwester Schlangenkörper hing über der halboffenen Türe. Ich schleuderte den ausgetrockneten Kadaver mit einem Stock in den Busch und öffnete sie.
Ekelerregender, ätzender Gestank empfing uns. Zentimeterdick lag Fledermauskot auf dem Boden. Die große Küche war übersät mit Spinnweben, von der Decke hingen Dutzen-

de Fledermäuse und ausgediente Wespennester. Im nächsten Zimmer der gleiche Anblick. Voll Spannung sperrten wir den letzten Raum auf. Hier herrschte beinahe Ordnung, die vereinzelten Spinnweben und der Staub, der alles mit einer samtartigen Schicht überzog, störten uns nicht allzu sehr. Es gab sogar ein Badezimmer. Auch die Wasserversorgung funktionierte, nachdem ich das verbogene Windrad der Wasserpumpe geradegebogen hatte. Aber wollten wir hier übernachten?
Der Strauß hatte die ganze Zeit vor dem Haus auf uns gewartet und war überraschend fröhlich gestimmt. Mit seinem langen Hals machte er die unmöglichsten Verrenkungen, mit seinem kleinen Kopf wippte er hin und her und zwinkerte uns mit dem gesunden Auge zu, als ob er mit mir flirten wollte. Wir mussten herzlich lachen, besonders als er begann, an meinen Ohrläppchen zu knabbern.
Wir tauften ihn spontan Oskar.
„Wo ist das Weibchen?“, fragte Elke. „Hast du das Einfahrtstor geschlossen?“
Wortlos machte ich mich auf den Weg zurück zum Tor und auf die Suche nach Oskars Weibchen. Dazu suchte ich auf der mit Sand bedeckten Fläche nach ihren Spuren.
Am Rand der Sandfläche, schräg über unseren Wagenspuren, entdeckte ich drei handtellergroße Abrücke. Mir stockte der Atem. Das waren ohne Zweifel frische Leopardenspuren! Wie gut, dass Syed mir eine Leopardenspur im Bush gezeigt und mir genau erklärte hatte, was man alles aus einem Pfotenabdruck herauslesen konnte. Eines war gewiss: Es musste sich um einen ziemlich großen Leoparden handeln.
Der Spur zu folgen, erschien mir wegen des hohen Grases zu gefährlich.

Ich schloss das große Gatter und ging zum Haus zurück. Elke war damit beschäftigt, das Auto auszuräumen. Das überraschte mich, denn wir hatten noch gar nicht besprochen, ob wir in dieser Bruchbude überhaupt bleiben wollten.

„Du willst wirklich hier schlafen? Ich habe gerade eine frische Leopardenspur entdeckt."
„Die Spur ist sicher schon alt", meinte sie ungläubig.
„Die ist maximal 10 bis 15 Minuten alt, sie läuft direkt über unseren Reifenspuren!" berichtete ich. „Der sitzt hier irgendwo im Busch und beobachtet uns", fuhr ich fort, während Oskar wieder begann, an meinem Ohrläppchen zu knabbern. „Soll er doch ...", meinte Elke cool und unbeeindruckt, während sie begann, unser „Schlafzimmer" von den Spinnweben zu säubern und den Raum mit den mitgebrachten Zitronellakerze auszuräuchern.
Beruhigt, dass Elke die Situation so entspannt sah, machte ich mich noch bei Tageslicht daran, Feuerholz zu sammeln und Vorkehrungen für unsere Sicherheit zu treffen.
Oskar begleitete mich dabei wie ein treuer Hund und ich fühlte mich sicher in seiner Gesellschaft, denn wäre der Leopard in der Nähe gewesen, hätte ihn Oskar gewittert. Nachdem ich ein Lagerfeuer entzündet hatte, begann ich mit einer Fackel die Fledermäuse zu vertreiben und die zentimeterdicke, stinkende Kotschicht aus der Küche zu schaufeln. Durch die Hitze der Fackel erwachten die Fledermäuse in Scharen und verzogen sich wild umherschwirrend in die hereinbrechende Dämmerung.
Es war bereits dunkel, als wir endlich unser provisorisches Nachtquartier fertig hatten und wir es uns auf der Terrasse vor dem Haus gemütlich machen konnten, so gut es ging.
Das Feuer brannte gut und hoch. Bald hatten wir genug Glut, um grillen zu können.
Der große Marulabaum vor dem Haus, mit seinen großen Fruchtsäcken, stand da wie ein unbesiegbares Totem. Durch das Flackern des Feuers hatte man zeitweise den Eindruck, als bewegte er sich. Die kräftige, würzige Luft, die durch die Baumkrone blinkenden Sterne, das Zirpen der Grillen und das Quaken der Frösche ließen uns wieder in ein unsagbares Glücksgefühl eintauchen. Vom nicht allzuweit entfernten See

hörte man das tiefe Grunzen der Nilpferde. Von den Eindrücken des Tages überwältigt verspürten wir bleierne Müdigkeit. Der Leopard war beinahe vergessen.
Ich beschloss, das Haus vor dem Schlafengehen noch einmal durchzuchecken, um sicherzustellen, dass uns im Haus nichts auflauerte. Mit Machete und Taschenlampe bewaffnet ging ich durchs Haus. Mit angespannten Sinnen schaute ich noch einmal in jedes Zimmer und schloss die zum Lüften geöffneten Türen und Fenster sorgfältig.

Ein Zimmer noch, ein Fenster noch schließen.
Ich richte den Lichtkegel der Taschenlampe auf das Fester und erstarre.
Ohne dass ich es genau erkennen kann, huscht ein mittelgroßes pelziges Tier durch das Fenster hinaus in die Dunkelheit.
Das Herz pocht mir bis zum Hals.
Der Leopard – die ganze Zeit hier im Haus!
Nichts wie raus hier!
Ich stürze zur Tür, will sie hektisch schließen.
Sie klemmt an einem Bodenbrett.
Ich umklammere die Türe mit der rechten Handen und ziehe sie mit aller Kraft zu.
Plötzlich gibt das Bodenbrett nach und die Türe knallt mit den Fingern im Türfalz zu.
Ein höllischer Schmerz durchzuckt mich.
Ich sehe Blut spritzen.
Fleisch löste sich vom Knochen des Mittelfingers und baumelt nur mehr an einem dünnen Hautlappen.
Ich falle in Ohmacht.

Durch meinen Aufschrei hatte Elke mitbekommen, dass etwas Schreckliches geschehen war und stürmte in den Flur. Sie fand mich regungslos und blutend am Boden liegen. Zuerst versuchte sie, den Finger notdürftig zu verbinden und mich wach zu bekommen. Es war bereits dunkel im Haus. Immer wieder

rannte sie zum Wagen, um Brucheis aus der Kühlbox, Verbandzeug und vor allem eine Taschenlampe zu holen. Dann zerrte sie mich in die Küche. Als ich nach einiger Zeit wieder zu mir kam, war sie total geschafft. Mich überkam ein heftiger Schüttefrost, dann wurde mir wieder heiß.
Mein Finger pochte vor Schmerz. Vorsichtig entfernten wir den provisorischen Verband.
Der Anblick machte mich panisch und es schüttelte mich erneut.
Mir wurde sofort klar, dass die Fingerkuppe angenäht werden musste, wenn ich das letzte Glied meines Fingers nicht verlieren wollte. Eigentlich gehörte ich ins Spital, doch das lag einen halben Tag weit entfernt und jetzt war Nacht.
Das werden wir wohl selber machen müssen", meinte ich zu Elke, und ohne ein Wort zu sagen holte sie den Verbandkasten aus dem Auto. Wer in Afrika herumreist, muss auch für solche Notfälle gerüstet sein.
Meine Frau begann mit aller Vorsicht, die Wunde zu reinigen, die sofort wieder stark zu bluten begann. Bevor mich mein Kreislauf wieder im Stich ließ, nahm ich noch schnell einen kräftigen Schluck Whisky. Das lokale Narkosemittel wirkte noch nicht vollständig. Mit Todesverachtung und starken Schmerzen positionierte ich das lose baumelnde Fleisch des Fingers dorthin, wo es hingehörte, an den Knochen. Ich konnte den Anblick kaum ertragen, immerhin waren die Sehnen noch dran. Noch ein Schluck Whisky. Ich erinnerte mich daran wie Ray die Löwin zusammengeflickt hatte. Diese Erfahrung konnte ich jetzt gut brauchen. Die Betäubung hatte nun vollständig eingesetzt und es konnte losgehen. Während Elke das Fleisch des Fingers in Position hielt, setzte ich eine Naht nach der anderen, immer knapp daran, zu kollabieren. Der Alkohol erhöhte die Narkosewirkung, aber nicht das entsetzliche Gefühl und die Geräusche. Ich brachte all meine Überwindung auf. Nicht wieder aus den Socken kippen! Nach acht Nähten war die Operation vorbei und ich noch immer am Leben.

Elke verband gekonnt den Finger und nach ungefähr einer halben Stunde begann auch das taube Gefühl nachzulassen. Dann spürte ich mit jedem Herzschlag, wie das Blut in meinem Mittelfinger pulsierte. An Schlaf war nicht zu denken, und so trank ich den Rest der Flasche Whisky aus, bis sich ein narkotisch dumpfer Dämmerzustand einstellte.

Die Nacht verlief erstaunlich ruhig. Ich erwachte mit starken Schmerzen in meinem Finger.

Elke lehnte halbsitzend im Bett und rauchte eine Zigarette. Fürsorglich küsste sie mich und erkundigte sich nach meinem Befinden. „Es wird einige Zeit dauern, bis er wieder einsatzfähig ist“, stellte sie lakonisch fest und wechselte meinen Verband.

Die Terrasse lag mittlerweile voll in der Sonne. Lautes Vogelgezwitscher und ein wunderbarer Duft gaben mir Kraft und ließen mich sowohl meine Schmerzen als auch meinen Zusammenbruch vergessen.

Oskar und seine Frau lagen eng aneinander gekuschelt neben unserem Wagen.

Als Oskar und Gefährtin uns hörten, war auch für diese beiden die Schlafenszeit vorbei. Blitzschnell erhoben sie sich und kamen direkt auf uns zu, als ob sie uns begrüßen wollten.

Eine überreife Marulafrucht fiel vom Baum und zerplatzte auf meiner Schulter. Ich nützte diese Gelegenheit, um davon zu kosten. Das Fruchtfleisch schmeckte fantastisch. Der süß-saure Geschmack war genau das, was ich heute für meinen Hangover brauchte. Kurz entschlossen kletterte ich auf den Baum, um frische Früchte für das Frühstück zu holen. Selbst mit einer Hand bereitete es mir keine Schwierigkeiten, geeignete Haltegriffe für den Aufstieg zu finden. Das ausladende Geäst lud richtiggehend dazu ein, immer höher zu klettern.

„Sei bloß vorsichtig, du Wahnsinniger!“, rief mir Elke von der Terrasse aus zu. Zielstrebig und genussvoll stieg ich von einem Ast zum anderen. Zwischendurch verweilte ich, um einige Früchte zu pflücken.

Dabei konnte ich auf das Dach des Hauses sehen. Der desolate Dachstuhl und die verrosteten und teilweise fehlenden Wellblechplatten offenbarten, dass es besser wäre, dieses Haus abzureißen und neu aufzubauen. Ich setzte die Klettertour bis zum höchsten Punkt fort.
Oben angekommen verschlug mir die gewaltige Aussicht den Atem. Mit offenem Mund stand ich, angelehnt an einer Astgabel, da und konnte nicht fassen, welcher Ausblick sich von hier oben bot.
Die Drakensberge zum Anfassen nahe, davor ein dunkelblauer See. Rundherum nichts als Urwald in beinahe kitschiger Farbenpracht. Hier wollte ich bleiben!

An das Pochen in meinen Finger hatte ich mich in der Zwischenzeit gewöhnt und akzeptierte, dass mich diese Schmerzen noch einige Zeit begleiten würden.
Den See wollten wir aus der Nähe sehen und machten uns auf den Weg dorthin. Als wir gerade dabei waren, unsere Rucksäcke mit verschiedenen notwendigen Dingen wie Obst, Wasser und Verbandszeug zu packen, schreckte uns der Lärm eines heftig geführten Kampfes zwischen nicht identifizierbaren Tieren auf.
Aufgeregt versuchte ich, die Richtung zu orten. Es dauerte nicht lange und ich wusste, der Kampf fand nicht weit von uns auf dem Weg zum See statt. Das Brüllen und Pfauchen ging uns durch Mark und Bein. Auch Oskar und Gefährtin bekamen den Kampf mit und versteckten sich in der zerfallenen Scheune.
Ich ging zum Haus zurück, um den Taser und die Machete zu holen. Elke meinte verängstigt, dass es doch klüger wäre, hier zu bleiben, doch das konnte ich ihr sehr schnell ausreden.
Der Weg zum See, der hier vor Jahren angelegt wurde, war kaum auszumachen und wir kamen nur langsam voran. Vor uns tauchte das bizarre Gerippe eines Leadwoodtrees auf. Diese beeindruckenden und unheimlich aussehenden Baum-

riesen hatten mich schon immer fasziniert. Fast magisch zog es mich zu diesem Baum hin.
Als ich ungefähr dreißig Meter von ihm entfernt war, dachte ich meinen Augen nicht trauen zu können. Ich war wie elektrisiert. In der ersten Astgabel lag der Leopard. Unter seinen Vorderpfoten konnte ich einen frisch erlegten Pavian erkennen. Genüsslich und gekonnt riss er dem Affen die Haut vom Körper, um an das Fleisch zu kommen.
„Jetzt habe ich auch den letzten der Big Five!", dachte ich stolz. Der Leopard ließ sich in keiner Weise von uns stören und genoss sichtlich seine Beute.
Eine Zeit lang bestaunten wir das grausam- schöne Schauspiel, um dann weiter Richtung See zu gehen. Der Boden wurde immer weicher und matschiger, was darauf hindeutete, dass das Ufer nicht mehr weit war. Knöcheltief wateten wir mühsam durch den Morast, bis vor uns ein Felsen auftauchte. Ohne große Anstrengung konnten wir das Plateau ersteigen.
Wir machten Pause, zogen unsere schlammigen Schuhe aus und legten uns auf den hellrosa gefärbten Felsen, der angenehme Wärme ausstrahlte. Langsam nahmen unsere Körper die Wärme auf. Als ich mich nach einigen Minuten Erholung wieder aufsetzte, dachte ich, einer optischen Täuschung erlegen zu sein. Das ganze Felsplateau glitzerte und funkelte wie tausende kleine Blitze. Wir begannen den Fels näher zu untersuchen und stellten schließlich fest, dass der ganze Felsen aus reinem Rosenquarz bestand. Atemlos und fasziniert wanderten wir über das aufsteigende Plateau und genossen das beeindruckende Farbenspiel des Naturjuwels.
Am höchsten Punkt angekommen bot sich uns ein gewaltiger Anblick, wie ihn wohl nur Adam und Eva unmittelbar nach der Schöpfung gesehen haben dürfte.
Vor uns lag ein wunderschöner, dunkelblauer See, dahinter mächtig und gewaltig das Drakensbergmassiv. Aus dem See ragten einige Baumskelette hervor und knapp über dem Wasser segelten Fischreiher, die dem Bild Bewegung gaben.

Aus der großen Scheibe des Sees tauchten immer wieder Nilpferde auf und beäugten uns skeptisch und neugierig. Wie verwachsene Holzklötze trieben sie umher. Teilweise sah man nur mehr ihre Ohren, Augen und Nasenlöcher. Auf einmal geriet Unruhe in die friedliche Szene, als Krokodile aus dem Schilf ins seichte Wasser glitten. Eilig schlossen sich die Nilpferde in Gruppen zusammen und versuchten, die Krokodile mit tief grunzendem Gebrüll zu vertreiben.
Immer wieder riss eines der Hippos sein mächtiges Maul auf um die Eindringlinge das Fürchten zu lehren. Bald erschallte ein lautes, furchterregendes Hippo-Konzert über dem See. Auch wir fühlten uns unerwünscht und verzogen uns.

Die Sonne warf schon lange Schatten voraus, was uns zur Eile antrieb.
Als wir beim Leadwoodtree vorbeikamen, musste ich noch einmal nach dem Leoparden sehen. Er hatte sich in der Zwischenzeit satt gefressen und es sich auf einem Ast gemütlich gemacht.
Satt und faul lag er bäuchlings auf einem Ast und ließ alle vier Pfoten hängen. Als er uns wahrnahm, drehte er langsam seinem Kopf in unsere Richtung, schaute uns gelangweilt an und gähnte fadisiert.
Die Sonne senkte sich zentriert hinter den Baum, mit dem Leoparden wie ein Scherenschnitt auf blutorangem Grund. Die langen flachen Schatten kamen mir entgegen, holten mich ein und fasziniert stellte ich fest, dass ich genau im Schatten des Leoparden stand.
Elke und ich hatten uns in diesen Platz verliebt. Wir waren uns einig, dass wir mit Carlos einen Weg finden wollten, diese Farm wieder aufzubauen.

Außer sich vor Freude begrüßten uns die beiden Hunde und unsere Freunde, die während unserer Abwesenheit das Haus in Johannesburg gehütet hatten.
Gleich am nächsten Tag wollte ich Carlos anrufen, um Nägel mit Köpfen zu machen.
Seine Frau Petra hob ab.
„Mein Mann ist bei einem Raubüberfall angeschossen und schwer verletzt worden. Er liegt seit vier Tagen im Koma und die Ärzte können nicht sagen, ob er überleben wird".
Selbst wenn Carlos überleben würde – der Traum von der Straußenfarm war bereits gestorben, bevor er überhaupt noch begonnen hatte.

8. Mozambique ruft

Die Nachricht von Carlos´ Tod bestärkte uns in unserer Absicht, die immer gefährlicher werdende Großstadt hinter uns zu lassen. Petra teilte uns mit, dass sie kein Interesse mehr an der Farm habe und diese verkaufen wolle.
Wenn wir das Geld gehabt hätten, dann hätten wir das Land jedenfalls erworben.
Frustriert und traurig stürzten wir uns in unsere gewohnte Arbeit.
Wir beschlossen, die nächstbeste sich bietende Chance zu nützen, um in den Busch zu ziehen. Täglich durchsuchten wir die Tageszeitungen nach Jobangeboten in einem Buschcamp oder einer Jagdfarm.
Einige Wochen nach unserem ersten mehrtägigen Aufenthalt im Busch, bekam ich die Chance, an einem Gameranger-Kurs teilzunehmen. Ich setzte mich sofort mit dem Organisator in Verbindung, und traf ihn gleich am nächsten Tag.
John Look war einer der angesehensten und erfahrensten „Buschmänner“ Südafrikas.
Er war Leutnant bei der SWAPO und kannte den Busch aus seinen militärischen Einsätzen genau.
Es war vorgesehen, 14 Tage theoretischen Unterricht draußen im Busch zu erhalten und weitere zwei Wochen Praxiserfahrung in der Wildnis zu sammeln.
Vier Wochen lang sollte die Wildnis mein Klassenzimmer und die Tiere meine Lehrer sein. Diesmal aber ohne Komfort und ohne festes Dach über dem Kopf. Zum Duschen benutzten wir einen 25-Liter Canvas Sack, den wir an einem Baum aufhingen. Als Toilette diente eine leere Bierkiste, in deren Boden wir ein Loch schnitten und über eine Grube stellten.
Der Unterricht begann jeweils zeitig am Morgen und endete nach ausgiebigen Buschwanderungen erst gegen Abend. Es freute mich, dass sich unser „Klassenzimmer“ in der Nähe von

Rays Farm befand. Ich fühlte mich hier irgendwie zu Hause und hegte täglich den Wunsch, meine Angie wiederzusehen. Leider begegnete ich meiner Löwin nie wieder.
Die vier Kurswochen vergingen wie im Fluge und die Erlebnisse waren erwartungsgemäß überwältigend. Es gab eine Unmenge von neuen Dingen zu lernen. Wie ein Schwamm sog ich alles auf. Die Prüfung bestand ich auf Anhieb und John lobte mich für mein Talent und meine engagierte Einstellung zur Natur. Ich war glücklich, stolz und zufrieden.

Eines Tages kam eine neue Kundin in das Frisörgeschäft meiner Frau. Sie hieß Nicole und erzählte uns, dass sie und ihr Mann in Mozambique auf einer Sportfischer- und Taucherlodge als Manager arbeiteten und sie derzeit auf Urlaub hier in Johannesburg seien.
Nebenbei wollten sie sich nach einem neuen Job umsehen. Wir wurden sofort hellhörig und fragten sie neugierig aus. Wir wollten alles über den Job als Manager einer solchen Lodge wissen. „Und warum wollt ihr von dort weg?" fragte ich sie.
„Wir sind noch sehr jung, und irgendwie gehen uns Kinos und Shoppingcenter ab. Die Zavora-Lodge befindet sich in absoluter Wildnis. Sie liegt rund 180 km von der nächsten Stadt entfernt – eher ein primitives armes Kaff. Keine Geschäfte oder Lokale und der Weg dorthin ist außerdem lang und äußerst beschwerlich. Ansonsten ist es dort wie im Paradies, einfach wunderschön! Kilometerweiter, einsamer Strand und 8.000 Hektar Buschland, das als Gamepark ausgebaut werden soll. Aber die Einsamkeit setzt uns ziemlich zu, das ist auch der Grund, warum wir von dort weg wollen. Wir suchen dringend Nachfolger."
In meinem Kopf begann es zu rotieren und aufgeregt fragte ich nach den Kontaktdaten des Eigentümers.
Nachdem Nicole gegangen war, nahm ich sofort die Landkarte und suchte den beschriebenen Ort. Zavora lag rund 500 km nördlich von Maputo, der Hauptstadt Mozambiques, direkt am indischen Ozean. Das war sie – unsere Chance!

Die nächsten Tage sammelten wir wie besessen Informationen über Mozambique, suchten Botschaft, Handelsvertretungen und Banken auf. Die Auskünfte stimmten allesamt überein:
Nach über zwei Jahrzehnten schrecklichen Bürgerkriegs bestand seit 1994 ein Friedensabkommen, das von der UNO überwacht wurde. Das Land war ausgeblutet und arm, galt aber als politisch stabil und die Chancen auf eine bessere Zukunft wurden positiv eingeschätzt. Das hörte sich nicht schlecht an!
Nach langer, ausführlicher Diskussion mit Elke beschlossen wir, den Besitzer anzurufen.
Drei Tage später hatten wir einen Termin.
Nach weiteren drei Tagen Bedenkzeit unterschrieben wir den Vertrag.

Es sollte aber noch drei Monate dauern, bis unser Traum in Erfüllung gehen sollte.
Zeit genug, um alles für die Übersiedlung nach Mozambique zu organisieren und die Dinge hier in Johannesburg zu regeln. Die Abmachung, vor Übernahme des Jobs noch einen Lokalaugenschein vorzunehmen, nahmen wir nicht mehr in Anspruch, wir hatten uns bereits entschieden!
Rasch fanden wir neue Mieter für unser Haus und Nachfolger für unsere Geschäfte. Auch den dafür notwendigen Papierkram erledigten wir schnell. Wir hatten zwei Hunde, einen Border Collie mit Namen Fritz und eine Rottweilerhündin, die wir Frida tauften. Auch für die beiden Hunde mussten wir Papiere besorgen. Vier Tage früher als geplant ging es los, im gebrauchten Landrover, den wir zuvor noch rasch erworben hatten.

Die Straßen befanden sich in einem katastrophalen Zustand und selbst die robusten Reifen des Geländewagens hielten den Strapazen nicht stand. Obwohl wir äußerst vorsichtig und langsam fuhren, hatten wir mehrere Reifenpannen. Zum Glück waren wir mit genügend Ersatzrädern ausgestattet.

„Der Weg ins Paradies führt zuerst durch die Hölle“, ging es mir immer wieder durch den Kopf. Endlich erreichten wir unser Ziel, die Zavora-Lodge.
Nicole und Lion, ihr Mann, empfingen uns herzlich und führten uns direkt auf die Terrasse des Restaurants. Der Ausblick der sich uns von dort bot, war überwältigend. Es herrschte Ebbe und die See war ruhig und glatt. Eine riesengroße Bucht mit fast schneeweißem Sandstrand, glasklares, türkisfarbiges Meer und ein mächtiges, aus dem Wasser ragendes Riff.
Diese friedvolle Atmosphäre ließ uns die Strapazen der Autofahrt bald vergessen.
Es war geplant, dass Lion und Nicole uns eine Woche lang alles erklären, um uns dann den Betrieb zu übergeben. Nicht gerade viel Zeit für zwei blutige Anfänger wie uns.
Lion rief mich zu sich, um mir mein zukünftiges Personal vorzustellen. Wie Orgelpfeifen hatten sich elf Schwarze vor dem Restaurant aufgestellt.
„Das ist Alberto, der Vormann. Er ist der große Boss und Häuptling aller Schwarzen hier. Er ist sehr loyal und korrekt“, sagte Lion überzeugend.
„Das ist Wolfgang, der neue Patron!“, teilte er Alberto mit. Alberto und ich schauten uns in die Augen und hatten gleich das Gefühl, dass wir uns verstehen würden.
Wir reichten uns die Hände und an seinem Händedruck konnte ich spüren, dass Alberto das Arbeiten gewohnt war. Durch sein zerfetztes T-Shirt konnte ich seinen muskulösen Körper erkennen. Seine freundlichen, dunklen Augen strahlten und ein herzliches Lächeln huschte über sein Gesicht.
„Das ist Alfred, die rechte Hand Albertos und Medizinmann dieses Stammes hier. Er kennt jede Pflanze und jedes Tier hier in der Gegend. Er hat sehr viel Einfluss und Macht. Manchmal ist er aufmüpfig, aber sonst ist er ein angenehmer und hilfsbereit Mensch.“
Während Lions Beschreibung hatte Alfredo seine Hände hinter dem Rücken verschränkt und durchbohrte mich ernst mit

seinem Blick. Ich spürte sofort, dass ich seinem Blick standhalten musste. Mit der gleichen Intensität erwiderte ich seinen Blick und bot ihm eine Zigarette an, die er sich sofort anzündete, zustimmend zu grinsen begann und dabei den Daumen nach oben streckte. In Afrika erwartete man sich von Weißen immer kleine Geschenke.
Dann wurde uns der Rest der Mannschaft vorgestellt. Lorenzo, ein sympathischer junger Mann, der sich um alles Mechanische zu kümmern hatte. Er war verantwortlich für alle Autos, Lastwagen, Boote, Jet Skis, Stromgeneratoren und etliches mehr.
Dann kam Luigi, der Küchenchef, an die Reihe. Ein schüchterner Kerl mit verschlagenen Augen, dem ich von Anfang an nicht sehr traute.
Anschließend stellte uns Lion den Frauen vor, von denen nur zwei halbwegs ordentlich gekleidet waren; sie waren im Service tätig.
Den Rest der Belegschaft sollte ich erst in den nächsten Tagen kennenlernen, sie hatten frei.
Ich stellte mich in einer kurzen Begrüßungsrede vor und wünschte uns allen eine gute Zusammenarbeit.

Nicole hatte Elke in der Zwischenzeit Küche, Büro und andere wichtigen Dinge gezeigt, für die sie zuständig war. Während des Abendessens erkundigten wir uns über die Auftragslage und stellten fest, dass die Lodge ab Mitte Dezember ausgebucht war. Zur Zeit, es war Anfang November, waren aber nur vier Gäste zum Campen anwesend.
„Sehr ruhig, genau richtig, um sich langsam einarbeiten zu können", dachte ich mir.
Nach dem Abendessen besichtigten wir die Einrichtungen der Lodge.
Das Haupthaus mit dem Restaurant, Büro, Lager und dem Generatorraum stand auf der höchsten Düne. Von dort hatte man einen wunderbaren Rundblick über das gesamte Gelände. Die

Sandstrasse hinunter, zwischen den Dünen auf der einen Seite und einem kleinen Kokospalmenhain auf der anderen Seite, lag der Campingplatz. Dahinter sah man einen See, der von einem kleinen Fluss gespeist wurde, samt einem breiten Schilfgürtel. Dort konnte man Flamingos, Pelikane und exotische Vogelarten beobachten. Längs der Straße standen zehn Grashütten in verschiedenen Größen. Die Häuschen waren mit allen notwendigen Dingen ausgestattet. Küche mit Geschirr und ein mit Propangas betriebener Kühlschrank und Herd, Badezimmer mit Waschbecken und Dusche, ein Aufenthaltszimmer mit Sitzgruppe und ein Schlafzimmer mit Moskitonetzen, die über das Bett gespannt waren. Zwei bis sechs Gäste konnten in den unterschiedlich großen Hütten Platz finden.
Wir ließen den Campingplatz hinter uns und gingen über die Dünen Richtung Meer, dabei inspizierten wir noch die fünf gemauerten Häuser. Sie lagen auf den etwas niedrigeren Dünen mit Blick auf das Meer und waren luxuriös eingerichtet.
Ich legte den Arm um Elkes Schultern, blickte sie an und stellte zufrieden fest, dass sie ruhig und glücklich war.

Das Rauschen des Ozeans weckte uns. Eine herrlich warme, aber dennoch frische Brise empfing uns vor dem Haus.
Wir gingen zum Strand. Weißgekrönte Wellen liefen rund um unsere bloßen Füße den weißen Sandstrand hinauf und versickerten matt samtig zwischen unseren Zehen. Die Sonne begann langsam, gleichmäßig und kräftig die Nacht zu verdrängen. Zielsicher schlug sie die Bahn ein, die ihr zugeteilt war. Draußen vollführten Delphine akrobatische Sprünge und wir folgten ihnen mit dem Gefühl der grenzenlosen Freiheit.

In meinem Augenwinkel konnte ich Lion kommen sehen. Somit war die morgendliche Romantik beendet und der Ernst des Tages begann. Immerhin galt es, einen gar nicht so kleinen Betrieb ordentlich zu übernehmen.

Er ließ uns wissen, dass einige Besorgungen zu erledigen seien und dass ich dabei gleich die örtlichen Verhältnisse kennenlernen könnte.
Alberto und Alfredo erhielten den Auftrag, leere Treibstofffässer und Getränkekisten aufzuladen, die Lion und ich in Inhambane, der nächstgelegenen Stadt, auffüllen sollten.
Wir fuhren los. Die Spuren des brutalen Krieges waren nicht zu übersehen. Längs der schlechten Piste tauchten zerschossene und leerstehende Häuser auf. Immer wieder begegneten wir verstümmelten Menschen. Anteilslos, ohne jedes Ziel, humpelten sie irgendwohin. Noch grausamer Verstümmelte saßen regungslos am Straßenrand und blickten ins Leere, angewiesen auf das, was Vorbeifahrende aus den Fenstern warfen. Es entsetzte mich, wie viele junge Burschen, aber auch Frauen mit fehlenden Armen oder Beinen zu sehen waren.
Nach einigen Kilometern hielt uns ein junger, schwarzer Bursche an. Lion erkundigte sich, was er wollte. Mit einem Kauderwelsch aus Portugiesisch, Makua und Englisch erklärte er uns, dass er und einige andere nach Inhambane wollten. Er stieg ein und wir folgten seiner Wegbeschreibung durch den Busch. Nach einigen hundert Metern stoppten wir vor einem Kraal, wo uns schon zwei Dutzend Schwarze voll Freude erwarteten: Frauen, Männer und Kinder. Die einen trugen an den Beinen zusammenbundene Hühner, die anderen schleppten leere Plastikkanister, sogar eine Ziege war dabei. Ich äußerte ernsthafte Bedenken, aber Lion beruhigte. „Das ist normal hier. Es gibt kaum einen Tag, an dem du keine Mitfahrer hast.“ Die Leute stiegen auf die Ladefläche des Pickups und wir schwankten wie ein überladener Kohlentransporter los.
Die Schwarzen hatten sich auf dem Fahrzeug gut organisiert. Einige standen, andere saßen auf der Seitenwand, der Rest setzte sich zwischen Fässern und Kisten auf den Boden. Die Piste wurde immer sandiger. Trotz aller Aufmerksamkeit fuhren wir uns fest. Jetzt wussten wir unsere Mitfahrer zu schätzen, denn alle sprangen vom Wagen und schoben und schau-

kelten ihn wieder flott. So erreichten wir ohne Probleme die einzige Asphaltstraße in Mozambique. Offenbar aus Freude darüber, begannen unsere Mitfahrer zu tanzen und zu singen, sodass der ganze Wagen zu schlingern und bedenklich zu wanken begann.

Ein plötzliches Klopfen auf dem Autodach lenkte uns ab. Kopfüber erschien ein schwarzes Gesicht in meinem Seitenfenster. Erschrocken brachten wir den Wagen zum Stehen.

Einer der jungen Männer rannte Richtung Busch und kam mit zwei anderen Schwarzen und einem ausgewachsenen Schwein zurück. „Jetzt ist aber Schluss ...", noch bevor ich zu Ende sprechen konnte, hatten die Männer das 120 kg schwere Tier aufgeladen und kletterten auf den Wagen.

Ich weigerte mich, weiter zu fahren, doch mit herzzerreißendem Gekreische, Flehen und Bitten setzten sie ihr Vorhaben durch. Als Dank dafür schenkten sie mir ein lebendiges Huhn. Mit dem Huhn zwischen meinen Oberschenkeln setzten wir die Fahrt fort.

Kurz vor Inhambane wurden wir von der Polizei angehalten. „Good morning, Sir, your driving licence please", meinte der ordentlich Uniformierte bestimmt und blickte lässig, am Wagen angelehnt, durch das Seitenfenster, während ich nach meinem Führerschein kramte. Mir schwante Böses. Tatsächlich hatte ich die Papiere auf der Lodge vergessen.

Während ich weiter herumkramte und nach einer passenden Ausrede suchte, begann der Polizist mit seiner linken Hand das Huhn am Kopf zu streicheln und grinste seltsam. Wie durch eine innere Eingebung hob ich das Huhn auf, streckte es ihm entgegen und sagte:

„Möchtest du es?" Ohne eine weitere Bemerkung nahm er es an sich, wünschte uns einen guten Tag und winkte uns zum Weiterfahren.

Verdutzt und erfreut blickte ich zu Lion. „Das ist Afrika!"

Durch den Zwischenfall hatten wir gar nicht bemerkt, dass sich alle unsere Mitfahrer grußlos verflüchtigt hatten.

Im wahrsten Sinn des Wortes erleichtert setzten wir unsere Fahrt nach Inhambane fort. Die letzten Kilometer führten uns durch ausgedehnte hügelige Palmenwälder. Nachdem wir auf dem letzten Hügel angekommen waren, verschlug es mir so den Atem, dass ich den Wagen anhalten musste.
Links vor uns lag eine Lagune mit türkisblauem Wasser, in dem sich Hunderte rosa Flamingos tummelten, umgeben von Kokosnusspalmen. Am Himmel stand die kräftige Sonne und hauchte der ganzen Szene Energie und Leben ein. Die ersten weiß getünchten Häuser tauchten auf, und immer mehr Händler säumten die Straße.
Wir fuhren zum Markt. Hunderte, laut herumschreiende Menschen in lumpiger Kleidung beherrschten das Bild. Exotische Gerüche vermischten sich mit unerträglichem Gestank. Herrenlose Hunde streunten herum und suchten im Unrat nach Fressen, dazwischen spielten Kinder vor primitiv zusammengenagelten Holzhütten im Dreck.
Als die einzigen Weißen weit und breit, erregten wir hier entsprechende Aufmerksamtkeit. Getrocknete Frösche, Kröten, Eidechsen, Schlangen und Insekten wurden mir genauso zum Kauf angeboten, wie verschiedene Wurzeln, Rinden und alle möglichen tierischen Innereien, aber auch Schädelknochen von Krokodilen, Affen und verschiedenen anderen Tieren.
Ständig bedrängte man uns in einem mir unverständlichen Dialekt und es war fast unmöglich, sich den Weg durch die Menschenmasse zu bahnen.
Lion hatte seine eigenen Händler, die er im Lauf der Zeit ausfindig gemacht hatte und stellte mich diesen Leuten vor. Nach langwierigen und umständlichen Verhandlungen hatten wir alles beisammen und machten uns auf die geplante Behördentour.
Ich konnte an den Häusern erkennen, dass Inhambane zu Portugals Zeiten eine wunderschöne Stadt gewesen sein musste. Trotz des langen Krieges gab es noch einige Gebäude im Ko-

lonialstil mit ihren halbrunden Dachziegeln, den geschwungenen Fenstern und Torbögen.
Es ging Richtung Zentrum, auf der einen Seite der Hafen, auf der anderen das große Postgebäude. Die dazwischen herumlaufenden wilden Hunde, Katzen und Hühner zwangen mich immer wieder, den Wagen abzubremsen. Die dem Wagen nachlaufenden bettelnden Kinder stellten eine eigene Gefahr dar – „Money, money …".
Die Straßen waren mit Müll übersät und immer wieder überrollte ich Ratten. Zunehmend gewöhnte ich mich an das Geräusch. Zeitweise fühlte ich mich ins Mittelalter zurückversetzt.
Schließlich erreichten wir das Finanzamt.
Ein wunderschönes, europäisch-südländisches Gebäude mit schönen Fresken und anderen Verzierungen, durchsetzt mit Einschüssen und Brandspuren. Dieses Gebäude hatte wohl auch schon bessere Zeiten erlebt.
Nachdem wir durch das Haupttor den Innenhof betraten, fiel mir ein prächtiger, aber desolater Springbrunnen ins Auge. In einem etwa vier Meter Durchmesser großen Becken stand eine in sanftem Schwung lehnende, nackte Venus. In den Händen hielt sie eine nach unten zeigende Trompetenmuschel, aus der offensichtlich einmal Wasser in den Brunnen gelaufen war. Nun verwitterte sie unbeachtet vor sich hin. Die sorgfältig geplanten Blumenbeete rundherum waren leer, ließen aber erahnen, dass dieser Hof früher mit einem wunderschönen Garten ausgestattet gewesen sein musste.
Ein imposanter und schön geformter Stiegenaufgang führte ins obere Stockwerk. Während der portugiesischen Kolonialzeit beherbergte das Gebäude den Gerichtshof für „afrikanische Untermenschen". Ich mochte gar nicht daran denken, wie viele Menschen hier zu Tode gemartert und im Keller hingerichtet wurden, denn dort befand sich der Galgen.
Uralte, klapprige Schreibtische und einfache Holzsessel dienten als Büroeinrichtung.

Total veraltete Schreibmaschinen, ein wild vibrierender Ventilator an der Zimmerdecke, Berge von Akten in den Seitenablagen und Schreibtischen und unzählige Kakerlaken, die durch das Zimmer huschten, versetzten uns zurück in die Realität.
Lion stellte mich dem Beamten als den neuen Manager der Zavora-Lodge vor.
Umständlich griff er zu irgendwelchen Akten, schob diese bedeutungsvoll hin und her, ohne diese einzusehen. Dann füllte er das notwendige Formular aus und gab uns einige erklärende Informationen. Wir unterschrieben, bezahlten und bekamen den erforderlichen Stempel auf unsere Papiere. Damit war alles erledigt und wir verließen das Finanzamt.
Beim Verkehrsamt und dem See Office folgten ähnliche Prozeduren. Die Beamten und Beamtinnen waren sauber und adrett gekleidet, sehr höflich, aber uns Weißen gegenüber doch eher distanziert und misstrauisch. Dieser Eindruck sollte sich in Zukunft noch öfter bestätigen.
Nachdem unsere Amtswege erledigt waren, verließen wir das reizende, aber doch auch sehr deprimierende Inhambane und fuhren heimwärts. Voll beladen mit allem, was auf der Lodge gebraucht wurde. Nur Benzin und Diesel fehlten noch.
Rund zwei Kilometer außerhalb der Stadt befand sich die Tankstelle.
Am Rand der Straße, im Schatten von Palmen, standen rund zwanzig bis dreißig 200-Literfässer mit Benzin, etwas weiter weg die gleiche Anzahl an Dieselfässern.
Der junge Tankwart in zerfetzten Kleidern holte aus einer nahestehenden Grashütte eine Handpumpe und einen langen Schlauch. Mit seinem rechten Arm, der fast doppelt so stark ausgeprägt war wie sein linker, zog und drückte er gleichmäßig den Pumpenhebel. Ohne ein einzig Mal abzusetzen oder den Arm zu wechseln, pumpte er die 300 Liter Treibstoff in die Fässer, fast zwei Stunden lang.
„Ich bin froh, wenn wir endlich zu Hause sind“, meinte ich zu Lion. „Ich auch“, meinte er.

Ich hatte erstmals „zu Hause“ gesagt.
Auch Lion und Nicole fuhren nach einigen weiteren gemeinsamen, arbeitsreichen Tagen heimwärts. Dorthin, von wo wir hergekommen waren, um hier zu Hause zu sein.

9. Fröhliche Weihnachten

Lion und seine Frau stiegen in ihren Bus und machten sich auf die lange Fahrt Richtung Südafrika. Ab sofort mussten wir ohne sie zurechtkommen.
Heftige Regenfälle im Landesinneren ließen den See hinter dem Campingplatz über seine Ufer treten. Die Straße, die auf einem flachen Damm durch den See führte, stand kniehoch unter Wasser.
Lion kam nicht weit. Er blieb gleich einige hundert Meter vom Haupthaus entfernt mit seinem VW Bus mitten im See stecken. Er musste zur Lodge zurückwaten, während seine Frau im Wagen wartete. Mit Blutegeln an seinen Beinen kam er erschöpft im Restaurant an. Nachdem wir ihn mit Salz von den unangenehmen Saugern befreit hatten, zog ich den Bus mit dem Landrover aus dem Morast. Ich entschloss mich, die beiden die restlichen Kilometer bis zur Hauptstraße zu begleiten, denn es gab zwei Brücken, bei denen man nicht sicher sein konnte, ob sie den Wassermassen standgehalten hatten. Die Brücken waren noch passierbar und so verabschiedete ich die beiden nunmehr endgültig.
Die nächsten Tage verliefen ziemlich ruhig und ohne nennenswerte Ereignisse. Drei junge Männer, Weiße aus Südafrika, quartierten sich auf der Lodge ein. Braun gebrannte, fröhliche Typen, die abends immer eine gute Zeche machten. Jeden Tag fuhren sie zum Hochseefischen hinaus.
Wenn es die Zeit erlaubte, erkundete ich die Gegend, in der das zukünftige Gameresort geplant war. Um ein besseres Bild von der Lage zu erhalten, besuchte ich unsere zwanzig Kilometer entfernten Nachbarn Angelina und José auf deren Dolphin Lodge, auch, um mich als neuen Nachbarn vorzustellen. José erklärte mir sehr ausführlich und genau die Grenzen unseres Areals, die Bodenbeschaffenheit, die Trinkwassersitua-

tion, den Tierbestand und das Zusammenleben mit den hier ansässigen Menschen.
Bevor ich mich jedoch auf den Rückweg machte, warnte mich José noch sehr eindringlich vor den vereinzelt vergrabenen Minen, die nach starken Regenfällen ausgeschwemmt wurden. Dort, wo man vor Tagen noch gefahrlos fahren konnte, war über Nacht die Gefahr groß geworden, in die Luft zu fliegen. Erst vor zwei Wochen hatte er eine Mine unmittelbar am Straßenrand gefunden und zur Explosion gebracht.
„Immer wieder werden Kinder und Erwachsene getötet oder schwer verletzt, wenn sie auf solche Minen treten, obwohl der Krieg schon einige Jahre vorbei ist. Überprüfe deine Zufahrtsstraßen nach starkem Regen immer wieder!"
Vor dem Anstieg zum Restaurant unserer Lodge kam mir, mit beiden Händen aufgeregt winkend, Alfredo entgegen gelaufen. „Es gab einen Unfall, einen schrecklichen Unfall!", rief er außer sich und sprang zu mir in den Wagen.
Ich beschleunigte den Landrover, bis ich das Restaurant erreichte. Elke stürzte bleich und zittrig aus dem Haus. „Einer der Hochseefischer hatte einen schlimmen Unfall!", stotterte sie. Sofort rannte ich ins Restaurant und traute meinen Augen nicht. Auf drei zusammengeschobenen Tischen lag einer der jungen Kerle mit einem Knebel im Mund. Einer seiner Kumpanen drückten ihn mit aller Kraft auf den Tisch nieder, während ein anderer Gast mit Nadel und Faden die klaffenden Wunden an Oberschenkel und Wade, zusammenzunähen versuchte. Alles war voll mit Blut. „Eine ausgeschwemmte Landmine!", schoss es mir durch den Kopf.
Der Anblick entsetzte mich und es wurde mir fast schwarz vor Augen.
„Wo war die Mine?", fragte ich. „Wo ist das passiert?"
„Keine Mine, ein Barracuda ..." berichtete einer der Männer, „... er hat ihn beim Hineinhieven ins Boot erwischt ... ist schlecht am Haken gehangen und konnte sich losreißen."

Wir hatten Glück, dass gerade zur selben Zeit ein Tierarzt aus Johannesburg bei uns logierte. Es brauchte 175 Nähte und zwei Stunden, bis der jungen Mann zusammengeflickt war – ganz ohne Narkose.
Das Ganze lief erstaunlich emotionslos ab. „Man muss hart im Nehmen sein, wenn man hier überleben will", dachte ich mir, als wir unserem Patienten vom Tisch halfen.
Nach nur einer Woche fuhr er wieder hinaus, um Barracudas zu fangen.
„Zu viel Blut in den letzten Monaten", meinte Elke. Sie roch nach Alkohol.
Weihnachten stand kurz bevor, Hauptsaison.

Trotz der extremen Lebensumstände und der vielen Arbeit fühlten wir uns zunehmend wohler. Unsere Aufgaben hatten wir sehr gut verteilt. Elke kümmerte sich um Haus, Restaurant und Büro. Ich war für alle anderen anfallenden Tätigkeiten zuständig.
Auch mit dem Personal gab es keine nennenswerten Schwierigkeiten.
Das Wort Langeweile hatten wir aus unseren Köpfen gestrichen und auch unsere Hunde gewöhnten sich an die neue Umgebung. Wir waren unsagbar glücklich und zufrieden.
Die einzige Verbindung zur Außenwelt war unser Funkgerät. Was sonst so auf der Welt passierte, erfuhren wir hauptsächlich von unseren Gästen. Die meisten Gäste reisten am Christtag an, und so hatten wir den heiligen Abend für uns alleine. Wir ließen uns vom Personal verwöhnen, der Koch stellte ein spezielles Weihnachtsmenü zusammen und wir tranken den aus Südafrika mitgebrachten, besten Wein.
„Wieso sind nur mehr drei Flaschen davon da?" fragte ich Elke.
„Den haben wohl die Schwarzen gestohlen", meinte sie.
Ich hatte einen kleinen Schwips, Elke hingegen wirkte schwer betrunken.

Wir wollten unseren Gästen zu Weihnachten etwas Besonderes bieten. Schon Tage vorher hatte ich Alberto den Auftrag erteilt, einige Palmen zu fällen und ein Floß nach meinen Plänen zu bauen.
Kokospalmen sind für die Einheimischen eine wichtige Erwerbs- und Ernährungsquelle. Jeder einzelne Baum hat einen Besitzer, auch ohne schriftliche Urkunden. Sogar jede heruntergefallene Kokosnuss muss bezahlt werden.
Es waren langwierige Verhandlungen notwendig, um vom Chief des Clans die Erlaubnis zum Fällen der Bäume zu erhalten. Pro Baum musste ich den Gegenwert von drei Euro bezahlen, das entsprach einem halben Wochenlohn eines Arbeiters.

Die See war blank wie eine Glasscheibe, ruhig und friedlich. Sonnenschirme, Liegestühle, Grill und Cooler Boxen voll mit Eis, Getränken, Fleisch u.v.m. wurden von den Schwarzen auf das große Floß verladen. Die Attraktion kam hervorragend an, und das Weihnachts-Picknickbot war restlos ausgebucht. Die aufkommende leichte Brise füllte das Segel und wir glitten gemächlich auf das offene Meer hinaus. Die Gäste vergnügten sich übermütig, aßen und tranken. Ständig begleiteten uns Delphine, genauso übermütig wie unsere Gäste.
Plötzlich, nicht weit weg vom Boot, tauchte eine große Rückenflosse auf und näherte sich dem Floß. „Haie!“ rief ich, ein wenig aufgeregt. Unsere Gäste, allesamt erfahrene Taucher und Fischer beruhigten mich. Allein schon die Tatsache, dass die Delphine noch immer um uns herum waren, bewies, dass es kein gewöhnlicher Hai sein konnte. Dann konnten wir die Seitenansicht der Flosse sehen. Es war „nur“ ein Walhai, der ruhig und neugierig direkt auf uns zuschwamm. Walhaie leben von Plankton und anderen Kleinstlebewesen und sind überaus friedlich. Die Crew des Floßes war begeistert. Fasziniert beobachteten wir den mächtigen Fisch, der uns nun in geringem Abstand begleitete. Wir konnten die weißen Flecken, die seinen ganzen Körper bedeckten, erkennen und seine un-

gefähre Größe ausmachen. Wir schätzen ihn auf rund zwölf Meter. Im Vergleich dazu war unser Floß mit fünf mal fünf Metern winzig. Einige von den Tauchern hatten schon Erfahrungen mit Walhaien und sprangen ins Wasser, um sich an die große Rückenflosse des Walhaies zu hängen. Gänzlich unbeeindruckt glitt der Fisch durchs Wasser, samt vier Männern als Passagiere.
Das wollte ich auch erleben und sprang ebenfalls ins Wasser. Mit der linken Hand umklammerte ich die Flosse, mit der rechten betastete ich das Tier. Seine Haut war rau und doch irgendwie samtig. Gute hundert Meter nahm er mich mit, dann tauchte er ab und ich musste loslassen. Zwei von den Tauchern ließen sich noch einige Meter von ihm in die Tiefe ziehen.
Dieses Erlebnis beherrschte die Gespräche an Bord unseres Floßes und die Gäste waren begeistert. Was für ein Christtag! Ich dachte an die Weihnachtshektik in der Großstadt und irgendwie mutete es mich seltsam an, als man sich auf einmal besann, ein gemeinsam Gebet sprach, um sich dann kollektiv um den Hals zu fallen und sich „Merry Christmas“ zu wünschen.
Die folgenden Feiertage und der Jahreswechsel bestanden mehr oder weniger aus einer einzigen durchgehenden Party. Alkohol floss in Strömen. Ich musste mehrmals außerplanmäßig nach Inhambane, um Getränke nachzubunkern. Ich lernte immer mehr einheimische Händler kennen, denen ich vertrauen konnte, und so wurden meine Einkaufstrips immer kürzer. Diesmal war ich besonders schnell wieder fertig und noch vor Einbruch der Dunkelheit wieder zurück auf der Lodge. Es herrschte reges, lustig lautes Treiben im Restaurant, und so ging nicht wie sonst direkt ins Büro, sondern gleich in die Bar. Ich hatte Durst. Da saß Elke mit überschlagenen Beinen auf einem Barhocker, den Kopf lachend in den Nacken geworfen. Einer der jungen, braun gebrannten Hochseefischer küsste sie auf den Nacken. Schlagartig überkam mich Eifersucht.
„Was soll das?“ unterbrach ich grußlos das Rumgeturtle.

„Mein Gott, ein kleiner Flirt in ausgelassener Stimmung“, meinte sie, stand auf und ging in Haus, nicht mehr ganz sicher auf ihren braun gebrannten Beinen. Ich folgte ihr ins Schlafzimmer und musste meinen aufkeimenden Zorn unterdrücken.

„Fröhliche Weihnachten!“ lallte Elke, drehte sich um und schlief sofort ein.

10. Schwulenhochzeit

Am nächsten Morgen stellte ich Elke erneut zur Rede. Ein heftiger Streit entfachte, der jedoch von zwei neu angekommenen Gästen unterbrochen wurde.

Überrascht begrüßte ich die zwei Männer, die es trotz des schlechten Wetters, von Port Elizabeth kommend, hierher geschafft hatten. Ich erkundigte mich sofort nach dem Zustand der Straßen. Die Information war kurz und bündig:

„Beschissen schlecht, aber nicht unmöglich durchzukommen."

Sie wollten nur zwei Nächte bleiben und dann in Richtung Tansania weiterfahren.

Auf dem Weg zu dem Haus, in dem man sie untergebracht hatte, konnte ich das Ausmaß der Überschwemmungen des letzten Tages feststellen. Der Campingplatz war unbenutzbar und eines der großen Häuser stand fast einen halben Meter unter Wasser. Die Straße war noch immer bis zur Hälfte überflutet.

Die Männer waren hervorragend ausgerüstet. Einer der beiden zeigte mir voller Stolz den mehr oder minder neuen Geländewagen, der mit allem ausgerüstet war, was man für Offroad Abenteuer braucht. Es dauerte nicht lange, bis ich merkte, dass die beiden schwul waren.

Der Regen wechselte ständig von heftig bis leicht, doch die Luft war trotzdem so warm, dass die nasse Kleidung wie eine zweite Haut am Körper klebte. Langsam hegte ich Zweifel daran, ob dieser Platz hier so paradiesisch war, wie ursprünglich angenommen. Ich vertrieb den Gedanken mit der Begründung, dass wohl der Streit mit Elke an meiner Übellaunigkeit schuld sei.

Etwas später bat mich Elke um einen Gefallen, ganz so, als hätte die gestrige unangenehme Situation und der darauffolgende Streit nicht stattgefunden. „Du, Schatz, ich brauche für heute Prawns und Crayfisch. Die zwei neuen Gäste haben das

für heute Abend bestellt. Könntest du mir welche holen? Heute ist Fischmarkt und Luigi hat mir gesagt, dass die Fischer einen guten Fang hatten."
Halb abwesend hörte ich ihre Bitte und machte mich langsam auf den Weg. Der Regen hatte in der Zwischenzeit aufgehört, aber die tief hängenden dunkelgrauen Wolken ließen auf keine anhaltende Wetterbesserung hoffen. Der Ozean präsentierte sich graublau und glatt, die kleinen Douws der Eingeborenen trieben wie winzige weiße Dreiecke auf dem Wasser.
Der Regen würde eine ruhige See und einen guten Fang bringen, erklärte mir Lorenzo, während wir zum Fischmarkt aufbrachen.

Er führte mich zu einem Fischer, vor dem ein mit Palmblättern abgedeckter Korb stand. Voll Stolz und Freude fuhr er mit beiden Händen in den fast bis zur Hälfte mit Prawns gefüllten Korb, hob die Tierchen in die Höhe und meinte mit einem Lächeln, wie schön und groß sie doch wären. Wir bezahlten einen geradezu lächerlichen Preis für den ganzen Korb und Lorenzo trug ihn geschickt auf dem Kopf ins Restaurant.
Elke hatte den besten Tisch auf der Terrasse festlich gedeckt. „Unsere beiden Schwulen haben heute ihren ersten Hochzeitstag und wollen diesen stilvoll und romantisch feiern."
Als die beiden abends das Restaurant betraten, ging ein verwundertes, belustigtes Raunen durch den Raum. Besonders die jungen Hochseefischer verspotteten die beiden aggressiv und ungeniert. Homosexualität wird in Südafrika von Schwarz und Weiß kategorisch abgelehnt. „Es muss unglaublich schwer sein, sich hier zur Homosexualität zu bekennen" dachte ich und versuchte, die Männer mit Fragen zu ihrem heutigen Erfolg beim Hochseefischen abzulenken. Elke führte die beiden verliebten Männer inzwischen auf die Terrasse zu ihrem prächtig gedeckten Tisch, wo die beiden Platz nahmen. „Wir sind das gewohnt" meinte der eine fast entschuldigend und blickte dabei in Richtung der Rowdies. Dann boten sie

mir ein Glas von dem selbst mitgenommenen Cabernet Sauvignon an. Sie hielten sich fest an der Hand und blickten einander verliebt in die Augen.
Es dauerte nicht lange, bis die Sportfischer begannen, die beiden nachzuäffen und zu provozieren. Elke hatte große Mühe, die Situation zu beruhigen und nicht eskalieren zu lassen. Geschickt und mit weiblichem Charme überredete sie die Männer, mit ihr zu tanzen. Das passte mir gar nicht, denn es war derselbe Typ von gestern, der sich nun mit obszönem Gehabe an meine Frau heranmachte. Er hieß Piet. Ich hatte den Eindruck, dass es Elke gefiel, wie sich Piet aufführte. Abermals stieg in mir quälendes Misstrauen auf. Mit großer Anstrengung musste ich die aufkommende Aggression unterdrücken. Immer wieder hatte er vor anderen Gästen damit geprahlt, was er als Söldner in Angola, Zimbabwe und Mozambique erlebt hatte und wie viele Menschen er auf dem Gewissen hatte. Mit jedem anderen hätte ich mich auf eine Schlägerei eingelassen und ihn aus der Lodge geworfen. Mit diesem Typen jedoch wäre das für mich zum Debakel geworden. Aber weiter lächerlich machen wollte ich mich auch nicht lassen. Mein Blut wallte, als ich ihn beherrscht fragte, ob er nicht gemeinsam mit mir und seinen Kollegen eine Runde Poker spielen wollte. Ich erachtete es als vernünftiger, etwas Geld zu verlieren, als einen Eklat vom Zaun zu brechen. Meine Rechnung ging auf, denn Piet und seine Freunde stiegen auf die Poker-Einladung begeistert ein.
Um drei Uhr morgens war ich um 250 US-Dollar ärmer, aber überzeugt, das Richtige getan zu haben. Es fiel mir gar nicht auf, dass Elke und die beiden Schwulen längst gegangen waren. Grußlos.
Wie konnte sie nur? Mit dem Rücken zu Elke schlief ich ein und wusste, dass es nie wieder so sein würde wie früher.

11. Tiefseehorror

Endlich wieder Gäste: Zwei junge Pärchen checkten bei uns ein. Kevin mit Betty und Mike mit seiner frisch angetrauten Frau Sandy. Die vier im Alter von 25 bis 30 Jahren kamen aus Capetown und wollte ihre Flitterwochen bei uns zum Tauchen verbringen.

Sie waren begeisterte Tauchsportler, sympathisch, fröhlich und verliebt. Am vierten Tag wollten sie – wie schon die Tage zuvor – zeitig am Morgen hinaus ins Riff. Während meine Frau Elke und Luigi, der Koch, ihnen noch reichlich Obst und Getränke in einen Korb packten, half ich ihnen, das Boot ins Wasser zu bringen. Ich blickte ihnen nach, wie sie bei mittelhohem Wellengang immer kleiner wurden, bis sie langsam nicht mehr auszumachen waren.

Drei Seemeilen von der Küste entfernt befand sich in ungefähr 30 Metern Tiefe ein Schiffswrack, das vor vielen Jahren am Riff gestrandet war – ein beliebtes Ziel für Taucher.

Die zwei Pärchen waren unsere einzigen Gäste und unsere Arbeit war damit vorläufig erledigt. Ich legte mich in die quer über die Terrasse gespannte Hängematte und Luigi verwöhnte meine Frau und mich mit einem opulenten Frühstück. Ich war rundum zufrieden und schaltete ab. Auf einem kleinen Beistelltisch neben mir standen ein Drink und mein Fernglas bereit. Hin und wieder nahm ich das Fernglas und beobachtete die See, ob ich Wale, Haie oder andere Tiere am Ozean entdecken konnte, um dann weiterzudösen.

Es war bereits 10.00 Uhr morgens, als ich wieder einmal das Fernglas zur Hand nahm und feststellte, dass Wind aufgekommen war und das Meer unruhiger wurde. War es Zufall oder Eingabe, dass ich genau zu diesem Zeitpunkt in jene Richtung schaute, wo sich das Schiffswrack befand? Zuerst sah ich nur einen winzigen schwarzen Punkt, der anscheinend über die Wellen sprang. Ich zoomte das Fernglas heran und erkannte

das Boot unserer Gäste, das mit maximaler Geschwindigkeit in unsere Richtung steuerte. Ich spürte sofort, dass etwas passiert sein musste. Sie preschten mit irrsinnigem Tempo durch die hohe Brandung und ich hatte Angst, das Boot könnte sich überschlagen. Instinktiv sprang ich aus der Hängematte und lief ihnen entgegen. Kaum hatten sie das Boot auf den Strand gesetzt, sprang einer der jungen Männer aus dem Boot und schrie lautstark um Hilfe. Die beiden Frauen hoben verzweifelt den offensichtlich bewusstlosen zweiten Mann aus dem Boot und legten ihn in den Sand.
Ich rannte so schnell es ging hinunter zum Strand, doch im losen Sand kam ich nur mühsam vorwärts.
Hektisch schnitten sie mit einem Messer den Tauchanzug auf, aus dem stetig Blut strömte. Dabei fiel mir die tiefe Schnittwunde an seinem Hals auf. Die drei waren so geschockt, dass sie am ganzen Leib zitterten und dennoch wie gelähmt schienen. Der Mann atmete nicht und hatte keinen Puls. Ich begann sofort mit Wiederbelebungsmaßnahmen. Jedes Mal, wenn ich auf sein Brustbein drückte, sah ich, dass sich kleine Blutblasen in der durchtrennten Halsschlagader bildeten und gleich wieder zerplatzten. Im Unterbewussten spürte ich, dass der Mann nicht zu retten war und bereits tot war. Es war ein Kampf gegen das Unfassbare. Nach einiger Zeit gab ich erschöpft auf – keine Atmung, keine Herztöne – tot! Die junge Ehefrau des Toten wollte das nicht begreifen und versuchte verzweifelt, ihren Mann zurückzuholen, indem sie Herzmassage und Beatmung fortsetzte. Immer wieder schrie sie: „Du kannst nicht gehen, du kannst nicht gehen, komm zurück!" Verzweifelt, kraft- und fassungslos musste auch sie schließlich aufgeben. Es schüttelte sie am ganzen Körper und sie stand kurz vor einem Nervenzusammenbruch. Die trockenen Tränen, die sie weinte, schmerzten uns alle bis tief ins Herz.
Mir wurde klar, dass ich jetzt nicht den Kopf verlieren durfte. und etwas unternehmen musste.

Meine Frau verstand wortlos, dass sie die beiden Frauen betreuen musste, während der zweite Mann und ich uns um den Toten kümmerten. Zuerst mussten wir die Leiche an einen kühlen und sicheren Platz schaffen, denn die Sonne stand schon sehr hoch und es wurde immer heißer. Alberto und Alfredo halfen uns, den Toten hinter das Restaurant zu tragen, wo sich der kühlste und schattigste Platz auf der ganzen Lodge befand. Leichen verwesen rasch in Afrika, und wenn die Tiere erst einmal Witterung aufgenommen haben – ich wollte nicht daran denken.

Hilfe anzufordern hatte keinen Sinn. Es hätte Stunden gedauert, bis wir endlich eine Funkverbindung gehabt hätten und außerdem gab es damals in Mozambique nur zwei Rettungswagen: Einen für den Präsidenten und einen für den Rest der Bevölkerung.

Inhambane, der nächstgelegene Ort, war mit dem Auto in zwei bis drei Stunden erreichbar. Aber was würde dort passieren, wenn wir mit einer Leiche ankommen würden?

Ich kämpfte mit aller Kraft gegen meine Nervosität an, ich wollte keinen Fehler machen. Ich versuchte Funkkontakt mit Johannesburg aufzunehmen, aber wegen eines Gewitters kam keine Verbindung zustande. Also doch nach Inhambane. Den Leichnam mit Plastik abzudecken hielt ich wegen der Sonne für keine gute Idee, also wickelten wir den Körper in mit Wasser getränkte Leintücher. Was ich dabei empfand, kann man mit Worten nicht beschreiben. Ich wunderte mich nur, dass alles irgendwie emotionslos und automatisch ablief.

Alberto, Alfredo, Kevin – der Freund des Toten – und ich luden den Verstorbenen auf unseren Toyota. Alberto deckte den Körper zusätzlich noch mit frisch geschnittenen Palmenblättern ab, und wir starteten Richtung Inhambane.

Auf dem langen Weg zur Stadt erfuhr ich erstmals, was eigentlich geschehen war. Kevin begann zu erzählen:

„Wir fuhren hinaus zum Riff, dorthin wo das alte versunkene Schiff liegt, das wir aufsuchen wollten. Auf dem Weg hinunter

zum Wrack näherte sich uns ein großer, neugieriger Stachelrochen, der uns begleitete. Mike kam ihm etwas zu nahe. Durch irgendetwas erschrak der Stingray, wendete ruckartig und schlug dabei mit dem Schwanz aus. Dabei traf er Mike wie mit einem Peitschenschlag am Hals. Mike geriet in Panik, konnte nicht mehr atmen und machte nur noch unkontrollierte Bewegungen. Er schrie unter Wasser. Durch das viele Blut, das er verloren hatte, konnte ich ihn fast nicht mehr sehen. Und dann kamen die Haie! Ich musste einige Haipatronen zünden, um Mike und unsere Frauen vor ihnen zu schützen. Das kostete uns wertvolle Zeit, aufzutauchen, denn wir waren schon auf 25 Meter Tiefe. Es dauerte eine Ewigkeit und ich habe gespürt, dass er in meinen Händen stirbt. Es war schrecklich. Die Haie waren die ganze Zeit um uns herum, besonders als wir Mike ins Boot hievten. Ich kann es immer noch nicht glauben.“
Wortlos hörte ich Kevin zu, wie er über seine Freundschaft mit Mike erzählte, wie sie sich kennen lernten und welche Tauchtrips sie schon gemeinsam erlebt hatten. Das Erzählen tat Mike gut, ich hörte nur zu und stellte keine Fragen. So nahm er Abschied von seinem langjährigen Freund, denn bisher war keine Zeit dafür gewesen.

In Inhambane angekommen, suchte ich sofort einen alten Bekannten mit dem Namen Dany auf, um ihn zu fragen, was man mit einem Toten in Mozambique tun musste. Er schickte uns zur Polizei, wo wir auch sofort hinfuhren. Ohne erkennbare Regung schüttelten die dort anwesenden Beamten die Köpfe und meinten, wir sollten den Toten auf der Lodge begraben. Geschockt von so viel Gleichgültigkeit bestand ich darauf, dass wenigstens ein Protokoll durch die Polizei verfasst wurde.
Widerwillig stellte man dieses nach längerer Diskussion auch aus. „Hier muss es doch so etwas wie ein Leichenschauhaus geben?“, fragte ich abschließend einen der Beamten. Dieser

schaute mich nur fragend an. Ich hätte eigentlich wissen müssen: So etwas gibt es hier nicht.
In einer Stadt, in der der Strom nur zeitweise funktioniert und Wasser Mangelware ist, besteht keine Notwendigkeit für ein Leichenschauhaus. Hier begräbt man die Toten meist am selben Tag und am selben Ort, wo sie verstorben sind. Dass man mit einer Leiche herumfährt, versteht man hier nicht, auch nicht im einzigen Spital der Provinz, das wir als letzten Ausweg aufsuchten und um Hilfe baten. Dort stapelten sich in der Prosektur die Leichen. AIDS, Malaria und Minen forderten ihren Tribut. Für eine weiße Leichen hatte man keinen Platz.
So fuhren wir unverrichteter Dinge mit dem Leichnam zurück zur Lodge, und ich ertappte mich im Auto immer öfter dabei, die Luft anzuhalten . Auf dem Heimweg fasste ich einen Plan: Nachdem wir angekommen waren, ließ ich sofort die 5 kg Steak, die 20 Hühner, die 15 Laib Brot und vieles mehr aus der Gefriertruhe räumen, um genug Platz für Mikes Leichnam zu schaffen.
Die bereits eingetretene Totenstarre machte uns dabei Probleme. Mike war ein wahrer Hüne, die Gefriertruhe jedoch nur 1,50m lang. Die schaurigen Gefühle, die in mir dabei aufkamen, musste ich mit all meiner Kraft und Vernunft verdrängen, denn es gab keine Alternative. Wie in Trance stopfte und bog ich den steifen, leblosen Körper in die Truhe, aus der gespenstige Kälte drang. Ein unbeschreiblicher Zustand überkam mich, so als ob ich nicht ich selbst wäre. Erst als der Deckel der Truhe einschnappte, verließ er mich wieder.
Danach stellte ich die Eiswürfelmaschine auf volle Leistung und produzierte so viele Eiswürfel, wie ich nur konnte. Der Stromgenerator lief die ganze Nacht, an Schlaf war ohnehin nicht zu denken.
Elke hatte sich, während wir in der Stadt waren, um die Frauen gekümmert und Mikes Frau mit einem starken Beruhigungsmittel zu Bett gebracht.

Vollkommen erschöpft und kraftlos fiel ich ins Bett. Horrorvisionen und schaurige Bilder ließen mich immer wieder aufschrecken. Schwer gezeichnet und schweißgebadet von den unzähligen Albträumen, traf sich die geschockte Gruppe am nächsten Morgen.
Kalte Schauer übermannten uns, als wir den steif gefrorenen, mit Reif bedeckten Mike aus der Gefriertruhe holten und ihn durch das Restaurant hinaus zum Parkplatz trugen. Dort legten wir ihn in den Anhänger, den die Flitterwöchner für ihre Tauchausrüstung mitgenommen hatten.
Dann schütteten wir die über Nacht produzierten Eiswürfel über den Toten und deckten alles mit einer Plane ab. Wortlos, grußlos, bleich und hohl traten die drei so die 3000 km lange, tränenreiche Heimreise nach Capetown an. Ich schaute ihnen nach, bis sich die rote Staubfahne, die sie hinter sich herzogen, gelegt hatte. Ich hörte nie wieder von ihnen.
Trauer und Betroffenheit zogen in der Zavora-Lodge ein und hinterließ tiefe Spuren in unser aller Seele.
Einige Tage später kamen die nächsten Gäste und langsam, aber stetig konnten wir ein wenig Abstand zu den fürchterlichen Ereignissens gewinnen. In Afrika, glaube ich, hat man kein Wort für „Sentimentalität“. Und wenn, dann keine Zeit dafür.

12. Schlangenkampf

Man sagt, Schwarze hätten panische Angst vor Schlangen. Wie sehr das stimmt, erfuhr ich wenig später. Oreste, unser Hausmädchen, erzählte mir eine Tages wild gestikulierend, dass sie eine Schlange im Lagerraum gesehen hätte. Ich hatte große Mühe, sie zu beruhigen und ließ mir die Schlange von ihr beschreiben: Über einen Meter lang, grau-braun, mit hellen Punkten. „Eine Kobra", schoss es mir durch den Kopf und ich stellte fest, dass auch in mir Angst hochkam.

Ich schloss sofort alle Türen zum Lagerraum und vergewisserte mich, dass es für das tödlich-giftige Reptil keine Möglichkeit gab, zu flüchten. Ich bewaffnete mich mit einem Besen und einem feinmaschigen Unterfänger, den ich normalerweise zum Fischen verwendete.

Lorenzo begleitete mich, denn er arbeitete gerne für mich und wäre für mich auch durchs Feuer gegangen. Wir zogen uns lange Regenmäntel über, um vor einem Biss der Schlange halbwegs geschützt zu sein. Wenn es wirklich eine Kobra war, würden wir ohne Gegenserum nicht überleben. Langsam öffnete ich die Tür und steckte vorsichtig meinen Kopf durch den engen Spalt. Nichts zu sehen. Angespannt betraten wir den Lagerraum.

Der Boden des Lagerraums bestand aus glattem Beton, das gab mir die Gewissheit, dass sich die Schlange nicht wie unter natürlichen Umständen bewegen konnte.

Nach Orestes Beschreibung sollte sich die Schlange hinter einem der Vorratsfässer, die mit Reis, Mehl und dergleichen gefüllt waren, versteckt halten. Trotzdem durchsuchten wir zuerst noch alle Regale im Raum, denn Schlangen können sehr gut klettern. Viele Schlangenunfalle passieren, indem sich die Schlange von oben auf ihr Opfer fallen lässt. Nachdem wir sicher waren, dass von dort keine Gefahr drohte, begann Lorenzo ein Fass nach dem anderen in die Mitte des Raumes zu

ziehen. Ich stand, mit dem Besen in der rechten und dem Unterfänger in der linken Hand, hinter Lorenzo und beobachtete gespannt jede seiner Bewegungen.
Bevor Lorenzo das vierte Fass wegrücken konnte, sah ich das Schwanzende der Schlange. Es schien mir zu riskant, das Fass mit den Händen nach vorne zu ziehen. Also nahm ich einen dicken Strick, der seitlich an der Wand hing, warf diesen wie ein Lasso über die Oberkante des Fasses und Lorenzo machte sich bereit, das Fass vorsichtig nach vorne zu bewegen.
Ich stellte mich, den Unterfänger als Schild vor mir und den Besen im Anschlag, in Position. Ich nickte Lorenzo zu und er begann, das Fass nach vorne zu ziehen. Angespannt und voll konzentriert blickte ich auf den immer deutlicher erkennbaren Reptilschwanz.
Durch das Geräusch, das beim Vorrücken des Fasses entstand, flüchtete die Schlangr hinter das nächste Fass. Nun wusste ich, dass das Tier in höchster Verteidigungsbereitschaft war. Mein Herz pochte bis zum Hals, Angst und Jagdfieber packten mich zugleich. Ich war wild entschlossen, den Zweikampf mit der Schlange aufzunehmen. Ich war mir noch immer nicht sicher, ob es sich wirklich um eine Kobra handelte, aufgrund der Dicke des Schwanzes konnte ich aber ahnen, dass es sich um eine ziemlich große Schlange handeln musste. Als wir das nächste Fass verrückten, konnte ich das Reptil in seiner ganzen Größe sehen. Tatsächlich! Eine Mozambique-Speikobra, eine der gefährlichsten afrikanischen Schlangen überhaupt. Nun war höchste Vorsicht geboten, denn Speikobras verteidigen sich dadurch, dass sie – bis zu zwei Meter weit – ihr Gift zielgenau verspucken können. Dabei zielen sie instinktiv auf die Augen ihrer Feinde. Im konkreten Fall auf unsere eigenen Augen. Keine guten Aussichten.
Einem meiner Bekannten war vor Jahren von einer Speikobra Gift in die Augen gespritzt worden. Er war mehr als vier Wochen lang blind und ist bis heute sehbehindert. Dabei hatte er noch Glück gehabt, denn er hätte auch vollständig erblinden

können. Das Gift der Speikobra verätzt die Hornhaut nachhaltig. Wenn man Glück hat, hilft das sofortige Auswaschen des Auges mit abwechselnd Milch und Wasser. Ohne Schädigung des Auges kommt man aber kaum davon.
Gott sei Dank kannte ich diese Geschichte und forderte Lorenzo deshalb auf, die Aktion sofort abzubrechen. Wir gingen in die hinter dem Restaurant liegende Werkstätte, holten uns zwei Schutzbrillen und gingen gemeinsam in die „Kampfarena" zurück.
Angespannt und ängstlich wünschten uns die inzwischen anwesenden Gäste Glück. Elke sagte lediglich „seid bloß vorsichtig", so als ob ich nicht selbst daran denken könnte. Galgenhumor machte sich breit, denn die Situation hatte etwas unfreiwillig komisches an sich. Lorenzo trug einen um gut fünf Nummern zu großen, schwarzen Plastikregenmantel. Die übergroße Schutzbrille auf seinem kleinen Kopf mit den dicken Lippen darunter und das gekräuselte, schwarze Haar, durchzogen von einem roten Gummiband, ließen ihn wie einen Außerirdischen afrikanischer Abstammung aussehen. Den weit auf den Boden reichenden Regenmantel musste er bei jedem Schritt hochziehen, um nicht zu stolpern. Dabei gab er allerdings seine Beine frei und das beunruhigte mich. Ich hingegen hatte mir unter meinem gelben, bis zu den Waden reichenden Regenmantel einen grün-roten Sarong um die Hüfte gewickelt, um meine Beine bis zum Boden zu schützen. Wir sahen uns gegenseitig an und konnten uns angesichts diese Aufzugs das Lachen nicht verkneifen. So sahen also Schlangenjäger aus!
Wir widmeten uns wieder der Schlange.
Lorenzo warf nun selbst das Seil über das vorletzte Fass vor der Ecke des Raumes und zog es langsam nach vorne.
Plötzlich, wie von einem Bogen abgeschossen, schnellte die Schlange aus ihrem Versteck hervor, schlängelte sich zwischen uns hindurch und versuchte verzweifelt und orientierungslos zu entkommen.

Wir erstarrten zu Stein und verfolgten gebannt das unkontrolliert schnelle, wellenartige Herumirren der Schlange. Hektisch versuchte sie ein Schlupfloch zu finden. Aber sie hatte keine Chance. Nervös und angriffslustig peitschte sie von einer Seite zur anderen. Letztendlich fand sie Unterschlupf hinter einer großen Holzkiste. Wir wussten beide ganz genau, dass die Schlange nun extrem gefährlich war. Wir waren nun in einer günstigen Position, denn wir mussten ihr nur mehr den einzigen Fluchtweg abschneiden. Die eine Seite, zwischen Kiste und Wand, verstopfte ich mit Tüchern und Putzfetzen und ging auf der anderen Seite des Spaltes mit meinem Unterfänger in Position. Ich nickte Lorenzo zu, mit dem Verschieben der Kiste zu beginnen. Der Spalt zur Wand wurde immer größer – drei, fünf, acht Zentimeter. Dann sah ich ein Stück ihrer schuppigen Haut, ein kleines Stück nur. Ich brachte mich in Stellung und gab Lorenzo das Zeichen, langsam weiter zu machen.
Dann konnte ich die Schlange in ihrer ganzen Größe sehen.
Sie hatte sich zusammengerollt, als würde sie ihren eigenen Körper verschlingen wollen. Abwartend beobachtete ich sie, und Lorenzo zog die Kiste noch weiter zu sich.
Plötzlich stellte sich die Kobra auf und plusterte ihren Hals auf. Ihre Augen leuchteten wie magisches Feuer. Ich konnte mich selbst mit ganzer Willenskraft ihrem Blick nicht entziehen. Unbarmherzig zwang sie mir den Augenkontakt auf, um mir mit unfassbarer Geschwindigkeit genau in die weit geöffneten Augen zu speien. Wie hypnotisiert stand ich da und war für den Bruchteil einer Sekunde handlungsunfähig. Ich kam wieder zu mir und war froh darüber, die Brille aufgehabt zu haben. Nun musste alles blitzschnell gehen.
Ich stülpte den Unterfänger über die Schlange und stellte meinen Fuß auf den Stiel, damit sie nicht mehr entkommen konnte. Mit dem Besen versuchte ich sie hinter dem Kopf niederzudrücken und festzuhalten.
Lorenzo war sofort zur Stelle und übernahm den Besen.

Mir zitterten die Knie, als ich sie hinter dem Kopf packte und festhielt; dabei glitt ihr Körper aus dem Unterfänger heraus und der gut eineinhalb Meter lange Schlangenkörper wickelte sich um meinen Unterarm und zog kräftig zu. Ihr Kopf befand sich nach wie vor im Netz des Unterfängers. „Nur nicht loslassen", dachte ich verzweifelt. Lorenzo löste unter großer Anstrengung mit beiden Händen den Körper der Schlange von meinem Unterarm, während ich mit beiden Händen ihren Kopf festhielt.
Mit aller Kraft versuchte die Schlange, sich zu befreien.
Meine Hände begannen zu schwitzen, die trockene und kühle Schlangenhaut wurde glitschig wie Öl.
Nach einigen Minuten spürte ich, wie sie müde wurde, dennoch warteten wir noch eine ganze Weile.
Dann konnte ich fühlen, wie die Schlange aufgab. Vorsichtig und mit äußerster Konzentration begann ich, die Schlange aus dem Unterfänger zu befreien. Sie wehrte sich nur mehr schwach. Wie ein langer Ast hing sie schließlich bewegungslos in meiner Hand, meine Daumen hielt ich fest in ihren Kopf gedrückt.
Als wir durch die Tür ins Restaurant kamen und die Leute unsere Beute sahen, applaudierten sie heftig und kamen, um die Schlange zu bewundern.
Alberto war in der Zwischenzeit mit einem Jutesack gekommen, in den wir die Schlange hineinsteckten, um sie dann weit weg in den Dünen wieder freizulassen.
Erschöpft und erleichtert gönnte ich mir ein Glas Bier, Lorenzo gab sich mit einer Riesentafel Schokolade zufrieden.
Man sah ihm an, dass er stolz auf sich war.
Nach einer kleinen Erholungspause, in der ich den Gästen unser Schlangenabenteuer schilderte, untersuchte ich noch einmal den Lagerraum, um herauszufinden, wie und wo die Schlange eingedrungen war. Nach kurzer Suche entdeckte ich ein Rattennest, das ich sofort vernichtete, denn Ratten sind die Lieblingsbeute dieser speziellen Schlangenart.

Ich setze mich auf die Terrasse, um mich zu entspannen. Noch immer hatte ich den magisch-anziehenden, hypnotischen Blick der Schlange vor Augen. Hätte ich es nicht selbst erlebt, würde ich es nicht glauben! Bei der Vorstellung, ich hätte keine Schutzbrille auf gehabt, fröstelte es mich.

In dem alten halb zerfallenen Haus in der Nähe des Strandes boten einheimische Fischer ihren Fang an. Das laute Feilschen der Schwarzen drang bis zu mir herüber. Der Anblick des bunten, fröhlichen Treibens ließ mich den lähmenden Blick der Schlange rasch vergessen.

13. Soweto-Necklace

Elke begann immer mehr zu trinken. Um mich abzulenken, stürzte ich mich auf die Planung des Gameparks rund um die Lodge und erkundigte mich bei José, wo man in Mozambique Tiere wie Impalas, Zebras und dergleichen kaufen könnte. „Außer Schlangen, Ratten und den normalen Haustieren wie Schweinen, Hühnern, Ziegen und Rindern gibt es in diesem Land keine Tiere mehr. Alles weg, im Krieg total ausgeplündert … die musst du aus Südafrika oder Botswana importieren" kam als Antwort zurück. Das wird teuer, dachte ich enttäuscht.
Der Eigentümer der Zavora-Lodge hieß Tibi und war für zwei Tage hierher gekommen, um das Problem zu besprechen. Er würde sich um den Einkauf von Tieren kümmern, aber erst, wenn die Regenzeit vorüber war. Vorerst galt es, das gesamte Gebiet einzuzäunen. Eine riesengroße Aufgabe und genau das, was ich jetzt brauchte. Tibi zeigte mir den Grenzverlauf und die Grenzmarkierungen seines Landes. Er versprach, das gesamte Material aus Südafrika hierher schicken zu lassen. Die Werkzeuge sollte ich in der Hauptstadt Maputo besorgen.
So machten wir uns auf den langen Weg nach Maputo, der Hauptstadt Mozambiques. Lorenzo, der Mann fürs Grobe auf der Lodge, war ein angenehmer Reisebegleiter.
Er liebte es zu singen, hatte eine sehr gute Stimme und seine Lieder klangen immer fröhlich. Ich war wirklich froh, ihn als Mitarbeiter, Dolmetscher und Ortskundigen an meiner Seite zu haben.
Immer häufiger fuhren wir an primitiv zusammengenagelten Verkaufsständen vorbei. Die Hauptstadt konnte also nicht mehr allzu weit entfernt sein. Immer größer werdende Menschenmassen und Fahrzeugansammlungen machten ein Fortkommen unmöglich. Wir mussten direkt neben einem Fahrradmechaniker anhalten. Anstatt Luft in die leeren Reifen zu

pumpen, stopfte er geflochtenes Gras hinein. „Und das funktioniert?“ meinte ich ungläubig.
„So bekommt man sicher keinen Platten mehr! Es holpert zwar ein bisschen, aber bei diesen schlechten Straßen fällt das sowieso nicht auf“, klärte mich Lorenzo auf.
Die vereinzelten Lücken im Megastau füllten sich zunehmend mit Mopedfahrern, die schwerst beladen mit Gütern oder Personen zwischen den Autos hindurch wollten. Irgendwann ging gar nichts mehr. Selbst Lorenzo konnte sich diesen Stau nicht erklären und meinte, dass er so etwas noch nie erlebt hätte. Er stieg aus, um nachzusehen, was passiert war.
„Das wird noch länger dauern, da vorne brennt einer“ sagte er, als er zurückkam.
„LKW, Bus oder Auto?“ fragte ich.
„Nein, Boss, ein Dieb.“ antwortete er ganz ruhig.
„Sie haben einen Mann angezündet – Soweto-Necklace [1]) sagt man hier.“
Der Mann hatte anscheinend einen Sack Mehl gestohlen und war dabei erwischt worden. Als Konsequenz wurde ihm ein Autoreifen umgehängt, Benzin hineingeschüttet und angezündet.
„Recht geschieht ihm, hier stiehlt man keine Lebensmittel!“ stieß Lorenzo aus. Seine Antwort war kalt und gefühllos – so kannte ich Lorenzo nicht! Würde mir eines Tages das gleiche Schicksal blühen?

Meter um Meter löste sich der Stau nun schleppend auf. Einige Polizisten versuchten, den Verkehr zu regeln, hatten aber keinerlei Interesse, die Ursache für das Verkehrschaos selbst zu beenden.

---

[1]) Der Begriff „Soweto Necklace“ stammt aus dem Jahr 1976. Bei Unruhen in Soweto und später in ganz Südafrika kamen bei der Niederschlagung der Aufstände gegen das Appartheitsregime hunderte Menschen um, überwiegend Kinder. In Folge wurden in ganz Südafrika zahlreichen Weißen und schwarzen Sympathisanten aus Rache Autoreifen um den Hals gehägt, die mit Treibstoff gefüllt waren und angezündet wurden..

Nach einigen Minuten sahen wir die verkohlte Leiche, noch immer qualmend, mit einem rotglühenden Stahlgerippe über Nacken und Brust. Ich musste mich übergeben. Im Halbkreis tanzten, pfiffen und kreischten Männer, Frauen und Kinder um den Toten herum.
Mit zittrigen Händen versuchte ich mich wieder auf den Verkehr zu konzentrieren.
Ich konnte nicht mehr sprechen, meine Kehle war wie zugeschnürt. Ich atmete nur mehr stoßweise.
Bis heute verfolgen mich diese Horrorbilder, eingebrannt in meine Seele wie der Autoreifen in die Brust des Diebes.
„Wenn ich hier leben will, muss ich das ertragen. Aber muss ich das wirklich?“ fragte ich mich während der Autofahrt immer und immer wieder.
Nur langsam konnte ich mich fassen und wurde wieder ruhiger.
Ich wollte wissen, wie Lorenzo dazu stand: „Man kann doch keinen Menschen anzünden, der lediglich einen Sack Mehl gestohlen hat. Der Mann war hungrig, das ist doch kein Grund, jemanden zu töten?“.
„Wenn jemand seinen Brüdern Essen stiehlt, dann bringt er das Leben seiner Brüder in Gefahr. Jeder gibt dir zu Essen, wenn du darum bittest, auch wenn er selbst kaum etwas hat. Beim Essenstehlen darf es kein Mitleid geben!“. Lorenzos Antwort kam mit voller Überzeugung.
Ich war verwirrt und hakte noch einmal nach:„Das ist für mich nicht leicht zu verstehen, denn was soll ICH jetzt in Zukunft tun? Einige von deinen Brüdern und Schwestern, die bei uns arbeiten, haben auch schon gestohlen – sie tun es sogar ununterbrochen! Soll ich sie alle umbringen?!“
„Nein, Boss, das darfst du nicht, denn du bist ein Weißer und nicht unser Bruder. Wenn ein Schwarzer einen anderen Schwarzen bestiehlt, dann hat er sein Leben verwirkt. Bestiehlt ein Schwarzer einen Weißen, dann ist er ein Held“

Lorenzo schwieg eine Zeit lang. Er kannte meine Einstellung zu Afrika und den Menschen hier. Aber wie sollte man mich auch hier von anderen Weißen unterscheiden? Zu sehr eingeprägt waren die schlechten Erfahrungen unter portugiesischer Herrschaft. Die Portugiesen werden noch heute verächtlich als „Menschenverkäufer" bezeichnet.
Dann setzte Lorenzo stockend fort.
„Wir Schwarze haben das Stehlen von euch gelernt. Die Weißen haben uns das Land gestohlen, unsere Kultur und unsere Ehre. Sie haben uns versklavt und unser Land ausgebeutet. Wenn wir Weiße bestehlen, holen wir uns nur zurück, was uns gehört."
Lorenzo wurde mir mit einem Schlag fremd. Seine Ehrlichkeit und Offenheit traf mich wie ein Keulenschlag.
„Warum arbeitest du dann für mich und nicht für einen schwarzen Boss?"
Lorenzo wusste nicht gleich eine Antwort. Erst nach einiger Zeit begann es aus ihm herauszusprudeln:
„Meine Eltern kamen im Krieg um. Ich hatte das Glück, dass mich meine Zieheltern in die Schule geschickt haben. Ich weiß ,dass man etwas können muss, wenn man ein halbwegs anständiges Leben führen will. Ich habe schon bei einigen schwarzen Bossen gearbeitet. Die sind nicht daran interessiert, dir etwas beizubringen, sondern nur daran, dass du billig und viel arbeitest. Du bist mein zweiter weißer Boss, und von beiden habe ich viel lernen können. Du gibst mir genug zu Essen und du schaust auf mich. Das zeigt mir, dass du an mir interessiert bist. Und ich weiß, wenn ich auf dich schaue, schaust du auch auf mich. Darum arbeite ich für dich. Ich möchte noch viel lernen, damit ich mir einmal eine Familie leisten kann und meine Kinder auch zur Schule schicken kann. Viele meiner schwarzen Brüder denken anders, sie leben nur von einem Tag auf den anderen. Wenn einer von ihnen es zu Geld gebracht hat, sitzt er nur mehr herum, schafft an und lässt alle anderen nach seiner Pfeife tanzen. Du bist zwar mein Boss, legst aber selbst Hand

an, obwohl dir die Lodge gar nicht gehört. Das gefällt mir. Du weißt, was du tust und kannst es auch anderen zeigen."
Seine Antwort berührte mich tief, und langsam wurde er mir wieder vertrauter. Viele Schwarze meinen, dass ein schlechter Schwarzer nur von einem schlechten Weißen gemacht wird. War es nur ein Vorurteil oder geschichtliche Wahrheit?

„Boss, da vorne links abbiegen, dann kommen wir nach Little Columbia.", riss mich Lorenzo aus meiner angespannten Konzentration.
„Was ist Little Columbia?"
„Ein heruntergekommener Stadtteil, nicht ganz ungefährlich."
Rot blühende Chashewnuts-Bäume bildeten eine schattige Allee. Unter jedem Baum standen mindestens zwei Prostituierte. Die Allee war lang. Sobald wir uns den Huren näherten, schoben sie ihre T-Shirts oder Röcke hoch und zeigten uns mit obszönen Gesten ihre nackten Körper.
„Maputo ist das größte Hurenhaus Afrikas, hier gibt es die schönsten Frauen der Welt," kommentierte Lorenzo die Szene. Ich konnte nicht umhin, ihm zuzustimmen.
In regelmäßigem Abstand standen primitive Verkaufsstände zwischen den Bäumen mit ausgepriesenen Waffen und Drogen.
Eine AK47 für nur 500 US $, 1 Gramm Kokain für 50 SAR, Heroin, Marihuana, Ecstasy – alles was Gott und die Welt verboten hatte, wurde hier in Little Columbia um eine Bagatelle angeboten und verkauft, unter den Augen der Behörden.
Die Alkohol- und Drogenleichen gehörten genauso zum Straßenbild wie die unzähligen Einwegspritzen und gefüllten Kondome, die überall herumlagen.
Ratten, meterhohe Müllberge und verstopfte Kanäle säumten den ehemals prächtigen Boulevard. Der Gestank, die undefinierbare laute Musik und der erbärmliche Anblick der Junkies war unbeschreiblich. Dazwischen kassierten uniformierte Polizisten von Huren, Waffen- und Drogenhändlern ohne Hem-

mungen das wöchentliche Schutzgeld ab, um sich damit das geringe Monatssalär etwas aufzubessern. So sah also der Vorhof zur schlimmsten aller möglichen Höllen aus!
Ich checkte im besten Hotel der Stadt ein, denn in den Baumarkt wollten wir erst am nächsten Tag fahren. Das international bekannte, im Kolonialstil erbaute Polana Hotel war sehr gepflegt, hatte guten Service und lag direkt am Meer. Welch ein Gegensatz zu Little Columbia und dem Rest der Stadt! Luxuriös, gediegen, einladend - eine gänzlich andere Welt. Lorenzo nahm sich frei, um einen Teil seiner weit verzweigten Familie zu besuchen. „Ihr Pass läuft demnächst ab, Sir" machte mich der Rezeptionist freundlich aufmerksam.
Ich genoss den Luxus und das edle Ambiente. Die romantische Beleuchtung, das leise, sanfte Rauschen des Meeres begleitet von Live-Klaviermusik, ließ mich den schlimmen Tag mit all seinen brutalen Erlebnissen allmählich vergessen.

„Hast du Feuer?"
Groß und schlank wie ein Mannequin, mit mandelförmigen schwarzen Augen, extrem langen Wimpern und glänzenden, herzförmigen rosa Lippen stand eine schwarze Göttin hinter mir.
Sie trug ein bodenlanges, eng anliegendes, ärmelloses rotes Kleid mit tiefem Ausschnitt, das ihre herrlich vollen Brüste zur Geltung brachte.
Sie lächelte, beugte sich zu mir herunter und genoss den ersten Zug ihrer Zigarette. Dabei vermischte sich der Duft ihrer Haut mit Tabakgeruch und ihrem schweren Parfum. „Darf ich Sie auf einen Drink einladen?" Mit einem Schlag stieg in mir das unbändige Verlangen auf, diese Frau zu besitzen.
„Nicht hier. In deinem Zimmer."
Wie hypnotisiert stand ich auf und ging mit ihr Richtung Aufzug. Ich war aufgeregt wie vor meinem ersten Mal, als wir uns im Lift leidenschaftlich küssten. Alles in mir vibrierte und zitterte. Sie ging einen Schritt vor mir über den Gang und ich

konnte ihren herrlichen Körper betrachten. Der Weg vom Aufzug in mein Zimmer war nicht endenwollend.
Ich erwachte später als sonst. Die schwarze Venus war bereits gegangen. Das halbdunkle Zimmer verströmte noch immer ihren exotischen Geruch. Ich war seelig, benommen und willenlos. Unfähig, aufzustehen.
„Oh Gott, das viele Geld für den Kauf der Werkzeuge!" schoss es mir durch den Kopf. Wie von der Tarantel gestochen sprang ich aus dem Bett, um meine Brieftasche zu suchen.
Gleich neben der Eingangstür fand ich meine Hose genauso daliegend, wie ich sie ausgezogen und fallen gelassen hatte. Die Geldtasche war noch da und so voll wie vorher.
Ein Stein fiel mir vom Herzen. Einerseits erfreut und andererseits beschämt über mein Misstrauen, ging ich ins Bad.
„Nur wenn du den Moment genießen kannst, weißt du, was Leben bedeutet!" stand auf dem Spiegel, wie in einem kitschigen Film, mit Lippenstift geschrieben.
Auf dem Weg zum Frühstück versuchte ich meine schwarze Göttin zu erspähen – vergebens. Ich hinterließ für sie eine Nachricht an der Rezeption – vergebens. Sie hatte sich aufgelöst wie ein afrikanischer Regenbogen in der Morgensonne. Ich fragte nach ihr, doch niemand im Hotel hatte sie je zuvor gesehen.

Schon beim Eintritt in den Baumarkt wurde mir klar, dass der Einkauf hier länger dauern würde, als gedacht. Alles lag unorganisiert und systemlos durcheinander. Ohne lange zu zögern, ging ich geradewegs zum Verkäufer. Der alte, dürre, eingetrocknete kleine Inder stellte sich als der Besitzer heraus und wusste auf Anhieb, wo sich die gewünschten Gerät, befanden. Ich war beeindruckt von seinem Durchblick und seiner überaus freundlichen Bedienung. Wir verhandelten gut, erhielten die Ware zu einem fairen Preis und fuhren zufrieden heimwärts.

Elke schlief schon. Leise legte ich mich neben sie. Ihr Atem roch nach Alkohol.
Auf der Lodge war trotz meiner Abwesenheit alles bestens verlaufen. Elke hatte – trotz übermäßigen Alkoholkonsums – alles im Griff. Es störte mich trotzdem, dass sie bereits am Nachmittag Alkohol getrunken hatte. Jedes Mal, wenn ich mit ihr darüber reden wollte, wechselte sie das Thema und verharmloste die Tatsache.
„Das werden wohl noch die Nachwehen von Mikes Tod sein" dachte ich hoffnungsvoll.

Es regnete in Strömen. Der See begann beängstigend zu steigen. Wir boten den verbliebenen, durchnässten Campern an, in die leer stehenden, höher gelegenen Häuser zu übersiedeln. Durch die sintflutartigen Regenfälle war es inzwischen unmöglich geworden, im Zelt zu wohnen.
Wenn es so weiter regnen würde, würde das Wasser spätestens zu Mittag das erste festgemauerte Haus erreichen. Die Wassermassen schwemmten Sand und Erde aus der Straße zu tiefen Rinnen. Ich hatte das Personal zusammengetrommelt und schickte es nach Hause. Hier gab es kaum etwas zu tun, die Mitarbeiter sollten sich lieber um ihre Familien und ihre eigenen Hütten kümmern, denn die Situation wurde zunehmend bedrohlicher. Der Küchenchef sollte bleiben, um die wenigen verbliebenen Gäste zu versorgen.
Der Ozean wirkte wie ausradiert. Ohne Übergang verschmolz er bleigrau mit den tief hängenden Regenwolken.
Langsam wurde ich besorgt. Die Straße längs des Sees und die Abwasserbecken bereiteten mir zunehmend Kopfzerbrechen. Die größte Sorge machte mir aber die Pumpstelle für das Trinkwasser, denn wenn diese überschwemmt war, würde das Trinkwasser verseuchen und sich Cholera und andere Krankheiten verbreiten.
Ich musste meine Sorgen um die Pumpstation loswerden und wollte mich mit dem Toyota auf den Weg machen.

Lorenzo musste gespürt haben, was ich vorhatte und stand, mit einem langen Stock in der Hand und einer großen Plastikplane über dem Kopf, neben dem Wagen.
Wir fuhren los. Die Scheibenwischer konnten die Wassermengen kaum bewältigen. Ich hatte keine Sicht mehr und ließ den Wagen den ausgewaschen Spurrillen von selber folgen. Lorenzo setzte sich vorne auf die Motorhaube und lotete mit dem Stock die Wassertiefe aus. Langsam und vorsichtig folgte ich seinen Anweisungen. Das Wasser stieg und stieg und drang mittlerweile schon ins Wageninnere. Bald standen meine Füße unter Wasser.
Zweifelnd fragte ich Lorenzo, ob wir uns auf dem richtigen Weg befanden. Gelassen wie immer stieg er aus, watete voraus und wies mich ein.
Plötzlich sackte der Wagen ein. Ich spürte zwar, dass alle vier Räder Grip hatten, doch durch den feinen, losen Untergrund drehten sie durch und der Wagen rutschte immer weiter ab. Das Wasser reichte mir bereits bis zur Brust. Der Motor lief dank des eingebauten Schnorchels für Ansaug- und Auspufftrakt immer noch. Wenn ich den Wagen nicht aufgeben wollte, musste ich das Stahlseil der Winde aktivieren und zu einer der Palmen ziehen, die in der Nähe standen. Ich stürzte dabei und hatte Glück, dass Lorenzo zur Stelle war, der mich wie einen Sack Kartoffeln aus den Fluten zog. Ich hielt das Stahlseil dabei fest umklammert. Ich musste zurück zum halbversunkenen Toyota, um die Winde einzuschalten.

Immer wieder zieht es mir die Beine weg und ich lande im Wasser.
Ich schalte die Seilwinde ein, sie funktioniert.
Das Seil beginnt sich zu spannen.
Die Palme biegt sich deutlich. Wird sie halten?
Die Winde arbeitet angestrengt, aber zügig.
Stück für Stück zieht sich der Wagen selbst ins seichtere Wasser.
Geschafft!

Die zahlreichen Blutegel, die an mir hafteten, bemerkte ich unmittelbar danach. Lorenzo half mir, sie wieder loszuwerden. Noch umsichtiger als zuvor fuhren wir weiter bis zur Pumpstation. Zum Glück war diese noch nicht überschwemmt. Der Regen ließ nach und wir kehrten um. Lorenzo hatte sich den Weg gut eingeprägt und lotste mich sicher durch die braunen Fluten zurück zur Lodge.

Meine Frau lag total betrunken im Bett und lallte unverständliche Worte vor sich hin. Auf ihrem Hals sah ich deutlich Knutschflecken. Ich stellte sie zur Rede.

„Wir haben ein wenig getanzt und mein Tanzpartner ist plötzlich total auf meinen Hals abgefahren. Er hat mich so fest an sich gedrückt, dass ich keine Chance hatte, mich zu befreien."

Fassungslos hörte ich ihr zu und wollte wissen, um wen es sich handelte.

Geschickt verweigerte sie mir die Antwort. Sie hätte die Sache im Griff und es täte ihr sehr leid. Einerseits spürte ich, dass mein Vertrauen zu ihr verletzt war, auf der anderen Seite wunderte ich mich, dass ich selbst sie so ohne weiteres und ohne schlechtes Gewissen hatte betrügen können.

14. Der Sturz

Die Feiertage waren vorbei. Die Buchungslage der Lodge schlecht und zu allem Überdruss hörten die sintflutartigen Regenfälle nicht und nicht auf.
Nicht genug, blieb der Landrover plötzlich stehen. Irgend etwas war gebrochen. Das hatte fatale Auswirkungen auf meine Reiseplanung. Ich wusste, dass ich in spätestens fünf Tagen in Südafrika sein musste, um den Pass zu verlängern. Mir war auch klar, dass das gebrochene Ausgleichsgetriebe nicht mehr zu reparieren war. Die anderen Fahrzeuge waren für die 2.000-km-Reise unter diesen Umständen nicht geeignet.
„Findest du keinen anderen Parkplatz als mitten auf der Straße?" Ich brauchte mich nicht umzudrehen, um zu wissen, dass das José´s Akzent war.
„Wie gehts Wolfgang?" Ich spürte einen zarten Kuss auf meiner linken Wange.
Es tat mir gut, Angie und José, unsere Nachbarn, zu sehen. Sie hatten eine angenehm harmonische und friedvolle Ausstrahlung, genau das, was ich jetzt brauchen konnte
„Ihr seht recht mitgenommen aus ...", meinte ich und José kam gleich zur Sache.
„Das Wasser hat unseren Lagerraum überschwemmt und somit sind all unsere Vorräte weg. Könnt ihr vielleicht einige Sachen abgeben, so lang bis wir wieder in die Stadt fahren können?"
„Ja, ich glauben schon, lass uns nachschauen."
Auf dem Weg zum Lagerraum fragte ich José, in welchem Zustand denn die Straße sei.
„Ganz schlecht und die erste Brücke droht abzurutschen. Wir müssen gemeinsam hinfahren und versuchen, sie zu reparieren, so kommt man nicht gefahrlos darüber", gab er trocken zur Antwort.

Bevor wir dieses Thema jedoch genauer besprachen, checkten wir unsere Vorräte und stellten dabei fest, dass wir ihnen einiges abgeben konnten.
„Wenn wir die Brücke nicht jetzt herrichten, können wir das Ostergeschäft vergessen. Die Touristen nehmen nur ungern die lange Umfahrung."
„Welche Umfahrung?", fragte ich neugierig auch in Hinblick auf meine bevorstehende Reise nach Johannesburg.
„Es gibt einen Weg durch den Busch, der ist aber nicht ganz ungefährlich, denn die Eingeborenen wollen dort keine Fremden ... außerdem ist diese Gegend noch stark vermint."
Ich erklärte ihm, dass ich in 5 Tagen in Johannesburg sein müsse und mein Landrover kaputt sei. „Keine Sorge, Wolfgang, ich kann dir das reparieren. Ich hab´ zufällig so ein Getriebe aus einem Landrover bei mir zu Hause, wird ein zwei Tage dauern."
Einerseits war ich erleichtert, andererseits wurde es knapp mit meinem Pass. „Eines nach dem anderen", dachte ich. Zuerst den Landrover zusammenflicken.
Ich hatte also zwei Tage Zeit, Lorenzo anzuweisen, die Brücke vor dem endgültigen Einsturz zu bewahren und sie wieder befahrbar zu machen. Dazu trommelte er 18 Männer und Burschen zusammen, die alle sofort mit vollem Eifer bei der Sache waren, denn die Brücke war für die Schwarzen genauso wichtig wie für uns.
Begeistert machte sich der Trupp an die Arbeit, die dazu benötigten Palmen zu schlagen.
José erklärte sich bereit, die Arbeiten während meiner Abwesenheit zu überwachen. Wir halfen noch eine Weile mit und als wir sicher waren, dass Lorenzo die Sache im Griff hatte, fuhren José und ich zurück.

Vor dem Restaurant parkten drei große, völlig verdreckte Geländewagen. Die langen, auffälligen Antennen und die zwei übergroßen Buchstaben UN auf dem Dach, den Türen, der

Motorhaube und der Heckklappe waren trotzdem nicht zu übersehen.
An der Bar standen fünf Männer mittleren Alters und unterhielten sich mit meiner Frau. Als sie mich kommen sahen, unterbrachen sie die Konversation und Elke stellte mich ihnen vor.
„Hi, ich bin Sven und das ist ein Teil meines Haufens. Wir sind vom UN-Entminungsdienst und wollen wissen, ob es hier in der Gegend Probleme mit Minen gibt“ sagte er geradeheraus mit dänischem Akzent.
„Ja, immer wieder, ich habe aber keine Ahnung wie es jetzt durch das Hochwasser aussieht. Wir sind alle ein bisschen nervös deswegen. … wie seid ihr überhaupt hierher gekommen?“ fragte ich ihn neugierig. Denn auf dem normalen Weg hätten sie an der Brücke vorbei kommen müssen.
„Wie kennen die Gegend hier sehr gut und auch alle Schleichwege und Abkürzungen. Wir kommen von Inhambane durch den Busch. Man hat uns von den Minenexplosionen in dieser Gegend erzählt und deshalb sind wir gekommen“.
Erleichtert nahm ich die Soldaten in Empfang.
Roy, ein Engländer, und Jörg, ein Schwede, waren für das Minensuchgerät zuständig. Pierre, ein Franzose, und Sven entschärften die Minen.
Dann war da noch Marcel, Franzose und Arzt.
Ich konnte an ihrem Aussehen und ihrem Verhalten erkennen, dass diese Kerle schon einiges erlebt und gesehen haben mussten.
Der Trupp wollte zwei Woche hier bleiben, um die umliegende Gegend auf Minen zu untersuchen. Erfreut nahm ich diese Buchung an und führte sie zu unserem trockensten und bequemsten Zeltplatz.
Ich unterrichtete Sven von unserer bevorstehenden Abreise und verwies ihn an José und Angie, die über alles Bescheid wussten.

Die Brücke und der Landrover werden repariert, für das Personal ist genug Vorrat da, alles was gemacht werden musste, ist gemacht und wir haben unerhofft Gäste für zwei Wochen bekommen! Somit steht der Reise nach Johannesburg wohl nichts mehr im Wege.
Als ob auch der Wettergott uns eine angenehme Reise wünschen wollte, klarte es am Nachmittag auf. Prachtvoll lag der Strand in warmes Licht getaucht da und der Ozean bekam seine Farbe zurück. Wir beschlossen, den Rest des Tages und den Abend gemeinsam mit unseren Hunden dort ausklingen zu lassen. Wir marschierten den Strand entlang und ich sprang immer wieder ins Wasser. Laut jauchzend genoss ich die glasklaren Wellen und Elke hatte Angst, dass durch die starke Strömung oder die immer wieder gesichteten Hai wieder etwas passieren könnte. Sie war etwas ängstlicher geworden.

Es war bereits stockdunkel als wir, den Pfad durch die Dünen wählend, in Richtung unseres Hauses aufbrachen.
Als ob man danach greifen könnte, so nahe waren die Sterne. So sternenklar der Himmel aber auch war, so stockfinster war die Nacht. Wir konnten in den Sandhügeln absolut nichts erkennen und ich verlor allmählich die Orientierung. Ich war mir nicht mehr sicher, ob wir uns auf dem richtigen Weg befanden.
Elke hielt meinen Arm fest umklammert. Schritt für Schritt tasteten wir uns vorwärts. Irgendwo mussten doch das Licht der Petroleumlampe vor unserem Haus auftauchen.

Der Sand gibt nach.
Mit einem Aufschrei stürzt Elke in ein riesiges Loch und reißt mich mit.
Ein harter Aufschlag. Ich komme auf Elke zu liegen.
Sie schreit auf und stöhnt schmerzerfüllt.
Auch ich habe Schmerzen, die Schulter.
Ich sehe nichts.
Rund um uns fühle ich nur Steine und Gerümpel.

Elke antwortet nicht und ringt nach Luft.
Bei jeder Berührung schreit sie vor Schmerz auf.
Sie kann sich nicht bewegen.
Wo sind die Hunde?

Fast wie gerufen standen plötzlich Fritz und Frida, unsere Hunde, aufgeregt schnüffelnd hinter mir.
„Ich muss die UN-Leute zu Hilfe holen, Fritz wird mir den Weg zeigen ...", versuchte ich Elke zu beruhigen und kroch aus dem Loch.
„Frida bleibt hier bei dir".
Als ob es für ihn das Selbstverständlichste wäre, geleitete Fritz mich auf kürzestem Weg zum Restaurant. Ich startete den Generator um die Außenlichter zu aktivieren und verständigte die Soldaten.
Ich beschrieb ihnen die Situation und alle Mann waren in weniger als zwei Minuten zum Abmarsch bereit. Marcel schnappte seinen riesengroßen Arztkoffer, Roy eine faltbare Krankentrage und gemeinsam rannten wir Richtung Unfallort.
Elke lag noch immer, schwer atmend in derselben Position und Frida neben ihr leckte ihr fürsorglich das Gesicht.
Marcel wusste sofort, was zu tun war und untersuchte sie.
Behutsam hievten sie Elke auf die Bahre, hoben sie gekonnt aus dem Loch und trugen sie zum Haus. Nach einer Schmerzspritze wurde Elke ruhig und Marcel konnte sie genau untersuchen. Nach einer halben Stunde stand die Diagnose fest.
„Mehrere Rippenbrüche rechts, Hüftprellung, Knöchel am linken Bein gebrochen."
Geschockt und wortlos nahm ich die Diagnose zur Kenntnis.
„Was tun ...?"
„Absolute Bettruhe für die nächsten zwei Wochen, starke schmerzstillende Tabletten und deswegen keine Zigaretten, kein Alkohol!"
Elke war halb wach und ich setze mich zu ihr auf das Bett.
Plötzlich war sie wieder da, diese unbändige Zuneigung zu dieser Frau. Ich küsste sie zärtlich und schaute mir betroffen

die Verbände an, die Marcel ihr angelegt hatte. Einen elastischen, abnehmbaren Druckverband um ihren Brustkorb und einen Gipsverband am Knöchel.
„Die Fahrt nach Johannesburg, kannst du vergessen…“ meinten Sven und Marcel unisono zu Elke, die sofort protestierte und unbedingt mitwollte. „Du wirst die Schmerzen nicht ertragen … glaub mir! Wir bleiben hier bis Wolfgang zurück ist!“
Mit dem beruhigenden Gefühl, dass die Soldaten auf sie aufpassen würden, machte ich mich fertig, alleine nach Johannesburg zu fahren.
Alle möglichen Papiere, die ich brauchte, um einen neuen Pass zu beantragen, Unterlagen für Tibi, Bankauszüge und vieles mehr. Gut durchdacht verstaute ich alle Dokumente in meinem Aktenkoffer und begann gerade meine persönlichen Dinge einzupacken, als es klopfte. „Der Landrover ist fertig …“.

Auf dem Weg zur Hauptstraße stellte ich befriedigt fest, dass die Brücke von Lorenzo und seinen Männern, zwar noch abenteuerlich schief, aber so weit gesichert war, dass ich vorsichtig Zentimeter für Zentimeter darüber fahren konnte. Er besprach mit mir noch schnell, wie sie die Fahrbahn wieder geradebekommen wollten und ich machte mich, besorgt um Elke, auf die lange Fahrt.
Ich erreichte ohne Probleme die Hauptstraße und ließ den Landrover laufen. Die Schlaglöcher, so tief wie Badewannen, erforderten meine ganze Konzentration, dennoch kam mir die Fahrt nach den Aufregungen der letzten Tage und Wochen wie eine Erholungsreise vor.

15. Der Kommandant

Besonders zu schaffen machten mir die ständig überladenen Lkws und Autobusse, wild schlingernd waren sie kaum zu überholen. Obwohl ich mittlerweilen einiges an überladenen Fahrzeugen gewohnt war, entsetzte mich ein vor mir her schlingernder Sattelschlepper. Er hatte mehrere zwei bis drei Meter dicke Baumstämme geladen, die kaum gesichert weit über die Fahrzeugbreite hinausragten. Obenauf konnte ich mehrere Ziegen ausmachen, die seelenruhig auf dem höchsten Baumstamm standen. Ihre Ohren flatterten fröhlich im Fahrtwind. Dazwischen hockten mindestens zwei Dutzend Schwarze auf den Stämmen. Als zusätzliche Ladungen befanden sich zahlreiche zusammengebundene leere 20 Liter-Kanister obenauf. An diesem fahrenden mörderischen Sperrriegel vobeizukommen erschien geradezu unmöglich. Hinter dem LKW herzufahren erschien genauso gefährlich, nicht nur wegen der schwarzen Dieselwolken, die unaufhörlich aus dem Auspuff quollen. Dadurch konnte ich die gefährlich abfallende desolate Straßenschulter nicht gut erkennen.

Dann löst sich plötzlich ein Bündel mit leeren Kanistern und fällt direkt vor mir auf die Straße.
Ich halte das Lenkrad fest umklammert, ja nicht verreißen.
Es holpert, der Landrover wird durchgeschüttelt.
Ich ignoriere die Geräusche, halte das Lenkrad noch fester, gebe noch mehr Gas, schere aus und setze zum Überholen an.

Das Überholmanöver dauerte mindestens einen halben Kilometer.

Geschafft!
Der Truck wird im Rückspiegel immer kleiner.
Ich entspannte mich langsam.

Den schwierigsten Teil der Strecke hatte ich hinter mir und die Tatsache, dass es nur mehr 200 km bis zur südafrikanischen Grenze waren, stimmte mich fröhlich und zuversichtlich.
Zu früh gefreut. Die Menschenmassen längs der Straße vor Maputo wurden immer dichter, bis ein Weiterkommen unmöglich wurde. Mitten auf der Straße fand ein Wochenmarkt statt. Trauben von Jugendlichen und Kindern mit ausgestreckten Händen versperrten den Weg. „Money, money ...!" Immer wieder musste ich mir den Weg mit einigen Münzen „freikaufen", die ich beim Fenster hinaus warf, bis ich endlich wieder freie Fahrt hatte.
Die vor mir untergehende Sonne zeigte mir den Weg zur Grenze. Ich nahm mir noch eine kalte Dose Bier aus der Kühlbox und ließ den Landrover seinem Ziel entgegen laufen.
Die gelbe Sonnenscheibe, die ihr rot-lila farbiges Blut über den vor mir liegenden Horizont ausschüttete, versetzte mich abermals in ein unbeschreibliches Glücksgefühl. Freiheit!
Ich kam meinem Ziel immer näher.
Am Zustand der Straßen, der Autos und der Häuser und letztendlich am Verhalten der Menschen konnte man sehen und spüren, dass Südafrika nicht mehr weit entfernt war.
Eine halbe Stunde vor dem Schließen erreichte ich den Übergang. Grenzübergänge sind für mich seit meiner Kindheit immer wieder etwas Besonderes, Spannendes.
Die Ausreise aus Mozambique war rasch erledigt.
Noch 500 m durch das Niemandsland, dann bin ich in Südafrika.

„Sorry, Sir, ihr Reentry-Visum ist abgelaufen."
Bei aller Hektik um den ablaufenden Pass habe ich übersehen, dass ich ja auch ein gültiges Visum für Südafrika brauche.
„Was kann man da machen?", fragte ich mit bestimmtem Unterton, die Hand an meiner Geldbörse.
„Heute nichts mehr, sie werden festgenommen und ihr Problem wird morgen behandelt!" herrschte mich der schwarze Zöllner an. Bevor ich noch richtig verstanden hatte, was mir

da gesagt wurde, standen zwei weitere Grenzpolizisten neben mir, packten mich unter den Achseln und führten mich zu einem Nebengebäude.
„Ich will mein Auto zusperren!"
„Morgen."
„Darf ich meine Botschaft anrufen?"
„Morgen."
„Wann bekomme ich meine Sachen zurück?"
„Morgen."
„ ... nur etwas zum Trinken und Essen holen..."
„Morgen."

So also sieht ein „Transitraum" in Afrika aus. Ich war entsetzt. Provokant und siegessicher schob mir ein weißer Zöllner die Liste der bei mir sichergestellten Dinge zum Unterschreiben über den Schreibtisch.
Ohne reagieren zu können, lande ich in einer Zelle. Die Türe fällt hinter mir ins Schloss.
Da steh ich mitten in Afrika, in einer Zelle unter dreißig grimmig blickenden Schwarzen. In einem Raum, der noch nie ausgemalt worden war, mit einem Loch in der hinteren Ecke als Toilette. Keine Betten, Matratzen oder Decken, nichts, nur Dreck.
Geschockt setzte ich mich, mit dem Rücken an die Wand gelehnt, gleich neben die Tür und verstand die Welt nicht mehr. Noch vor einer Stunde hatte ich das totale Freiheitsgefühl und nun sitze ich mitten in diesem Rattenloch. Gott sei Dank ist Elke nicht dabei.
Ich zog meine Beine fest gegen den Brustkorb, umklammerte sie mit meinen Arme, legte meinen Kopf auf die Knie und musterte meine Mitgefangenen.
Ein Teil von ihnen lag zusammengekrümmt auf dem Boden, die anderen saßen oder standen lümmelnd an die Wand gelehnt herum. Ich versuchte, so wenig wie möglich zu atmen, denn der Gestank war ekelerregend. Schweiß, Kot, Urin und

Unrat erzeugten immer wieder Brechreiz, den ich mit aller Kraft zu unterdrücken versuchte.
In ungefähr drei Metern Höhe konnte ich zwei kleine Fenster, oder besser gesagt Luken, ausmachen. Die einzige schwache Glühbirne an der Zellendecke ließ nur schemenhaft die Größe und Form der „Fenster“ erkennen.
Aber trotzdem wollte ich etwas unternehmen, um diesem ätzenden Gestank zu entrinnen, oder besser gesagt, etwas frische Luft zu bekommen.
Der mir gegenüberstehende Mitgefangene machte mir einen halbwegs sympathischen Eindruck. Kurz entschlossen stand ich auf und ging zu ihm hinüber. Verdutzt und ein wenig erschrocken ließ er sich von mir aus seiner Lethargie wecken.
Ich machte ihm mit wenig Worten und vielen Gesten klar, dass er mir mit seinen Händen eine Räuberleiter machen sollte. Ohne Widerstand stellte er sich mit dem Rücken an die Wand und krallte seine Finger ineinander. Die mittlerweilen neugierig gewordene Meute meiner Mitgefangenen schaute entsetzt zu.
Durch zentimeterdicken Dreck, Staub und Spinnweben ertastete ich einen Riegel.
Langsam und schwerfällig kippte das Fenster nach innen und wie ein Ertrinkender schnappte ich nach frischer Luft. Ich fühlte mich sofort besser. Auch den Mitgefangenen gefiel meine Aktion, und noch bevor ich wieder richtigen Boden unter den Füßen hatte, applaudierten sie heftig. Sie blickten auch nicht mehr so grimmig wie vorher, starrten mich nicht mehr an und ich fühlte mich etwas sicherer.
Ich machte mir gerade Gedanken, wie ich die Nacht hier durchstehen würde, als sich nach knapp drei Stunden die Tür öffnete. Einer der Zöllner holte mich ab und entschuldigte sich nett und höflich. Ich wurde in das Vorzimmer des Kommandanten geführt, in welchem mir sofort alle meine persönlichen Sachen retourniert wurden. Auch die Brieftasche, in der nichts fehlte.

Anschließend forderte man mich höflich auf, in das angrenzende Zimmer zu gehen. Angespannt trat ich durch die Türe und ein großer, kräftiger Bure in schicker Khakiuniform kam mir mit ausgestreckter Hand entgegen.
„Guten Abend, Herr Roither, darf ich Ihnen einen Drink anbieten?"
„Whisky bitte," antwortete ich ohne Hemmungen.
„Einfach, doppelt, Eis, Wasser?" fragte er mich auf dem Weg zur Bar, die sich in einem Aktenschrank befand und gut bestückt war.
„Doppelt, mit Eis, ohne Wasser", antwortete ich kurz und bestimmt.
„Es tut mir verdammt leid, Ihnen solche Schwierigkeiten bereitet zu haben, aber ich hoffe, sie werden verstehen .... Jede Woche müssen wir 80 bis 100 illegale Grenzgänger verhaften. Es sind zwar überwiegend Schwarze, aber auch immer wieder einige Weiße, meistens Söldner, Rauschgift- oder Waffenhändler, nach denen gefahndet wird. Ich habe Ihren Pass geprüft und es ist alles in Ordnung damit. Das Einzige, was noch abzuklären ist, ist Ihr abgelaufenes Reentry-Visum."
„Und wie können wir das Prolem ausräumen?", erkundigte ich mich.
„Sie zahlen 300 Rand, ich gebe ihnen einen neuen Stempel in ihren Pass und sie können gehen."
„Okay", sagte ich erleichtert, zog meine Brieftasche und zählte ihm 300 Rand auf den Schreibtisch.
Der Kommandant nahm meinen Pass, öffnete ihn und sagte: „Warum ist eigentlich Ihr Visum abgelaufen?", wollte er nun, mit einem eigenartigen Unterton in seiner Stimme wissen. Ich erzählte ihm im Telegrammstil von den katastrophalen Ereignisse auf der Lodge und dass ich dadurch vergessen hatte, um Verlängerung anzusuchen.
„Ja, das war schlecht, Herr Roither. Denn wenn Sie auf die Botschaft gegangen wären, hätte man Ihnen dort gesagt, dass

wegen der kurzen Gültigkeit des Passes kein Reentry-Visum mehr ausgestellt wird."
Im Unterbewusstsein spürte ich, auf was er hinaus wollte: Geld!
Also musste ich sehr diplomatisch vorgehen.
„Ich verstehe und akzeptiere die Gesetze und Bestimmungen hier. Aber wie ich Ihnen vorher schon erklärt habe, waren die Umstände äußerst ungewöhnlich und verworren. Ein menschlicher Schicksalsschlag sozusagen, da kann man schon einmal etwas übersehen. Können wir gemeinsam eine für beide Seiten akzeptable humane Lösung finden?"
Mit diesem Angebot spielte ich den Ball in sein Spielfeld zurück.
„Sie haben recht, Herr Roither, in Zeiten wie diesen müssen wir Weiße zusammenhalten. Als ich erfahren habe, dass Sie festgenommen wurden, bin ich sofort aktiv geworden, obwohl mein Dienst schon zu Ende war. Denn ich konnte das vor mir selbst nicht verantworten, einen Weißen die ganze Nacht bei diesem Pack zu lassen. Ich wollte es mir mit meiner jungen hübschen Frau gerade gemütlich machen. Sie sehen, ich habe keine Mühen gescheut, eine humane Lösung zu finden."
Obwohl ich spürte, wie mein Blutdruck stieg und mein Hals dicker wurde, wusste ich, dass ich dieses Spiel mit ihm weiter spielen musste.
Mein Blick wanderte zu einer Holzfigur, mit der er gedankenlos herumspielte.
„Entschuldigen sie, Herr Kommandant, darf ich einmal diese Holzfigur sehen?"
Verdutzt reichte er sie mir über den Tisch.
„Kann diese Figur unser Problem lösen?"
„Weiß ich nicht", konterte ich mit einem noch nicht voll ausgereiften Hintergedanken.
Ich lehnte mich ebenfalls in meinem Sessel zurück, nahm einen weiteren Schluck Whisky und drehte die Figur prüfend zwischen meinen Fingern.

Der holzgeschnitzte Kudu war eine ganz normale wertlose Schnitzerei, wie man sie überall in Afrika kaufen kann. Ein wertloses Stück Holz, das gerne von Touristen als Souvernir mitgenommen wird.
Skeptisch und abwartend blickte ich auf mein Gegenüber.
An seinem fragenden Gesichtsausdruck konnte ich nun erkennen, dass er auf das nächste Zuspiel wartete.
„Ein wunderschönes Exemplar. Ich bin leidenschaftlicher Sammler solcher Stücke und würde sie Ihnen gerne abkaufen. Was soll sie kosten?"
Mit einem verschmitzten Lächeln begann er nachzudenken.
„Es hat mich viel Zeit und eine Menge Geld gekostet, dieses schöne Stück zu bekommen."
„Das kann ich mir vorstellen, aber leider ist sie schon ziemlich zerkratzt und leicht beschädigt. Mehr als zusätzliche 200 Rand kann ich bei bestem Willen nicht bieten."
Das Wort „zusätzlich" ließ seinen Blick auf die vor ihm liegenden 300 Rand schweifen.
Mit der rechten Hand begann er nun sein Kinn zu massieren.
„500 Rand, das ist ein angemessener Preis, mit dem bin ich einverstanden. Denn die anderen 300 Rand sind für den Stempel im Reentry-Visum und haben nichts mit der Figur zu tun."
Mit der linken Hand stempelte er meinen vor ihm liegenden Reisepass ab, mit der rechten Hand steckte er die 800 Rand in seine Hosentasche.
„Ihr neues Reentry-Visum, Herr Roiher, vergessen Sie nicht, den Pass verlängern zu lassen!"
„Ich liebe die Europäer, die haben ein ausgeprägtes Kunstverständnis ... beneidenswert! Willkommen in Südafrika!"
Man öffnete den Schlagbaum und ich war wieder in Südafrika.
Die Lichter der Grenzstation in meinem Rückspiegel wurden immer kleiner.
Mich überkam ein großes Verlangen nach einem kalten Schluck Bier, um diesen faulen Geschmack im Mund hinunter zu spülen. Der gewohnte Griff in die Kühlbox ging ins Leere. Ich

stoppte den Wagen. Da war nichts mehr, alle Getränke weg, auch der Whisky. Da hat mir doch dieses Arschloch von einem Kommandanten meine Flasche Whisky geklaut und mir großzügig einen Schluck davon angeboten! Voll Zorn drehte ich mich um und schrie aus voller Kehle alle mir bekannten Schimpfwörter in Richtung Grenze.

Langsam beruhigte ich mich und ich begann mich auf Johannesburg zu konzentrieren.

Nach meiner Einschätzung musste ich ungefähr um sieben Uhr morgens dort ankommen.

Ich entschloss mich, gleich zu Tibi ins Büro zu fahren, um ihm einen Bericht über die Situation auf der Lodge zu geben und Elke anzufunken. Tibi versuchte eine Verbindung zur Lodge herzustellen, vergebens. Nur einige unzusammenhängende Wortfetzen waren zu hören. Immerhin, ich war beruhigt, wenigstens ihre Stimme gehört zu haben.

Ich entschloss mich, sofort zur österreichischen Botschaft nach Pretoria zu fahren, um einen neuen Pass zu beantragen. Ich benötigte drei neue Passfotos. Gleich um die Ecke befand sich ein Fotoautomat. Die Gestalt, die mich da aus dem Spiegel anblickte, sollte ich sein?

Tiefe Ringe um rot unterlaufenen Augen, struppige Haare, aschfahle Gesichtsfarbe und verdreckte Kleidung – das richtige Aussehen für ein gelungenes Passfoto.

In solchen Automaten sehen alle aus wie Verbrecher, doch meine Bilder übertrafen alles bisher Dagewesene. Ich ging zur Botschaft zurück, erklärt die Dringlichkeit meiner Situation und die Beamtin versprach mir, ich könne meinen neuen Pass in drei Tagen abholen.

Erleichtert machte ich mich auf den Heimweg zu unserem Haus und freute mich schon riesig auf ein Bett. Endlich duschen, schlafen …schlafen …schlafen.

16. Drogenburg

Wenn ich nicht sicher gewesen wäre, vor unserem Haus zu stehen, würde ich denken, auf einem fremden Grundstück zu sein. Der einst so gepflegte Rasen war in einem katastrophalen Zustand, das sonst so klare Wasser des Swimmingpools eine dunkelgrüne Brühe. Unzählige Müllsäcke, die wahllos verstreut im Garten herumlagen, erinnerten eher an eine Müllhalde, als an einen mit tropischen Pflanzen bewachsenen Garten. Fassungslos fuhr ich hinter das Haus. Dort das gleiche Bild. Verwahrlost, ungepflegt, jeder Beschreibung spottend. Ein altes, in seine Einzelteile zerlegtes Auto rundete das Bild ab.
„Das können doch nicht die Leute sein, denen wir vor 6 Monaten das Haus und Pub vermietet hatten. Wir kennen sie schon über 6 Jahre und sie machten immer einen sehr ordentlichen und netten Eindruck auf uns!", dachte ich mir entsetzt. Das Pub war noch geschlossen und der Türgong funktionierte nicht. So klopfte ich laut an die schwere Holztüre. Keine Reaktion, niemand zu Hause. Ich entschloss mich, den Landrover hinter dem Haus zu parken und vorerst einmal abzuwarten.
Das Haus hatte ein kleines Gästeappartement, zwei Räume mit Badezimmer und Toilette, das wir uns vorbehalten hatten und nicht vermieten wollten. Dort hatten wir auch alles Wertvolle und Wichtige deponiert, das wir nicht unbedingt nach Mozambique mitnehmen wollten. Beim Eintreten merkte ich beiläufig, dass eine Oberlichte offen stand. Vorerst maß ich dem aber keine Bedeutung zu und ging geradewegs ins Badezimmer. Ich genoss das warme Wasser und schlief erschöpft ein.
Das Badewasser war bereits kalt, als mich laute Musik weckte. Ich suchte frische Kleider aus dem Schrank zusammen und stellte fest, dass auch hier nichts alles so war, wie wir es hinterlassen hatten.

Die Tür zum Pub stand offen und ich betrat den riesengroßer Raum mit offenem Kamin und einer aus Baumstämmen gefertigten Bar. Hier hatten wir ein kleines Restaurant betrieben, beliebt bei deutschen und österreichischen Auswanderern. Ein Haufen Jugendliche, teils besoffen, teils eingekifft, lungerten dort herum, wo wir früher Freundschaften pflegten. Ich konnte sofort erkennen, dass dies keine einmalige Party war, sondern vielmehr der Zustand, der hier andauernd herrschen musste. Im dusteren Licht, hinter der Bar, konnte ich Nicolette, die Enkeltochter von Inge, erkennen. Sie glich einer zugekifften Prostituierten und nicht dem netten Mädchen, als das sie mir vorgestellt worden war und die hier das Auswanderer-Pub weiterführen wollte. Nicolette registrierte mich nicht einmal, als ich mich ihr gegenüber an die Bar setzte. Ich beobachtete sie eine Weile und meine Befürchtung wurde wahr. Sie war schwer auf Drogen oder stark alkoholisiert. Erst als ich ein Bier bei ihr bestellte, bemerkte sie mich. Sie riss die Augen auf, begann zu zittern und zu schwitzen und rang nach Luft.
„Was machst du da?", stotterte sie verlegen.
„Ein Bier bestellen", antwortete ich ausgesprochen ruhig, meinen Ärger unterdrückend.
Mit zittrigen Händen stellte sie eine Dose vor mir ab.
„Nein, ich möchte keine Dose, sondern ein Fassbier!"
Ein Blick auf den Zapfhahn verriet mir, dass hier schon lange kein Bier mehr gezapft worden war.
„Hab ich nicht, kannst ja in ein anderes Pub gehen", maulte sie frech zurück.
Das war der berühmte Tropfen, der das Fass zum Überlaufen brachte.
Ich konnte meine Wut und die aufgestaute Aggressivität nicht mehr zügeln.
Wie eine wild gewordenen Bestie begann ich Nicolette anzuschreien und zerrte sie am Arm hinaus ins Freie. Ich gab ihr sechs Stunden Zeit, ihre Sachen abzuholen und teilte ihr mit, dass der Mietvertrag mit sofortiger Wirkung gekündigt sei.

Ungerührt nahm sie es mit einem Lächeln auf und ging tänzelnd Richtung Einfahrtstor. Dabei drehte sie sich um und sagte mit einem süffisanten Lächeln: „Wir werden schon sehen, wer von uns hier auszieht, good bye!" Mein Auftritt war so abschreckend, dass alle anwesenden Jugendlichen sofort das Lokal verließen.
Als alle verschwunden waren, inspizierte ich das übrige Haus. Überall das gleiche Bild: Dreck und Verwüstung, ein unglaublicher Saustall. Wir hatten das Haus teilweise möbliert vermietet und mir tat das Herz weh, als ich sehen musste, wie unseren Möbel aussahen. Ich musste mich setzen und starrte völlig entgeistert einige Zeit lang ins Leere.
Elke hatte einen robusten Schreibtisch mit eingebautem Safe aus Deutschland mitgebracht. Dort hatten wir üblicher Weise die wichtigsten Dokumente und Unterlagen sicher verwahrt. Vor unserer Abreise hatten wir diesen Schreibtisch in die Gästewohnung übersiedelt. Mit einem Moment fiel mir die offene Oberlichte ein. War hier eingebrochen worden? Aber wozu, es schien ja nichts zu fehlen, wenngleich es mich wunderte, dass die Dokumente im Tisch anders geordnet waren als bei unserer Abreise.
„Aber wozu? Das macht doch alles keinen Sinn!" Mein Gefühl wurde immer stärker, dass hier irgendwer etwas gesucht hatte. Aber was? Möglicherweise hatte ich mir das doch nur eingebildet. Sicherheitshalber checkte ich noch die Mappe mit den wichtigsten Papieren.
„Alles da, alles drin!" stellte ich fest.
Gleich am nächsten Morgen ging ich zu unseren Nachbarn. Die Nachrichten waren erwartungsgemäß niederschmetternd. Polizeieinsätze waren an der Tagesordnung und immer wieder musste man vom Alkohol oder Drogen bewusstlose Jugendliche ins Krankenhaus bringen. Mein Haus eine Drogenburg!
Ich ging ins Haus zurück, um meinem Rechtsanwalt von den Zuständen hier zu berichten und die entsprechenden Schritte zu veranlassen. Er riet mir bei der Polizei Anzeige zu erstat-

ten, was ich sofort tat. Man würde gleich kommen und alles aufnehmen.
Wenig später stand der Sheriff vom zuständigen Midrand Departement vor der Tür.
„Sind Sie Herr Wolfgang Roither? Ich habe hier eine Anzeige wegen Hausfriedensbruch und Besitzstörung. Verlassen Sie sofort das Grundstück!" Dabei streckte er mir einige Papiere durchs Fenster und forderte mich nochmals auf, das Grundstück zu verlassen.
„Sie sind unberechtigt auf dieses Grundstück eingedrungen und haben damit die Rechte der Mieter verletzt, um nicht zu sagen, Sie sind eingebrochen!"
„Ich will sofort meinen Anwalt sprechen!"
Widerwillig lassen mich die Polizisten telefonieren. Mein Anwalt will den Sheriff sprechen. Es geht um Details der Anzeige. Nach längerer Diskussion verlassen die Polizisten mein Haus. Bevor sie abzogen, teilten sie mir mit, dass sie in 24 Stunden wiederkämen, bis dahin sollte ich das Haus verlassen haben oder ich würde verhaftet werden.

Ich bin restlos verwirrt und weiß nicht, was da mit mir geschieht.
Ich rufe meinen Anwalt zurück und will wissen, was passiert ist.
Nach einigen Stunden steht er vor der Tür, um die Sache mit mir zu besprechen.
Er erklärt mir, dass sich die Mieter auf einen unbefristeten Mietvertrag berufen, der vorsieht, dass ich hier kein wie immer geartetes Wohnrecht habe. Auch der Mieter, der das kleinen Haus auf dem Grundstück gemietet hatte, sollte raus, wusste aber noch nichts von seinem Glück, da er in Europa weilte.
„Aber Sie haben den Vertrag ja selber verfasst und wissen, dass das nicht stimmt …", anwortete ich.
„Der Polizei wurde ein anderer Vertrag vorgelegt … den Sie nachträglich so unterschrieben haben sollen".

Dabei zeigte er mir ein Fax mit den entsprechenden Bestimmungen des Vertrages
Langsam begann sich dieses Puzzle zu vervollständigen.
„Das ist eine Fälschung!“, schrie ich aus voller Brust.
„Kann sein, aber das müssen wir dem Gericht erst beweisen. Vorerst müssen Sie aber hier raus. Da kann ich auch nichts machen. Tut mir leid, Herr Roither, wir werde das schon hinkriegen.“
Fassungslos und kraftlos sank ich wie ein Häufchen Elend in meinen Sessel und wusste, es sind nur mehr 21 Stunden, bis ich alles weggeschafft haben musste.
Ich wurde von ein paar Junkies kaltblütig und berechnend ausgetrickst. Der bittere Geschmack der Niederlage machte mir schwer zu schaffen.

Nur noch 11 Stunden. Ich hatte bereits die Übersiedlungsfirma geordert, da rief der Anwalt erneut an.
„Ich habe mit dem zuständigen Richter gesprochen. Die Situation sieht folgendermaßen aus: Erstens, Sie können in dem für euch selbst behaltenen Teil des Hauses bleiben. Zweitens, euer Mieter, der das Cottage da hinten gemietet hat, ebenfalls. Drittens, den Hauptteil des Hauses und das Pub dürfen Sie nicht betreten. Die Mieter Inge und Nicolette haben ein uneingeschränktes Nutzungsrecht. Laut vorgelegtem Vertrag können Sie ohne Zustimmung der Mieter nichts machen, nicht einmal verkaufen. Sie müssen die nicht im Vertrag genannten privaten Gegenstände sofort abtransportieren, räumen. Wir müssen unbedingt die Fälschung nachweisen.“
„Also, das heißt, ich kann hier wohnen bleiben, muss aber mitansehen, wie diese verdammten Junkies mein Haus und mein Pub abfucken!?“
„Geht nicht anders, aber die Anzeige wegen Urkundenfälschung habe ich bereits eingebracht, das kann aber länger dauern ….. Vorerst werden Sie aber wegen Besitzstörung geklagt … wahrscheinlich gibt es auch noch Schadensersatzforderungen … sieht momentan schlecht aus für Sie – sorry.“

„Und wie geht`s dann weiter?“ reagierte ich herausfordernd.
„Ganz einfach, wir lassen sie eine Schlacht gewinnen, aber den Krieg gewinnen wir!“
„Ich habe weder die Zeit noch das Geld, um eine Schlacht zu schlagen noch einen Krieg zu führen. Die hungern mich aus, zahlen mir keine Miete mehr, mit denen ich die Hauskredite bedienen kann. Sie werden ja auch nicht gratis für mich arbeiten. Ich muss zurück zur Lodge, sonst bin ich nicht nur mein Haus los, sondern verliere auch noch meinen Job.“

Irgendwie war mir mehr nach Sterben als Leben zumute.
Und so kam es letztendlich auch. Das Geld für einen Schriftsachverständigen, der die Fälschung nachweisen sollte, konnte ich nicht aufbringen. Die Bank versteigerte das Haus, nachdem der Rechtsanwalt sein Mandat niedergelegt hatte, weil wir ihn nicht mehr bezahlen konnten. Man muss nicht lange fragen, wer den Zuschlag bekam.

„Eins nach dem andern, heute fährst du zur Botschaft und holst dir deinen neuen europäischen Pass ab, dann siehst du weiter!“ sagte ich mir immer wieder vor.
Als erster Besucher an diesem Morgen betrat ich die österreichische Botschaft.
„Herr Roither, ich habe eine Nachricht vom Innenministerium, dass wir Ihnen keinen neuen Pass ausstellen dürfen.“
Fassungslos begann ich nach Luft zu ringen.
„Was soll das heißen?
„Gegen Sie besteht ein Passverweigerungsgrund.“ Die Angestellte schob mir dabei ein Schriftstück durch den Schalterschlitz.
Ein weißes Stück Papier, mit einer einzigen Zeile! Fast besinnungslos nahm ich es an und versuchte, Zusammenhänge zu finden.
„Herr Roither, ich kann leider nichts für Sie tun. Sie müssen sich mit dem Innenministerium und dem zuständigen Gericht

in Wien in Verbindung setzen, um die Sache zu klären. Hier haben wir keine Möglichkeiten, Ihnen zu helfen."

Ich konnte eins und eins nicht mehr zusammenzählen.

Ich wusste nicht mehr, wer oder was ich bin. Bitter und einsam kam ich in meinem Hause an, über das ich keine Verfügungsgewalt mehr hatte.

Entschlossen setzte ich mich zum Telefon und rief die zuständige Richterin in Wien an. Das dauerte einige Zeit.

Die Sache wurde Monate nach meiner Abreise aus Österreich anhängig. Ich hatte einer Freundin einen von mir entworfenen, selbst gefertigten Pelzmantel mehrmals für spezielle Anlässe geborgt. Mit diesem Mantel gewann ich den ersten Preis bei der Frankfurter Pelzmesse. Ich nahm den Pelz nach Südafrika mit, weil er für mich eine wichtige berufliche Referenz war. Sie behauptete, ich hatte ihr das wertvolle Stück geschenkt und ihr dann entwendet. Sie erstattete Anzeige. Da ich für die Behörde unbekannten Aufenthalts verzogen war, wusste ich von der ganzen Angelegenheit nichts. Das Gericht wandte sich an das Innenministerium, dieses sah ausreichend Grund für eine Passverweigerung gegeben.

Ich konnte den zuständigen Richter davon überzeugen, dass alle Vorwürfe erfunden und erlogen war. Diesen Mantel hätte ich nie verschenkt!

Die Richterin versprach mir am Telefon, meine Angaben rasch zu prüfen und mir per Fax Bescheid zu geben. Nach einigen Tagen erhielt ich eine Mitteilung, dass auf Grund der Aktenlage die Anschuldigungen gegen mich entkräftet werden konnten und die Ermittlungen eingestellt wurden. Der Passverweigerungsgrund bestünde zu Unrecht. Es dauerte weitere sechs Wochen, bis ich einen neuen Pass hatte.

Mein Aufenthalt hier in Johannesburg dauerte mittlerweilen viel länger als vorgesehen und ich begann mir ernsthafte Sorgen um Elke und die Lodge zu machen. Die Funkverbindung nach Mozambique war so schlecht, dass ich ihr nicht alles er-

zählen konnte. Gott sei Dank wusste sie nicht alles, es hätte ihr noch mehr Kummer bereitet.
Ich suchte täglich das Büro von Tibi auf, der mir eines Tages Neuigkeiten berichtete.
„Ich bin mit euch zufrieden, ihr habt die Lodge gut im Griff. Die Abrechnungen stimmt und es ist auch einiges an Geld übergeblieben. Ich werde in Tansania eine neue Lodge aufbauen und habe daher keine Zeit, mich um Zavora zu kümmern. Wollt ihr beide Zavora in Eigenregie weiterführen? Das heißt, ihr bekommt kein Gehalt mehr, sondern arbeitet wie Selbständige weiter, bis ich wieder selbst Zeit habe. Das Gameparkprojekt wird auf Eis gelegt. Ihr müsst euch rasch entscheiden, wenn nein, muss ich jemanden anderen suchen."

Wie sollte ich mit Elke darüber reden? Scheiß Funkgerät! Ich konnte die Entscheidung nicht ohne sie treffen. Langsam ging mir das Geld aus, denn der Anwalt wollte einen nicht unbeträchtlichen Vorschuss und der Landrover brauchte dringend ein Service. Die Zylinderkopfdichtung musste getauscht werden. Das Möbeldepot wollte von mir Bargeld im Vorhinein und die Bank musste ich vorwarnen, da zu erwarten war, dass die Mieter ihre Zahlungen zurückbehalten würden.
Ich teilte Tibi meine Sorgen mit und er reagierte sofort.
„Zwei Freunde von mir fahren morgen nach Mozambique. Sie sollen auf der Lodge vorbeifahren und mit Elke sprechen!"
Nach einer Woche lernte ich die beiden Typen kennen.
„Alles okay auf Zavora. … haben deine Frau mit allem Nötigen versorgt. Sie findet den Vorschlag von Tibi gut, … kannst alleine entscheiden. Schön dort bei deiner Frau … kann schon alleine aus dem Bettchen raus …. Wir kommen wieder." Dabei grinsten die beiden dreckig, um dann über ihre Erlebnisse mit den Huren in Maputo zu berichten. Mein Magen verkrampfte sich und wütende Eifersucht kam in mir auf. Hat sie mir nicht schon genug aufgeführt … lass die Alte doch einfach sitzen … kann ich nicht. Jetzt schon gar nicht.

„Ich muss zurück, sonst werde ich verrückt“. Ohne viel weiteres Nachdenken nehme ich Tibis Angebot an.
Heute kann ich den Pass abholen.
Nichts wie weg, zurück nach Zavora.
Dass das Gamepark-Projekt aufgeschoben wird, stört mich nicht.
Endlich kann ich mich mehr um Elke und unsere Eheprobleme kümmern.
Alles wird gut!

Ich hatte endlich meinen Pass, Visa und Aufenthaltsbewilligungen beisammen. Ich versicherte mich noch bei meinem Anwalt, dass alles Notwendige veranlasst sei und begann, meine Einkaufslisten abzuarbeiten.
Kurz vor meiner Abreise stellte Tibi mir seinen Nachbarn Loot vor. Wir waren uns von Anfang an sympathisch. Dass dieser Loot eine entscheidende Rolle in unseren Leben spielen würde, konnte ich zu diesem Zeitpunkt noch nicht ahnen.
Mit dem Kopf voller neuer Ideen war ich zwei Tage später „on the road again!“

Die Grenze konnte ich, ausnahmsweise problemlos, passieren. Irgendwie bedauerte ich, das Arschloch von einem Kommandanten nicht wieder zu sehen. Andererseits gut so, denn ich weiß nicht, was ich getan hätte.

Die Überflutungen hatten verheerende Schäden angerichtet. Abgerutschte Straßen, zerstörte Brücken, unglaubliche Mühen voranzukommen, doch der frisch servierte Landy brachte mich stetig vorwärts.
Noch die tief ausgefahrene matschige Sandstrasse mit „unserer“ Brücke, dann wäre ich zu Hause.
Da ist sie die Brücke. Oder besser das, was von ihr über war.
Die Palmenstammabstützungen, die meine Boys vor einigen Monaten in den Boden gerammt hatten, waren allesamt nicht mehr vorhanden. Weggespült. Umsonst geschuftet.

Der Wasserstand des Flusses hatte stark abgenommen, fast normal.
Irgendwo wird José doch eine Stelle gefunden haben, den Fluss zu übersetzen. Ich kenne doch seine Hartnäckigkeit, wenn es um die Existenz seiner Lodge geht.

Bingo. In meinem Scheinwerferkegel kann ich Autospuren erkennen. Die Böschung war an dieser Stelle flach und der Fluss sah nicht all zu tief aus.

Mit dem Handscheinwerfer leuchte ich den Weg aus.
Der Landy kämpft sich wacker durch den schmalen Pfad.
Die letzte Böschung noch, dann der Fluss.
Das Wasser wird immer tiefer, ein Loch – aus.
Also raus aus dem Wagen, wieder einmal rein ins Wasser und keine Gedanken an Krokodile und Minen verschwenden.
Die Moskitos überfallen mich in Wolken, scheiß drauf, die zwei bis drei Meter bis ans andere Ufer werde ich schon schaffen.
Seil ausrollen, an einer Palme befestigen, Winde aktivieren.
Los geht´s, raus aus dem Dreck.
Alles schon geübt.
Nur noch die Straße durch den See.
Morast, keine Fehler machen, aufpassen.

Die Lodge war bereits dunkel, der Generator abgeschaltet, als ich vor unserem Haus einparkte.
Elke fällt mir um den Hals, die Hunde sind außer sich vor Freude. Wieder gesund, alles verheilt? Ich werde beinahe erdrückt. Nichts wie Duschen und Schlafen.

Erst am späten Vormittag wurde ich wach. Ich konnte gar nicht schnell genug erfahren, wie es Elke ergangen war. Eher knapp und sachlich berichtete Elke: Ihre Verletzungen sind gut abgeheilt. Die Freunde von Tibi blieben nur eine Nacht. Es hatte sehr viel und oft geregnet. Das Personal ist ihr treu und zuverlässig zur Seite gestanden und die UNO Soldaten sind vor zwei Tagen abgereist. Die wenigen Gäste, die hier waren,

machten ihr auch keine größeren Schwierigkeiten. Sie schien guter Dinge.
Den Tag über hatten wir mehr Ruhe, einander die Erlebnisse der letzten drei Monate zu erzählen. Nicht alles und vieles in abgeschwächter Form. Jedenfalls aber die Entscheidung, die Lodge in Eigenregie weiter zu führen.
Je mehr und länger wir miteinander sprachen, um so mehr bekam ich den Eindruck, dass auch sie mir etwas verheimlichte.
Ich hatte Sehnsucht nach meiner Frau und schlug vor, zeitiger als sonst zu Bett zu gehen.
Ich spürte sofort, dass sie fremd gegangen war. Es war ihr beinahe unangenehm, als ich sie berührte. Mit einem Mal wurde mir bewusst, dass es vorbei war. Ausgerechnet jetzt.
Verletzt und enttäuscht drehte ich mich zur Seite und versuchte mich zu beruhigen, um einen klaren Kopf zu behalten. Denn eines wusste ich genau: Wir waren aufeinander angewiesen und von einander abhängig. Unsere Angelegenheiten hier und in Südafrika zu eng existentiell verknüpft. Ausweglos!
Wir mussten solange zusammen bleiben, bis wir uns eine Trennung leisten konnten.
Gemeinsam mit Lorenzo baute ich mir einen eigenen Bungalow und zog aus. Eine einfache, aber komfortable und solide Hütte mit allem möglichen Komfort.
Meine zukünftige Ex-Frau verblieb in ihrem Haus. Wenn sie betrunken war, berichtet sie mit diabolischem Vergnügen, mit wie vielen Männer sie in meiner Abwesenheit Sex hatte.
Es schmerzte mich immer wieder.
Vor den Gästen, die jetzt um die Osterzeit immer häufiger kamen, spielten wir das ideale Managerehepaar.
Angie und José hatten unser zerrüttetes Verhältnis schnell mitbekommen. Auch José erzählte mir eines Tages, dass er Elke in Flagranti erwischte habe.
Gefühllos nahm ich das alles zur Kenntnis und stürzte mich in Arbeit.

Endlich begann die Kassa wieder zu klingeln und wir konnten sogar weitere Bungalows bauen. Durch das Hochwasser wussten wir, welche Plätze sicher waren. Langsam sprach es sich herum, dass die Zavora Lodge ein Geheimtipp sei. Durch die luxuriöseren Unterkünfte kamen auch zunehmend zahlungskräftige Kunden. Unter ihnen einige interessante Leute, mit denen ich mich enger befreundete. Einer davon hieß Erwin, war über siebzig und Auslandsösterreicher, der mit Palmöl reich wurde. Erwin kannte Gott und die Welt und alle kannten ihn. Er besaß in Maxixe, einer kleinen Provinzhauptstadt, eine Fabrik für Palmöl und eine der wenigen guten Hotelanlagen samt mehrerer Bungalows und den üblichen Campingplatz. Dazu gehörte ein direkt am Meer gelegenes Restaurant. Das beste in der Gegend, wie man sagte. Hotels sind der einzige Ort, wo sich Ausländer in Ruhe treffen können und sind daher wichtiger Umschlagplatz für Informationen und Kontakte aller Art. Erwin hatte viele davon und machte für uns Mundpropaganda: Zavora muss man gesehen haben!
Ich baute das Angebot aus: Hochseefischen, geführte Tauchgänge, Buschwanderungen und Haifischfüttern. Der Rubel rollte, doch diesmal floss alles in die eigene Tasche. Immer wieder überwies ich Geld an die Bank und den Anwalt, damit das Haus in Johannesburg erhalten bleiben konnte. Alles für die Katz, wie sich später herausstellen sollte.
Elke akzeptierte ich als verlässliche Mitarbeiterin und hervorragende Köchin. Was sie sonst noch so trieb, ging mich nichts mehr an. Die Erinnerungen an ihre Liebe versickerten langsam wie die auslaufenden Wellen im Sand.

17. Der Untergang von Zavora

Das für uns zuständige Finanzamt wurde von Inhambane nach Maxixe verlegt. Dadurch intensivierte sich mein Kontakt zu Erwin, den Kokosölproduzenten. Er wurde mir ein verlässlicher, väterlicher Freund.
Wieder einmal war eine Steuerzahlung notwendig und so musste ich nach Maxixe.

Zwei dicke Beamtinnen in Nationaltracht gekleidet, saßen sich am einzigen uralten Schreibtisch gegenüber. Rundherum Berge von Akten. Die ältere von beiden erkannte mich, denn sie war schon einige Male zu Besuch auf Zavora und sprach gut Englisch.
Freundlich und nett begrüßten wir einander. Dann half sie mir die Formulare auszufüllen und ich bezahlte meine Steuern.
Dann fragte sie mich, in welchem geschäftlichen Verhältnis ich zum Eigentümer der Lodge stehe. „Partner oder Angestellter?" „Angestellter Manager, wie so fragen Sie danach?"
„Tibi hat über zwei Jahre keine Grund- und Seesteuern bezahlt. Es liegt ein Exekutionstitel vom Gericht vor. Wenn das Geld nicht bis Monatsende eingeht, wird Zavora von Amts wegen gepfändet und geschlossen."
„Verdammter Hurensohn," fluchte ich insgeheim. Obwohl ich nicht für Tibis Steuerschulden verantwortlich war, würde mir der Betrieb ausgeräumt und geschlossen werden.
Damit hatte er mich schön hineingelegt!
„Wie viel ist denn noch ausständig?"
„Steuern und Strafen betragen rund 4.000 Dollar."

Ich suchte Erwin auf.
„Tibi ist den Behörden schon lange ein Dorn im Auge. Er hält sich nicht an die behördlichen Auflagen und zahlt immer wieder seine Steuern nicht. Auch mir ist er Geld schuldig, auch anderen Leuten, er würde hier sofort verhaftet werden. Deshalb meidet er Mozambique. Vergiss Zavora und vergiss Tibi!"

„Ich hatte mich doch genau über Tibi informiert und Referenzen eingeholt, bei Banken und Behörden, es lag nichts gegen ihn vor!“

„Das sagt gar nicht, wenn man es geschickt macht … Hast du eine Aufenthalts- oder eine Arbeitsgenehmigung?“ wollte Erwin wissen.

„Die wollte ich heute noch verlängern …“.

„Mach das verlässlich alle drei Monate, sonst gehst du ein halbes Jahr ins Gefängnis…“.

Kurz vor der Furt kam mir José mit seinem Landrover entgegen und stoppte mit blockierenden Rädern.

„Zavora brennt!“, schrie er mir atemlos entgegen.

„Irgendetwas ist explodiert. Elke, Personal und die Gäste sind geschockt, aber heil.“

Bereits von Weitem konnte man die Katastrophe erkennen.

In den Himmel steigende meterhohe Feuersäulen und schwarzer Qualm, immer wieder kleinere Explosionen.

Durch die Hitzeentwicklung und den Wind begannen die umliegenden Palmen und Nebengebäude zu brennen. Die Werkstatt brannte noch nicht. An der Rückseite des Gebäudes lagerten 20 Flüssiggasflaschen! Keine Chance sie zu entfernen, viel zu gefährlich.

„Hast Du unsere Wertsachen, Papier und Geld retten können?,“ schrie ich Elke entgegen.

„Wir sind alle sofort geflüchtet, alles ging so schnell …“ antwortete sie geschockt.

Ich rannte zum See, benässte meine Kleidung, stopfte mir nasse abgefallene Schilfreste unter Hemd und Hose.

Durch die Dünen näherte ich mich von der Rückseite des Hauses in dem Elke wohnte. Es war bislang vom Feuer verschont worden. Die Hitze war unerträglich, immer wieder wurde ich von Rauchschwaden eingehüllt.

Hinein ins Haus. Da ist die große schwere Holzkiste mit unseren Wertsachen, zu schwer für mich alleine.

Ich wühle herum, finde unsere Dokumente, Pässe, Geld und Elkes Schmuck.
Dann raffe ich wahllos Dinge aus der Kiste in ein Leintuch und schleppe das Bündel über die Terrasse hinaus.
Die ersten Gasflaschen beginnen zu glühen.
Dann geht es los:
Eine Gasflasche nach der andern explodiert.
Zwanzig an der Zahl.
Zuerst eine milchig weiße Wolke, dann ein Ohren betäubendem Knall.
Ein orange-gelber Flammenpilze schießt in den Himmel und löst sich in einer schwarzen Wolke auf.
Wie unter schwerem Raketenbeschuss zerreißt es unser Haus, das Restaurant und alles was rundherum gebaut ist.
Wie Schrapnelle fliegen Metallteile und Trümmer herum.

Die zwei Gäste, Personal, unsere Hunde, Elke und ich wurden geschockt und fasziniert Zeugen, wie Zavora unterging. Mittlerweilen hatte sich eine große Anzahl von Schwarzen schaulustig am Strand versammelt und beobachteten aus sicherer Entfernung das Spektakel.
Das Inferno dauerte noch bis weit nach Mitternacht an, dann sah man nur mehr vereinzelte Glutnester. Sogar eines der Autos war zu einer flachen glühenden Masse zusammengeschmolzen. Nichts blieb über.

Endlich hatte ich Zeit Elke zu fragen, was überhaupt passiert sei.
„Die Fritteuse fing Feuer, dann ging alles so schnell, ich weiß es nicht mehr," stammelte sie vor sich hin.
Ich wollte von Luigi erfahren, wie das passieren konnte, doch Alberto berichtete mir, dass der Küchenchef unmittelbar nach Ausbruch des Brandes in Panik davon gelaufen sei.
Wir suchten ihn in seiner Hütte auf. Zuerst wollte niemand aufmachen, aber man hörte deutlich Geräusche aus dem Inneren.

„Luigi, bitte komm raus, du brauchst keine Angst zu haben. Niemand wir dir etwas tun. Wir wollen nur wissen, warum es zu brennen begonnen hat," versuchte ich sein Vertrauen zu gewinnen.
„Ich weiß nichts, hab nichts getan. Keine Ahnung, von wo das Feuer her kam," rief er aus dem Haus heraus. Sein Stimme zitterte.
Vollkommen eingeschüchtert und verängstigt kam er schließlich aus dem Haus, in Begleitung seiner alten Mutter, die ununterbrochen unverständliches Zeug schrie und dabei wild gestikulierte. Im Nu standen unzählige Schwarze um uns herum, aufgeweckt durch das Gekreische der alten Frau.

Stotternd begann er nun, seine Version der Ereignisse zu erzählen.
„Miss Elke sagte zu Lorenzo, er soll das gebrochene Bein schweißen. Dann sind die Sterne in den Eimer, in dem das Altöl ist, hinein gesprungen. Da war das Öl böse und hat zu brennen begonnen. Ich konnte das Öl nicht beruhigen und es ist immer wilder geworden. Und weil es dann so böse war, hab ich den ganzen Eimer mit dem Öl hinaus getragen und ausgeschüttet. Dabei hat es mir meine Hände verbrannt (dabei zeigte er die starken Verbrennungen an seinen Handflächen). Und dann ist das Feuer im Sand zum Haus gelaufen, wo das Petrol aufbewahrt wird. Ich will niemals wieder etwas mit dem Öl zu tun haben. Das ist ein ganz gefährlicher Feind."
Ich versicherte Luigi, dass er keine Schuld am Unglück habe und keine Konsequenzen geben werde.
Lorenzo! Wo war Lorenzo, ich hatte ihn in dem ganzen Getümmel nicht mehr gesehen, sonst war er doch immer gleich da. Was ist das für eine Geschichte mit dem „gebrochenen Bein"? Zum Glück hatten wir nur zwei Gäste auf der Lodge. Kevin, der eine von ihnen, erzählte, wie er den Brand erlebt hatte.
„Wir saßen auf der Terrasse, als deine Frau plötzlich laut um Hilfe schreiend herbeistürzte. Wir sind natürlich sofort aufgesprungen und haben gesehen, wie das Feuer direkt auf das

Treibstoffdepot zugelaufen ist. Wir versuchten, das Feuer mit Sand zu ersticken, aber je mehr Sand wir auf das Feuer schütteten, um so mehr begann es zu brennen, so als ob der Sand mit Diesel oder Petroleum getränkt wäre. Als das Diesellager zu brennen begann, ging alles sehr schnell ... nichts mehr zu machen ... nur noch weg ... die Leute und unsere Sachen in Sicherheit bringen ...".

Oh Gott! Schlagartig erinnerte ich mich, dass vor einigen Tagen beim Abladen von Dieselkanistern einer von der Ladefläche fiel und aufplatzte. 25 Liter Diesel versickerten im Sand. Wir dachten uns nichts dabei.

Wo war Lorenzo? Ich beauftragte das Personal ihn zu suchen und ihn hierher bringen zu lassen. Nach kurzer Zeit stand er vor mir und vermied es, mir in die Augen zu schauen. Ich nahm ihn zur Seite.

„Miss Elke wollte, dass ich das abgebrochene Tischbein anschweiße", begann er zu berichten.

„Ich habe ihr gesagt, dass niemand außer Boss Wolfgang das Schweißgerät bedienen darf. Dann befahl sie mir, es zu tun, sonst hätte sie mir den halben Lohn abgezogen."

„War sie betrunken?", wollte ich wissen.

„Ja, ziemlich stark, sie konnte nicht gerade gehen", gab er mir verlegen zur Antwort.

Ich wusste, dass Lorenzo mich nie belügen würde.

Langsam vervollständigte sich das Bild von der Katastrophe. Eines stand fest: Elke hat mir nicht die ganze Wahrheit erzählt. Ich war wütend, jetzt lügt sie auch noch!

Elke saß etwas weiter weg am Boden und zeichnete mit ihren Fingern Achterschleifen in den Sand.

„Was hast du da angestellt, warum lügst du?" machte ich sie für das Desaster verantwortlich.

„Das hast du von deiner Sauferei, nicht nur dass unsere Ehe im Arsch ist, hast du uns um unsere Existenz gebracht, du brauchst dringend Hilfe von einem Psychiater!"

Ich konnte mich nicht mehr beherrschen.

„ ... hab nur ein par Gläser Wein getrunken, wird doch wohl noch erlaubt sein“, lallte sie, ohne aufzublicken.
Es gab nichts mehr zu tun. José bot uns an, die kommenden Tage bei ihm zu verbringen.
Wir verabschiedeten die beiden Gäste und entließen das Personal. Wir hatten nur mehr den Landrover, unser Pässe, ein wenig Bargeld und unsere Kleider am Leib.
Die Zavora Lodge war Geschichte.
Am nächsten Tag fuhren wir nach Maxixe, um uns mit Kleidung und dem Allernötigsten einzudecken. Wir suchten Erwin auf und wollten ihm vom Untergang von Zavora berichten. Er wusste bereits alles, bis ins Detail. Von Erwins Büro aus rief ich in Tibis Firma an. Ich empfand beinahe Genugtuung, ihm vom Ende seiner Lodge zu berichten. Ich musste mich beherrschen, ansonsten wäre der Eindruck entstanden, ich hätte sie angezündet.
Man teilte mir mit, dass er nicht da sei und dass die Polizei wegen mehrer Delikte nach ihm fahnde.
„Und wie geht´s jetzt weiter mit euch beiden?“ wollte Erwin wissen.
„Ich hab die Schnauze voll von Mozambique. Wer weiß was den Behörden da noch alles einfällt, jetzt wo Zavora auch noch abgebrannt ist. Am Ende muss ich jetzt noch für alles büßen. So eine Scheiße! Wir gehen zurück nach Südafrika, verdauen das ganze einmal und dann werden wir schon sehen.“
„Keine Sorge, ich hab´die Behörden hier gut im Griff und kenne sogar den Präsidenten von Mozambique persönlich. Die brauchen mich und meine Fabrik. Ich werde euch da schon raushalten können,“ versuchte uns Erwin zu beruhigen.
„Warum bleibt Ihr nicht hier und managt mein Campishmo Hotel, Restaurant und Campingplatz?“ setze er fort.
Elke, die während der ganzen Zeit schwieg und an die Decke starrte, setzte sich gerade auf und blickte Erwin entgeistert an. Auch ich war sprachlos.

„Ich werde bald 75 und ich habe genügend Arbeit mit der Kokosölfabrik. Es wird mir einfach alles zu viel. Ich brauche jemanden, der das Campishmo ordentlich führt. Ich zahle gut, gebt mir morgen Bescheid!"

18. Maxixe

Wir verbrachten die Nacht doch nicht bei José sondern im Campishmo. Ich konnte kaum schlafen. Ich war aufgewühlt und doch fertig und leer. Immer wieder überkamen mich Angst und Panik.
Am nächsten Tag beschlossen wir, das Campishmo unter die Lupe zu nehmen. Nicht wieder in eine Falle tappen! Keine übereilten Entscheidungen treffen!
Das Campishmo war nicht gerade groß und lag am südlichen Ende von Maxixe. Die fünf einfach gebauten Holzhäuser mit Dusche, WC und Doppelbett waren zweckmäßig eingerichtet. Es gab 50 Camping-Stellplätze, zwei Dusch- und WC-Blöcke sowie sechs Unterkünfte in Wohnwagen. Das Schmuckstück der Anlage war zweifellos das Restaurant.
Das Areal liegt an der große Lagune, die Maxixe von Inhambe trennte. Hunderte rosa Flamingos gaben dem Gewässer zumindest optisch ein gewisses exotisches Flair. Das Wasser war für große Boote zu seicht, deshalb sah man überwiegend kleine Dauhs und einfache Arbeitsboote, die den kurzen Seeweg zwischen den beiden Städten befahren konnten. Der Strand war zu vergessen. Unrat und Obdachlose prägten das Bild und es war ratsam, ihn als Weißer zu meiden, insbesondere in der Nacht.
Maxixe liegt genau im Schnittpunkt der stark frequentierten wichtigsten Verkehrsverbindungen Mozambiques. Das Campishmo hatte eine hervorragende Auslastung von 88 Prozent. Vor allem durchreisende Geschäftsleutenund Touristen stiegen hier ab. Die Anlage befand sich ziemlich genau in der Mitte der Strecke zwischen Maputo und Beira, an der N 1 gelegen. Ein idealer Ort zum Übernachten, aber keinesfalls zum Verweilen.
Wir lernten die wenigen Angestellten kennen und stellten fest, dass das Campishmo nicht unbedingt der Platz unserer Träume war. Aber hatten wir eine andere Wahl?

Wir einigten uns mit Erwin und hatten einen neuen Job. Weit entfernt von dem, was wir wollten, als wir von Südafrika hierherkamen. Aber immerhin hatten wir einen Job.
Erwin erledigte alle Formalitäten wie Aufenthalts- und Arbeitsbewilligungen und wir stürzten uns auf die neue Herausforderung.
Abseits der Hauptstraßen war Maxixe ein einziger Horror. Unzählige zerschossene und zerbombte Häuser, notdürftig zusammengeflickt und überfüllt mit herunter gekommenen Menschen. Viele der Nebenstraßen waren durch Bombentrichter – gefüllt mit stinkendem Unrat und Müll – unbefahrbar geworden. Man sah der Stadt heute noch an, dass sie im Zentrum der Kampfhandlungen gestanden war. Hier verlief die Front zwischen Frelimos und Renamos, den beiden Bürgerkriegsparteien. Die Kanalisation war zerstört, das Abwasser stand zentimeterhoch in den Straßen, dazwischen spielten kleine Kinder, Ratten und Wildhunde. Trotz allem war nicht zu übersehen, dass diese Stadt im Aufbau befand. Immer wieder traf man auf renovierte Häuser oder Neubauten. Die Statistik zeigte, dass jeder vierte Schwarze Kriegsversehrter war. Diese Angaben wurden in der Realität noch übertroffen, man hatte den Eindruck, dass hier jedem Zweiten Arme oder Beine fehlten.
Erwin stellte sich als ausgesprochen angenehmer und großzügiger Arbeitgeber mit hervorragenden Verbindungen heraus. Elke riss sich am Riemen und wurde zunehmend fröhlicher.
Als erstes renovierten wir das Campishmo vollständig. Alle Hütten wurden neu gestrichen, grundlegend saniert und teilweise neu ausgestattet. Erwin war zufrieden und erfreute sich an seinem herausgeputzten Besitz.
Als eines Tages der zentrale Markt von Maxixe vollständig abbrannte, stellte ich fest, dass mich diese Nachricht völlig kalt ließ. So wie alle anderen hier. Nicht einmal die Polizei kümmerte sich darum. Abgebrannt wie Zavora, aus, weg. Mir kam Lorenzo in den Sinn, was wird wohl aus ihm werden, toller

Bursche. Halt, halt, ... lass es dir nicht zu Herzen gehen. Das Wort Mitgefühl sollte man in Afrika rasch vergessen.
Durch den Verlust des Marktes musste ich neue Einkaufsquellen finden. Geschäftsleute indischer Abstammung übernahmen rasch die freigewordenen Marktplätze. Durch meine neuen Kontakte hatten wir bald eine große Anzahl von indischen Stammgästen.
Elke ging in ihrer neuen Aufgabe als Küchenchefin voll auf und stellte sich geschickt auf die Bedürfnisse der neuen Kundschaft ein. Nach kurzer Zeit hieß es, dass wir das beste Lokal in der Region seien.
Wir waren täglich bis auf den letzten Platz ausgebucht und bald mussten wir drei Tage im Voraus Reservierungen aufnehmen. Das Restaurant wurde stetig zum Hauptumsatzträger. Erwin war begeistert und wir konnten endlich wieder einmal stolz auf uns sein.
Eines Tages parkten drei große, frisch polierte Luxusgeländewagen vor dem Lokal.
Die schwarz getönten Scheiben und die Regierungskennzeichen, erweckten meine Aufmerksamkeit. Wie auf ein Kommando sprangen mehrere Männer aus den Fahrzeugen und sicherten die Umgebung. Schwarze Anzüge, weiße Hemden Krawatte, Sonnenbrillen, blank geputzte Schuhe, wie in einem Beta-Movie.
Ein älterer gebückter Mann mit einer Aktentasche, stieg aus einem der Wagen aus und wurde zu meinem Büro eskortiert, von dem aus ich die Szene beobachtete. Meine Neugier wuchs.
Ohne zu Grüßen sprach mich der Mann an: „Sind sie Erwin Jakes?"
„Nein, mein Name ist Wolfgang, ich bin sein Manager! Kann ich Ihnen helfen?"
„Mein Name ist Rodriges Bandera. Ich bin Sekretär von Präsident Joaquim Chissano. Herr Chissano kommt in zwei Monaten zu seiner Wahlveranstaltung nach Maxixe. Ihr Restaurant ist uns empfohlen worden. Der Präsident will in der Stadt ei-

nen Empfang mit internationalen Wahlbeobachtern abhalten. Bieten Sie auch Catering an?"
„Mit Vergnügen!" antwortete ich geschmeichelt.
Nach einer halben Stunde hatten wir den Auftrag, für 80 Personen ein kaltes Buffet zu liefern.
Die Präsidentschaftswahl in Mozambique fand im Oktober 1999 statt.
Die Stadt befand sich bereits Wochen vorher im Ausnahmezustand und wurde mit tausenden roten, gelben, grünen und schwarzen Fahnen, Postern und Wimpeln mit dem Bild von Joaquim Alberto Chissano geschmückt.
Schon Stunden vor seinem Eintreffen legten tausende Schwarzen mit Trommeln und Hörnern ausgestattet, den Verkehr lahm. Gegen Mittag kündigten laute Polizeisirenen den Präsidentschaftskandidaten an. Infernalischer Lärm erhob sich. Schreien, Pfeifen, Trampeln und Kreischen, untermalt von Trommeln und Hörnern. Wie hypnotisiert begann die Masse rhythmisch zu tanzen. Als von acht Motorrädern eskortiert Chissano im offenen Mercedes-Geländewagen in die Straße einbog, verwandelte sich das Ganze in einen Hexenkessel.

Um 19.00 Uhr sollte alles für den Empfang im größten Hotel von Maxixe, dem „Balmar", fertig sein. Das zweistöckige Gebäude glich eher einer Kaserne als einem Hotel.
Die schmutzig graue, teilweise zerschossene Fassade hatte absolut nichts Einladendes an sich.
Lediglich die mit Palmen gesäumte Zufahrtsstrasse wirkte beeindruckend. Der große Park vor dem Hotel war noch eine Baustelle.
Das ganze Gebiet rund um das Hotel war abgesperrt und wimmelte von Polizisten und Soldaten.
Fünfzig Meter vor dem Gebäude befand sich der erste Checkpoint, bei dem ich anhalten musste.
Ich stieg aus und wurde einer Leibesvisitation unterzogen. In der Zwischenzeit untersuchten andere Soldaten den Landro-

ver sorgfältig. Jede einzelne Platte mit feinstem Essen musste vorsichtig aus den Wagen gehoben und neben dem Auto abgestellt werden. Ich machte mir Sorgen, nichts durcheinanderzubringen. Elke wäre entsetzt gewesen.
Der große rechteckige Saal wirkte bescheiden und war geschmacklos dekoriert. Der Zutritt war nur geladenen Gästen erlaubt. Man zeigte mir freundlich den Tisch, auf dem ich das Buffet aufbauen sollte.
Elkes Idee war großartig. Farblich abgestimmt und in der richtigen Reihenfolge aufgestellt, ergaben die Tableaus mit den köstlichen Brötchen eine riesige Nationalflagge von Mozambique.
Das machte Eindruck, ich war zufrieden und stolz auf Elke.

Mister Bandeira erhob sich und bat die Anwesenden ernst und würdevoll um Ruhe.
Die Band begann die Nationalhymne zu intonieren und eine Frauengruppe tanzte und stampfte dazu in rhythmischen Bewegungen.
Kaum war die Hymne verklungen, erschien Chissano unter lautem Applaus der Gäste.
Zwei in Nationaltracht gekleidete dicke Frauen erschienen auf der Bühne. Die eine trug eine große Holzschale, die andere ein weißes Tuch. Sie reichten dem Präsidentschaftskandidaten die Schale, er griff hinein und hob mit theatralischer Geste eine riesige, bluttropfende Leber heraus, präsentierte sie seinem Publikum und biss hinein. Mit seinen Zähnen riss er mit einer schüttelnden Bewegung, ein großes Stück davon heraus und begann es langsam und mit geschlossenen Augen genüsslich zu verzehren. Blut quoll aus seinen Mundwinkel, dann schluckte er das Stück Leber mit leicht schräg nach hinten geneigtem Kopf hinunter. Die zweite Frau reichte ihm das Tuch, mit dem er sich mit großer Geste den blutigen Mund abwischte. Das Festpublikum applaudierte frenetisch. „So wie

bei uns, wenn einem Gast zur Begrüßung Brot und Salz angeboten wird …", versuchte ich die Zeremonie zu verstehen.
Es dauerte eine ganz Weile, bis alle Ehrengäste namentlich begrüßt wurden. Als Erwin als spezieller persönlicher Freund begrüßt worden waren, war ich richtig stolz auf ihn und er genoss es sichtlich.
Es folgte eine lange Wahlkampfrede mit den üblichen Phrasen. Brot statt Patronen, Kühlschränke statt Panzer, Pflugscharen statt Schwertern ...

Am Ende seiner Rede stimmte der Saal ein kollektives „VIVA Chissano, VIVA Chissano, VIVA Chissano" an und die Musiker begann, in voller Lautstärke afrikanische Musik zu spielen. Das Buffet war eröffnet.
Es dauerte keine zwei Minuten und es war leergefegt, ratzeputz, wie nach einem Heuschreckeneinfall.
Ich war zufrieden und konnte mich endlich unter das Volk mischen, denn auch ich hatte Hunger.
In einem der Nebenräume wurde gerade das Büffet für das gemeine Volk eröffnet.
Auf acht Tischen standen schwarz angekohlte, riesige Aluminiumtöpfe.
Ein Blick über den Rand des ersten Topfes drehte mir gleich den Magen um.
In einer rotbraunen Soße schwamm das Hinterbein einer Ziege samt Huf und Fellresten ... ist das ein Ohr?
Auch der zweite Topf bot Grauen Erregendes: Gekochte Hühner. In einer graugrünen Flüssigkeit schwammen ganze Hühnerköpfe samt Schnabel und Kamm sowie Hühnerbeine samt Krallen. Die anderen Töpfe waren mit relativ harmlosen Substanzen wie Reis und Maispapp gefüllt. Besteck gab es keines. Mit bloßen Händen schaufelte man sich die Brühen auf den eigenen Teller. Es dauerte ebenso nur wenige Minuten, bis nach einem abenteuerlichen Gedränge alle Töpfe leer waren.

Ich ging wieder zurück in den Saal für die Ehrengäste, der Hunger war mir restlos vergangen.
Erwin stellte mich „seinem" Präsidenten vor und es gefiel mir, dass ich von ihm für das tolle Buffet gelobt wurde, besser geht's nicht. Das wird Elke freuen.

Joaquim Alberto Chissano gewann die Wahl hauchdünn, mit nur 2% Vorsprung vor dem Rivalen der Renamo Partei.
Erwin war zufrieden, immerhin hatte er die Kandidatur mit beträchtlichen Geldmitteln unterstützt und entsprechendes Lobbying betrieben. Völlig uneigennützig, versteht sich.
Die Siegesfeier der Unterstützer fand im Campishmo statt. Alkohol floss in Strömen und die Tische bogen sich und Erwin konnte weitere gute Kontakte knüpfen.

19. Afrikanischer Albtraum

Gilbert war ein angenehmer Zeitgenosse, humorvoll, freundlich und ehrlich. Er arbeite für uns.
Er wohnte in einer kleinen, bescheidenen Strohhütte direkt am Strand.
Sein Verhalten veränderte sich eines Tages. Besonders wenn er von seinem freien Tag zurück kam, wirkte er abwesend und verstört.
Dann blieb er tagelang aus und erschien nicht zur Arbeit, niemand wusste, was mit ihm los war. Eines Tages war er wieder da. Er stand geistesabwesend in der Einfahrt und zitterte am ganzen Körper. Sein Gesicht war verzerrt, die Augen leer und tot. Dann wieder rollte er wild mit seinen Augen und sein Körper begann zu vibrieren. Schaum klebte in seinen Mundwinkeln, seine Fingerkuppen waren blutig. Ununterbrochen stammelte er unverständliches Zeug.
Ein epileptischer Anfall oder so etwas Ähnliches kam mir in den Sinn.
Ich brachte ihn zu seiner Hütte, legte ihn auf seine Bettstatt und rief Christine, die deutsche Ärztin an. Sie kam mit „Ärzte ohne Grenzen" nach Afrika und leitete ein Buschspital nördlich von Maxixe.
„Bring ihn sofort hier her" antwortete sie spontan.
Christine gab ihm eine Beruhigungsspritze und ich konnte zusehen, wie Gilbert einschlief.

Christine hatte keine gute Nachrichten für uns.
„Gilbert ist aus medizinischer Sicht 100% gesund. Aber das, was ich unter seiner Zunge gefunden habe, hat mich doch ziemlich geschockt, obwohl ich es irgendwie erwartet hatte als ich ihm zum ersten Mal gesehen habe".
Langsam öffnete sie ihre Hand. Ein fingernagelgroßes ovales, gelbbraunes Blättchen kam zum Vorschein.

„Ich musste ihm dieses Muti unter der Zunge herausschneiden. Gilbert ist offensichtlich ein Medium für einen Hexendoktor. Wisst ihr … Hexenverfolgung, Schwarze Magie, Voodoo … versteht ihr?“ Die sonst so taffe Deutsche wirkte erregt und nervös.

„Hexenglaube ist in Afrika weit verbreitet. Wenn jemand anders ist, unerklärliche Krankheiten hat oder sich asozial verhält, dann gilt er als von Hexen besessen. Der Hexendoktor sucht sich dann Gehilfen, die Hexen zu verfolgen und zu töten. Gilbert ist in den Händen eines Hexendoktors!“

Mit weit aufgerissenen ungläubigen Augen verfolgten wir die gruselige Geschichte.

„Ist doch alles Quatsch“, warf ich ein und drehte das Muti zwischen meinen Fingern hin und her.

Christine erzählte weiter und wurde dabei immer nervöser.

„Sie mischen die giftigsten Kräuter zu einem Brei aus Tierblut, verwesten Leichenteilen von Menschen und Tieren. Manchmal verwenden sie auch Blut und Körperteile von Menschen, die sie selber umbringen. Auch Kinder. Jeder Hexendoktor hat sein eigenes Rezept. Dann scheiden sie die Haut des Mediums auf und implantieren das Zeug. In Folge fallen die Opfer in eine Art Scheintod, werden bis zum Irrsinn traktiert und geschunden. Dann werden sie begraben. Richtig begraben, in einem Sarg samt feierlichem Begräbnis! Hast du die blutigen Finger von Gilbert gesehen? Er muss fast wahnsinnig geworden sein, als er im Sarg erwachte und raus wollte! Schrecklich! Nach einigen Tagen gräbt ihn der Hexendoktor heimlich wieder aus und dann erscheint er den anderen! Überleben sie die Prozedur, sind sie dem Hexendoktor hörige, willenlose Diener.“

Wir sind fassungslos, starren Christine an und wissen nicht ob das alles wahr sein kann. Christine ist schweißnass und bleich.

„Kannst du Gilbert helfen, was können wir tun?“, erkundigte sich Elke völlig geschockt.

„Das Muti in Gilberts Mund hatte sich noch nicht vollständig aufgelöst. Das heißt, er ist noch kein „fertiges“ Zombie. Er wird gerade zum Zombie gemacht! Wenn ein Hexendoktor jemanden in seinen Bann gezogen hat, dann gibt er ihn nicht mehr her. Das kann gefährlich werden und unter Umständen werdet ihr zu Feinden und Hexen und selber verfolgt. Unterschätzt das nicht. Aus meiner Sicht ist er nicht krank, ich musste ihn entlassen. Die schwarzen Kollegen im Spital haben schreckliche Angst. Das Beste wäre, ihr schickt Gilbert auch fort.“, stammelte sie förmlich.
„Du bist Ärztin, das kannst du nicht machen … wir müssen ihm helfen!“ herrschte ich sie an.
„Tut mir leid Wolfgang, ich kann euch nicht helfen, ich habe meine Aufgabe im Spital zu erfüllen, ich würde viele Menschen in Gefahr bringen … seid bloß vorsichtig und unterschätzt die Sache nicht … bin schon spät, die Patienten warten!“
Jetzt brauchte ich einen Whisky und ich hatte nichts dagegen, dass auch Elke ein Glas hinunter kippte – ex!

In Südafrika gibt es eine spezielle Polizeieinheit, die sich nur mit solchen abscheulichen Fällen von Hexenzauber und Geisterglauben beschäftigt. Jedes Jahr stirbt eine beträchtliche Anzahl an Menschen an den Folgen Schwarzer Magie. Darunter 300 Kinder. Leider halten sich die Erfolge der Polizei in Grenzen, zu tief ist der Hexenglaube in der schwarzen Gesellschaft verwurzelt. Selbst gut gebildete „moderne“ Schwarze glauben vielfach daran.
Die Regierung sieht entweder weg oder kehrt das Problem unter den Teppich. Jeder Versuch, diese unmenschlichen Riten zu verbieten, würde in einem Wahldebakel enden, wenn nicht gar in Volksaufständen.

Es erschien mir sinnvoll, Erwin von der Horrorgeschichte zu unterrichten.
Eine Stunde später saßen wie zusammen und diskutierten den Fall. Es erstaunte mich, dass Erwin die Sache sehr nüchtern

sah und mir sogar mitteilte, dass er einen eigenen Hexendoktor in seiner Fabrik angestellt hat, um bösen Zauber von seinen Arbeitern fern zu halten.
Er überließ mir die Entscheidung, Gilbert zu behalten oder nicht. Insgeheim hatten wir uns schon entschieden.
Am nächsten Tag erschien Gilbert zur Arbeit. Wir beschäftigten ihn mit leichten und angenehmen Arbeiten, damit seine Fingerkuppen heilen konnten. Wir konnten sehen, wie Gilbert sich erholte und wieder fröhlicher wurde. Zu früh gefreut!
Hysterisch kamen zwei Angestellte auf mich zugerannt und berichteten, dass Gilbert wieder völlig ausgerastet sei und nun stocksteif mit verzerrtem Gesicht in seiner Hütte liege. Ich rannte zur Hütte, wusste aber nicht, was ich tun sollte. Es erschien mir als das einzig Richtige, ihn einzusperren, um sicher zu stellen, dass er nicht davonlaufen konnte. Ich vergewisserte mich noch, dass die Hütte gut versperrt war.
Ich lief zurück zur Küche, wo Elke das Essen vorbereitete.
Ein unheimliches Husten lies mich erschauern, ich konnte nicht genau feststellen, woher es kam.
„Wer ist da im Restaurant?“, wollte ich von Elke wissen.
„Niemand, die Kellner sitzen alle da drüben in der Wiese und lassen sich die Sonne auf den Bauch scheinen ... bin alleine hier!“
Da war es wieder und auch Elke hörte es: Ein schauerlich dunkles Husten.
Wir brauchten einige Sekunden, bis wir uns auf die Lichtverhältnisse im Gang zwischen Küche und Restaurant einstellen konnten.

Unsere Hände verkrallen sich ineinander, Blut schießt in meinen Kopf.
Ein mittelgroßer, schlaksiger und drahtiger tiefschwarzer Mensch mit zerfetzten schmutzigen dunklen Lumpen steht unmittelbar vor uns!

Seine langen, wie unzählige Schlangen wirkenden Haare sind mit einem dreckstrotzenden Tuch zusammengebunden, um den Hals baumelt eine Kette aus Knochen.
In seinen Ohrläppchen, die fast bis zu den Schultern hängen, stecken weitere Knochen.
In seiner linken Hand hält er einen langen Stab, auf dem oben ein Kinderschädel steckt.
Seine stechenden, blutrot unterlaufenen Augen starren uns an und versetzen uns in Panik.
Er stützt sich schwer auf einen schlangenförmigen Stock, der um ein gutes Stück großer ist als er selbst.
Alles nicht wahr nur ein schlechter Traum!
Plötzlich beginnt er, sich zu bewegen.
Immer schneller werdend beginnt er zu stampfen, die Knochenketten um seine Fußgelenke klappern schaurig.
Er öffnet den Mund und es stinkt nach Verwesung.
Mein Blut gefriert vor Schreck in den Adern.
Elke beginnt hysterisch zu schreien und rennt hinaus.
Ich reiße mich zusammen, pflanze mich mit allem Mut vor ihm auf und frage ihn, was er hier suche.
Er erstarrt erneut, nur hie und da stampft er mit einem Fuß auf, offenbar um mich zu irritieren.
Ich weiß mir nichts Besseres, als das gleiche zu tun und mich ihm einen Schritt zu nähern.

So standen wir einige Zeit da, ab und zu stampfte er, dann ich.
Er würde nur so lange „Macht“ über mich haben, solange ich mich von seinem Gehabe beeindrucken ließe. Ich war mir sicher, ich könnte ihn „entzaubern“, wenn ich ihm entsprechend respektlos gegenüberträte.
Dann plötzlich begann er zu sprechen.
Sein erstes Wort schockierte mich erneut. Er hatte eine Stimme wie ein Engel. Sanft, weich und warm. „Giiiilbert, Giiilbert, Giiilbert …“

Ich war mir mit einem Mal nicht sicher, ob die Gestalt ein Mann oder einer Frau war.
Zunehmend fand ich meine Fassung wieder und bekam die Situation in den Griff.
Ich ging auf das Wesen zu, so als ob ich an ihm vorbei wollte und zog im Vorbeigehen absichtlich den Stock weg, auf den es sich stützte.
Dumpf und knochig schlug der Stock auf. Dann fiel das Wesen selbst vornüber zu Boden. Da lag der Hexendoktor vor mir auf dem Boden, wie ein Käfer und wollte sich aufrappeln.
Ich fühlte eine gewisse Überlegenheit in mir aufkommen, die Angst war wie weggeblasen.
Immer wieder verrutschten seine Lumpen und ich konnte seinen nackten Oberkörper sehen. Dieser war überseht mit Narben und zwei riesige Brüste hingen wie Hautlappen an ihm herunter. Die strukturierten muskulösen Arme passten da gar nicht dazu.
Scheinheilig sprach ich ihn an:
„Sorry, tut mir leid, das wollte ich nicht, darf ich Ihnen helfen?“ und hob seinen Stock auf.
Kaum hatte er sich wieder erhoben, hatte ich den Eindruck dass plötzlich ein zweiter Mann aus dem Schatten seiner Kleider auftauchte und plötzlich hinter ihm stand. „Das ist Gilbert!“, schoss es mir durch den Kopf. Wer ist das, woher kommt der so plötzlich ... ist es Gilbert? Kann nicht sein, den hab´ich doch eingesperrt!“
Dann stürzte sich Gilbert auf mich, riss den Stock des Hexendoktors an sich, begann, wie wild auf mich einzuschlagen und brüllte dabei unverständliches Zeug. Ich hatte Mühe, den zum Glück unkontrollierten Hieben ausweichen zu können. Dann wieder sprach der Hexendoktor mit seiner Engelsstimme. Wie ferngesteuert fiel Gilbert auf seine Knie und begann die schmutzigen Füße des Hexendoktors abzulecken. Dieser liebkoste den Totenschädel des Kindes und leckte ihn mit seiner grässlichen langen Zunge ab. Immer wieder.

Das war mir zu viel, meine Sicherungen knallten durch und ich schritt ein. „Schluss mit dem Theater!“ schrie ich und schob die beiden mit aller Kraft zur Tür hinaus.
Schlagartig wurde es still, die Gestalten verschmolzen ineinander, drehten sich um und verschwanden.
War das wirklich Gilbert, hatte er ihn geholt oder war es nur ein gekonnter Zaubertrick, eine Illusion?
Ich war fix und fertig und kümmerte mich um Elke, die sich halbwegs erfangen hatte, aber noch immer am ganzen Körper zitterte.
Dann rannte ich zur Hütte, in der ich Gilbert eingeschlossen hatte. Er war weg. Die Hütte war nach wie vor versperrt, kein Zeichen von Einbruch. Wir sahen ihn nie wieder. Bei wem auch immer wir nachfragten, keiner wusste wohin er verschwunden war.

20. Coconutbay

Elke wurde durch die jüngsten Ereignisse erneut aus der Bahn geworfen. Sie trank wieder viel und regelmäßig. Aber wenigstens ersparte sie mir Männergeschichten.
Erwin wurde in der Zwischenzeit zum Präsidenten der Tourismusregion Inhambane gewählt. Das eröffnete ihm neue Möglichkeiten und wir sollten davon profitieren.
Ein großes Areal etwa 300 Kilometer nördlich von XeiXei stand zum Verkauf. Ohne lange zu zögern, besichtigten wir das Stück Land.
Ein wunderschönes Grundstück, direkt am Indischen Ozean gelegen, Palmenwälder, Dünen, ein schmaler See. Vor der Küste befanden sich einige kleine Inseln in nicht allzu weiter Entfernung. Ein ausgedehnter Mangrovenwald versprach intensive Naturerlebnisse. Das schönste Gebiet, das ich je in Mozambique gesehen hatte! Erwin war genauso begeistert. Kurz entschlossen, wie er immer war, erwarb er das Gebiet und nannte es – etwas einfallslos – Coconutbay.
Erwins Frau sollte Campishmo weiterführen und wir eine komplett neue Lodge aufbauen!
Kurz darauf tauchte Lorenzo bei uns auf. Ich hatte ihn seit dem Brand von Zavora nicht mehr gesehen.

Ein Monat später waren wir gemeinsam unterwegs nach Coconutbay. Ich wollte auf meinen treuen Vormann Lorenzo nicht verzichten und bot ihm an, mitzugehen. Er sagte erfreut zu und ich hatte wenigstes einen Arbeiter an meiner Seite, auf den ich mich verlassen konnte und die Sprache der Einheimischen beherrschte.
Die Coconutbay war nur mit Allradfahrzeugen erreichbar und außer Kokospalmen und Dünen gab es gar nichts.
Wir hatten die Aufgabe, eine komplette Anlage samt Infrastruktur mit mehreren Wohneinheiten aufzubauen. Außer ei-

nigen Zelten, Feldküche und Buschklosett, für uns und unsere vier schwarzen Arbeiter hatten wir nichts mit.
Zuerst brauchten wir Leute, heuerten systematisch Angestellte an und bauten gemeinsam mit ihnen einfache Hütten, in denen sie mit ihren Familien wohnen sollten.
Anschließend konzentrierten wir uns auf die Infrastruktur, bohrten Brunnen, hoben Sickergruben aus, verlegten die Wasserrohre und betonierten die Fundamente für das Generator- und Pumpenhaus, Restaurant, Küche und Büro. Die Gebäude bestanden aus einer Betonplattform, in die Holzpfosten einbetoniert wurden, darauf wurden einfache Dachstühle genagelt und das Ganze mit Schilf, Gras und Palmblättern verkleidet. Hatte man die Plattform fertig betoniert, stand so ein Bungalow in wenigen Stunden. Insgesamt errichteten wir weitere zwanzig einfach, aber gut ausgestattete Bungalows. In nur drei Monaten war alles fertig. Erwin sorgte für den Nachschub an Baumaterial, Werkzeugen und Geräten und wir für die Arbeiten vor Ort. Meine Frau unterwies die schwarzen Frauen im Nähen von Vorhängen, Tischtüchern und Bettwäsche und ich schuftete gemeinsam mit meinen Boys auf den Baustellen. Erwin leitete das Projekt mit der Präzision eines Uhrwerks und der Geschwindigkeit einer Rakete. Parallel dazu lief seine Marketing-Maschinerie für die Coconutbay Lodge voll an. Kaum waren wir mit dem Bau der Lodge fertig, kamen die ersten Gäste aus allen Teilen der Welt.
Alles lief perfekt. Fast alles, denn die aufflammende Alkoholsucht meiner Frau führte immer wieder zu heftigen Auseinandersetzungen.
Erwin investierte eine Unmenge Geld in die Lodge. Nach weiteren vier Monaten war Coconutbay eine der wenigen Lodges in Mozambique, die den Gästen nahezu alles anbieten konnte, was einen exotischen Urlaub am Indischen Ozean attraktiv macht. Jetski, Ultralightflüge, Tauchschule, Reiten, Segeln, Schnorcheln, Hochseefischen und Paddeltouren durch die Mangrovenwälder.

Wir rackerten täglich bis zu achtzehn Stunden, waren aber immer voll Freude und unbändiger Energie.

Das Projekt Coconatbay lief hervorragend an. Kaum waren die letzetn Arbeiten fertig, trafen die ersten Gäste ein. Von Tag zu Tag wurden es mehr. Wir alle waren glücklich, bis eines Tages eine Delegation von Stammeshäuptlingen aus der Umgebung mitten in der Bar standen und Lohnerhöhung für ihre Stammesmitglieder, die bei uns beschäftigt waren, forderten.
Die Häuptlinge wollte 20%, ich bot 10%.
Sie waren zu keinem Kompromiss bereit und verließen verärgert die Bar, dabei drohten sie mit Streik. Immerhin hatten wir 38 Männer und Frauen angestellt und die Lodge war beinahe ausgebucht. Sie hatten den Zeitpunkt für ihre Forderungen gut gewählt!

Ich beschloss, einen der Häuptlinge, der am besten Englisch sprach, aufzusuchen, um ihm ein neues Angebot zu unterbreiten. Das Gespräch verlief wie erwartet erfolglos. Afrikaner sind mit Argumenten schwer zu überzeugen und abergläubisch. Gerade ihr Aberglaube macht es für uns rational und logisch denkende Europäer so schwer, mit ihnen zu verhandeln. Allerdings kann man ihren Respekt vor Geistern, Hexen und Zombies immer wieder taktisch gut einsetzen.
Ich zeigte mich wegen der unnachgiebigen Haltung des Häuptlings verärgert und kündigte ihm Ungemach an: Ich würde ihm einen Tokoloshe schicken.
Tokoloshe sind kleiner Erdgeister, die sich in der Nacht in das Gehirn ihrer Opfer fressen und sie verrückt und krank machen. Die Schwarzen haben große Angst von diesen kleinen Wesen und viele Schwarze bauen ihre Bettstätten daher entsprechend höher. Tokoloshe können nicht klettern, erzählte man mir.
Die Häuptlinge machten ihre Streikdrohung wahr.
Eines Tages blieben alle Angestellten aus. Wie von den Chiefs angekündigt, streikte das gesamte Personal.
Das Service in der Lodge kam zum Stillstand.

Elke musste die Gäste beruhigen und hinhalten. Das gelang ihr nur, indem sie großzügig verschiedene Gratisleistungen anbot.
Es war Zeit für den Tokoloshe!
Ein Kind hatte ein ferngesteuertes Modell eines Polizautos bei uns vergessen und ich bewahrte das kleine Fahrzeug in meinem Büro auf.
Ich montierte einen alten zerfledderten Mopp auf das Autodach, aus den Warnlichtern formte ich Augen und aus dem grässlich aussehenden Mund ertönte die Polizeisirene.
Als es dunkel wurde, schlich ich mich zum Dorf, den ferngesteuerten Tokoloshe unter dem Arm. Einige Männer saßen um ein Feuer. Auch der Häuptling war in der Runde anwesend.
Ich steuerte meinen Gnom aus sicherer Entfernung in Richtung Lagerfeuer. Dann aktivierte ich Lichter und Sirene und fuhr in wildem Zick-Zack um die Feuerstelle herum.
Wie von der Tarantel gestochen sprangen die Männer hysterisch auf und versuchten voll Angst und Panik, irgendwo hinaufzuklettern. Die einen flüchteten auf Palmen, die andern auf die Dächer ihrer Hütten, wieder andere liefen schreiend in die Nacht davon.
Nach kurzer Wahnsinnsfahrt des künstlichen Tokoloshe steuerte ich den Elektrognom zu mir zurück und verschwand unerkannt. Ich war gespannt, was am nächsten Tag passieren würde.
Bereits um fünf Uhr morgens waren alle da, ohne Ausnahme.
Respektvoll und ehrfürchtig begrüßten sie uns und nahmen anstandslos jede Arbeit an, die wir ihnen zuteilten. Das war nicht immer so gewesen!
Auch der Häuptling respektierte mich schlagartig. Immer wieder kontaktierte er mich wie einen väterlichen Freund, und fragte mich um Rat, wenn es in seinem Dorf Probleme gab. Ich unterstützte ihn, wo es nur ging und auch ich lernte von ihm eine Menge.

Die ruhige Erfolgswelle, auf der wir Monate lang dahinsurften, endete abrupt.
In regelmäßigen Abstanden mussten wir die Gras- und Schilfhütten warten und so blieb jeweils ein Haus im Turnus unbelegt, bis es hergerichtet war.
An einem Abend kam ich zufällig an einer leer stehenden Hütte vorbei. Aus dem Inneren hörte ich das leise Gestöhn eines Liebespaares.
Dieses Gestöhn kenne ich doch!
Ohne zu zögern, trete ich in den Bungalow ein.
Elke steht nackt, vorneübergebeugt und auf einen Tisch gestützt da und unser südafrikanischer Mechaniker fickt sie mit harten Stößen von hinten!
Es wunderte mich, dass ich nicht blanken Hass und Eifersucht empfand, sondern tiefe Traurigkeit und Mitleid.
Es war höchste Zeit, mit Elke „klar Schiff" zu machen, denn ich wollte keinesfalls zum Gespött des Personals werden. Wenn ich es durch diesen Vorfall nicht ohnehin bereits war.
„Kannst du dir vorstellen, wie die Angestellten uns respektieren werden. In wenigen Stunden wissen alle Bescheid. Das war wohl das Dümmste, was du tun konntest. Du wirst mit deinem Leben nicht fertig. Geh zurück nach Südafrika und lass dich endlich therapieren!"
Ich hatte Elke noch nie so betroffen gesehen.
„Du wusstest, dass ich alkoholkrank war, bevor ich dich kennen gelernt habe. Warum hast du dich auf mich eingelassen?"
„Weil ich dich liebte und die Hoffnung hatte, du würdest damit aufhören. Es ging ja auch einige Zeit gut! Dass du hie und da einen über den Durst getrunken hattest, war ja noch verkraftbar, aber die Kombination aus Alkohol und deinem unglaublichen Drang nach anonymen Sex werden dich ruinieren!"
„Du weißt nicht alles, Wolfgang ...", antwortete sie kleinlaut.
„Ich wurde als Kind jahrelang von meinem Onkel missbraucht ... ich musste weg aus dem Dorf in Deutschland, wir alle mussten weg ... ich wollte weg ... weg und alles vergessen

… es holt mich immer wieder ein! Ich möchte bei dir bleiben, schick mich nicht fort … schick mich nicht fort!", stammelte sie weinend.
Mit einem Schlag spürte ich eine riesengroße Verantwortung auf meinen Schultern lasten. Werde ich diese Last tragen können, wie lange noch, was muss noch alles geschehen – bis dass der Tod euch scheidet? Ich bat Gott um Hilfe für uns beide!

Zu meiner Verwunderung war Elkes Fehltritt kein Thema auf der Lodge und niemand machte auch nur eine Andeutung. Die Wochen der Hochsaison gingen langsam zu Ende und es kehrte angenehme Ruhe ein.
Wieder einmal mussten wir nach Inhambane, um unsere Arbeitsgenehmigungen verlängern zu lassen. Anschließend wollten wir einige Tage Urlaub auf einer netten Lodge am Meer machen. Ich hatte mir vorgenommen, mit Elke über ihre psychischen Probleme zu reden, vor allem sollte sie mir endlich die ganze Wahrheit erzählen.
Fritz und Frida, unsere treuen Hunde, begleiteten uns.

21. Die Erpressung

In Inhambane angekommen, wollten wir zuerst zu Danny frühstücken gehen und so in aller Ruhe unseren Urlaub beginnen. Ich parkte den Landrover genau vor den Eingang des Restaurants, um jederzeit einen Blick auf die Hunde haben zu können, die wir bei halb geöffneten Fenstern im Wagen zurückließen.

Wir tranken gerade die erste Tasse Kaffe, als ich beobachtet, wie ein schwarzer Jugendlicher am Landy vorbei schlenderte, anhielt und durch das halb offene Fenster nach einer Packung Zigaretten am Armaturenbrett greifen wollte. Er hatte die Hunde nicht bemerkt, sie aber ihn.

Fritz und Frida springen mit einem Satz nach vorne, laut kläffend scheuchen sie den Jugendlichen auf.

Blitzartig zieht der Schwarze seine Hand aus dem Fenster, fast hätten sie ihn geschnappt.

Erschrocken und zornig beginnt der Junge auf Türe und Scheibe zu trommeln, um die Hunde zu reizen.

Fritz und Frida bellen außer sich vor Wut aus dem Fenster hinaus und schnappen nach ihm.

Ich muss einschreiten und laufe zum Wagen.

Ich stelle mich zwischen das halb geöffnete Fenster und den Burschen, befehle den Hunden, aufzuhören.

Der Junge begann mich wüst zu beschimpfen. Es war offensichtlich, dass er auf Streit aus war. Dann griff er mich an. Immer wieder schlug er mit seinen Fäusten auf mich ein. Ich verhielt mich passiv und schützte lediglich meinen Kopf vor seinen Attacken.

Im Nu stand eine johlende Menschenmenge um uns herum, die den jungen Mann anfeuerte. Erneut begannen die Hunde wild zu bellen und in höchster Erregung im Wagen hin und her zu springen.

Die Situation wurde für mich bedrohlich. Da sprang Danny der Restaurantbesitzer, mit gezogener Pistole dazwischen. Die

Menge wich für einen Augenblick zurück und mit knapper Not schafften wir es zurück ins Restaurant.
Draußen machten sich die Schwarzen einen Höllenspaß daraus, die Hunde weiter zu reizen, die immer rasender werdend mit gefletschten Zähnen im Auto hin und her hetzten.
„Hoffentlich macht niemand die Wagentür auf oder schlägt ein Fenster ein", dachte ich panisch. Es wäre ein Massaker entstanden, wenn Fritz und Frida entkommen wären.
Es dauerte nicht lange bis drei Polizeiautos vorfuhren. Gemütlich, als ob es ein Routineeinsatz wäre, stiegen die Polizisten aus. Während die Menge weiter johlend auf mein Auto eintrat, brachten die Polizisten gemächlich ihre Uniformen in Ordnung und setzten sich die Dienstkappen auf.
Erst als ein Beamter mit einer Trillerpfeife eine paar laute Pfiffe los ließ, hörte die Schwarzen auf, auf das Auto einzuschlagen.
Die Hunde sind weiter außer Rand und Band.
Wie wild gewordene Bestien springen sie gegen die Scheiben und wollen nur noch beißen.
Einer der Polizisten zieht seine Pistole, legt auf einen der Hunde an.
Ich stürze über die Straße entgegen. „Stopp, Stopp ...!"
Ich dränge mich zwischen Auto und Polizist, ungeachtet seiner entsicherten Pistole.
Der Polizist lässt seine Waffe nur zögernd sinken und schreit mich an.
Ich verstehe kein Wort, drehe mich mit erhobenen Händen um.
Danny kam mir zu Hilfe und versuchte mit dem Polizisten zu sprechen.
Drei andere Polizisten halten die immer aggressiver werdende Menschenmasse in Zaum.
Man bombardierte mich mit Fragen, doch ich verstand kein einziges Wort.
„Passport, Passport, ID-Card ...."
Ich griff in die Brusttasche meiner Jacke und zog den Pass heraus.

Mit einem Mal nahm ich einige Wortfetzen Schweizerdeutsch wahr.
„Gib ihnen den Pass keinesfalls, die sind alle korrupt. Die wollen nur Geld."
Erstaunt drehte ich mich um und schaute in ein graubärtiges Gesicht mit freundlichen Augen.
„Verstehst du was die von mir wollen? " fragte ich.
„Die sprechen jetzt sowieso kein Portugiesisch mehr, sondern nur noch Makua. Wenn du willst, helfe ich dir beim Übersetzen!"
Erleichtert und verwundert nahm ich das Angebot an.
Sein Name war Frederico, er kam aus der Schweiz und ar ein alter Freund von Danny. Danny hatte ihm schon einiges von mir erzählt. Frederico lebte schon mehr als 15 Jahre außerhalb von Inhambane und sprach einige einheimische Sprachen – auch Makua.
Der eine Polizist neben mir begann mich erneut nach meinem Pass zu fragen und stieß mich unsanft mit seinem Mittelfinger in die Rippen. Ich hielt meinen Pass noch immer in der Hand. Plötzlich entriss mir der andere Polizist von hinten den Pass und schob ihn in seine Hosentasche.
Frederico schritt energisch ein, wies den Beamten in seine Schranken und erklärte ihm, dass sein Verhalten unakzeptabel und gesetzwidrig sei. Man möge den Pass sofort wieder herausgeben. Die herum stehende Menge begann nun laut zu schreien und zu pfeifen. Dann forderten die Polizisten mich auf, ihnen zur Polizeistation zu folgen. Ohne Pass hatte ich keine andere Wahl, als ihnen zu gehorchen.
Ein Polizeiwagen vorne, zwei dahinter, nahmen sie mich mit meinem Landrover in die Mitte. Vorher wollte ich noch die Hunde aus dem Wagen holen, doch unwirsch forderte man mich auf, die Hunde mitzunehmen. Frederico bot sich an, mich zu begleiten.
Danny, seine Frau und Elke standen während dessen fassungslos in der Tür des Restaurants.

Resignierend befahl ich meine Hunde auf ihren Platz, öffnete Frederico die Beifahrertüre und startete mit zittriger Hand den Wagen.
Der Polizeiwagen wartete bereits mit eingeschaltem Blaulicht zehn Meter vor uns.
Bevor ich anfuhr, schrie ich noch zu Danny und meiner Frau, sie sollen die Botschaft und alle nur irgendwie bekannten Leute informieren.
Der Polizeiwagen fuhr so provokant langsam, dass die ganze aufgebrachte Menschenmenge uns bequem begleiten konnte. Es kostete mich viel Anstrengung, meine Hunde ruhig zu halten, denn diese begannen angesichts der aggressiven Menschenmassen erneut wie besessen zu toben.
Als ich einen Blick durch das Seitenfenster wagte, schaute ich genau in das Gesicht eines jungen Schwarzen, der sich mit seinem Zeigefinger symbolisch die Kehle durchschnitt.
„Wir werden dich töten, wir werden dich töten...", rief er ohne Unterlass. Die anderen stimmten in sein Geschrei ein.
„Pass auf und fahr´ ja keinen Schwarzen um, das könnten wir gerade noch brauchen!" mahnte mich Frederico zur Vorsicht.
Mehrere Pickups, vollbeladen mit Schwarzen hatten sich eingefunden, den Konvoi zu begleiten. Obenauf Trauben von Schwarzen, teilweise mit Knüppeln bewaffnet.
Der Polizeiwagen musste die Sirenen einschalten, da ein Vorwärtskommen kaum mehr möglich war.
Die Polizeistation lag mitten in der Stadt, die Fahrt dorthin glich einem infernalischen Spießrutenlauf. Die Menschenmenge war mittlerweile in eine Art Ekstase verfallen und die Situation drohte weiter zu eskalieren. Jeder Zeit schien man bereit, uns zu lynchen.
Wir fahren in den Innenhof der Polizeistation, Gott sei Dank muss der Mob draußen bleiben. Ich fühle mich ein wenig sicherere.
Ein Polizist drückt mir einen dicken Strick in die Hand und fordert mich auf, die Hunde an einen Baum zu binden.

Fridas Nackenhaare stehen senkrecht in die Höhe und in ihren Mundwinkeln bildet sich Schaum.
Fritz fletscht unaufhörlich die Zähne, kann aber nur mehr knurren, so erschöpft ist er.
Ein Polizist steht mit schussbereiter MP neben uns. Nur keinen Fehler machen, „Frida, Fritz ganz ruhig, ganz ruhig … Sitz, Platz …“
Mit gutem Zureden und zittrigen Händen gelang es mir, den Strick durch ihre Halsketten zu fädeln und um einen Baum zu binden.
„Enger, enger, noch enger …“, wurde ich angeherrscht.
Die Hunde waren nun so eng an den Baum geschnürt, dass sie sich kaum mehr bewegen konnten. Frederico konnte das nicht mitansehen und versuchte abermals, einzuschreiten.
„… da können wir die Hunde ja gleich erwürgen, so geht das nicht …“
Bevor er noch aussprechen konnte, traf ihn ein Gewehrkolben mitten in den Bauch. Schmerzerfüllt krümmte er sich zusammen und stöhnte laut auf.
Wir waren den Polizisten vollständig ausgeliefert, jeder Widerstand war zwecklos.
„Mitkommen, los, los, mitkommen …“
Ich blickte zu den Hunden zurück und es brach mir das Herz. Verzweifelt versuchten sie, sich zu befreien und den Strick durchzubeißen. Man konnte erkennen, dass sie kaum mehr Luft bekamen. Fritz war bereits so erschöpft, dass er nur mehr winseln konnte. Ein Polizist stand daneben, jeder Zeit bereit, die beiden Hunde zu erschießen.
Umgeben von bewaffneten Polizisten wurden wir wie Schwerverbrecher durch einen langen, düsteren, stark verschmutzten, übelriechenden Gang in einen Raum geführt.
Hinter einem wackeligen Holztisch saß fett und aufgedunsen, mit pockennarbigem Gesicht, der Kommandant. Dem Tisch gegenüber befand sich ein weiterer Stuhl. An der Längswand

standen zwei Bankreihen, die bereits dicht gefüllt mit sichtlich aufgebrachten Schwarzen war.
Ich wurde aufgefordert, alle meine Taschen zu leeren. Frederico übersetzte. Als ich meinen Leatherman auf den Tisch legte, versuchte der Kommandant diesen zu öffnen, was ihm nicht gelang. Beeindruckt und fasziniert nahm er das Messer in seine Hand und begann, breit zu grinsen. Vielleicht funktionierte es, ihn so zu „überzeugen" wie den Grenzpolizisten ...? Ich fragte ihn höflich, ob ihm das Messer gefalle und ob er es haben wolle. Ich konnte seine Antwort nicht verstehen und bat Frederico, dem Kommandanten die Sache zu erklären. Offensichtlich brachte Fredericos Antwort den Kommandanten in Rage.
Von nun an begangen sich die Ereignisse zu überschlagen.
Die Wächter wollten den Schweizer vom Sessel neben mir entfernen. Als er sich zur Wehr setzte, trafen ihn mehrere harte Schläge mit Gewehrkolben. „Die haben mir das Schlüsselbein gebrochen!", schrie er mit schmerzverzerrtem Gesicht auf.

Ich springe auf, um Frederico zu helfen.
Ein harter Schlag trifft mich in meine rechte Niere.
Ich sacke zu Boden.

Als ich so halbwegs zu mir kam, wurde ich aufgefordert, meine Hose bis zu den Knöcheln herunter zu lassen und mich mit erhobenen Händen an die Wand zu stellen. Zwei offensichtlich unter Drogen stehende Polizisten hielten von nun an ihre AK 47 entsichert an meine Schläfen. Einer links, einer rechts, stundenlang.
Wie von ganz fern höre ich das Freudengejohle der Schwarzen.
Benebelt nehme ich wahr, dass Frederico in Handschellen an ein Fenstergitter gefesselt wird.

Man schlägt ihn wieder und wieder in den Bauch.
Er sackt zusammen. Mit einer Hand hängt er halb bewusstlos am Fenstergitter.
Der Kommandant brüllt laute, knappe Befehle.

In meinen Ohren hallt es wie tausende Echos.
Mit einem Mal ist es ruhig im Raum.
„Ihre Hunde haben einen Jungen angefallen und gebissen, legen sie die Papiere der Hunde vor!“ übersetzte Frederico, noch völlig benommen.
Jetzt wurde mir schlagartig klar, worum es ging, ich war wie gelähmt.
„Meine Hunde haben niemanden gebissen. Die Papiere befinden sich auf der Lodge, ich hab´ sie nicht mit“, antwortete ich in heller Aufruhr.
Wo bleiben Elke und Danny, ist Erwin benachrichtigt, die Botschaft informiert?
Wie gerufen betritt Elke laut schreiend von Polizisten begleitet den Raum.
„Ich brauche die Papiere von den Hunden, Impfzeugnisse und so …“ rief ich ihr entgegen.
Ohne zu zögern, erklärte sie sich bereit, die Papiere zu holen.
Auf Befehl des Kommandanten wurden ihr die Wagenschlüssel ausgehändigt und sie stürmte hinaus. Sie wusste sofort: Es eilte! Bevor sie jedoch die Türe hinter sich schließen konnte, gab ihr der Kommandant noch zu verstehen, dass die Hunde erschossen werden würden, wenn sie nicht bis längstens 18 Uhr zurück sei. Das war nahezu unmöglich, denn es war bereits später Mittag und der Weg zur Lodge weit und strapaziös.
„Warum gehen Ihre Hunde auf Schwarze los, sind sie darauf abgerichtet?“

Geschockt und irritiert versuchte ich den wahren Hergang der Ereignisse zu schildern.
Dabei wurde ich immer wieder durch die Mutter des Jungen unterbrochen, die aggressiv und gestikulierend an den Schreibtisch trat, auf den Kommandanten einschrie und dabei auf ihren Sohn zeigte. Frederico versuchte verzweifelt, mit dem Übersetzen nachzukommen.
Mein Gott, war ich froh, dass er hier war.

Der Junge saß da, den Kopf auf die Schulter seines Vaters gelehnt. Dicke Schweißperlen standen ihm auf der Stirn und sein Vater versuchte mit seinem linken Arm, den er über seine Schultern gelegt hatte, den Schüttelfrost seines Sohnes zu beruhigen. Dabei blickte er mich hasserfüllt an.
„Sind Ihre Hunde gegen Tollwut geimpft?“ herrschte mich der Kommandant an.
Ich wollte ihm neuerlich erklären, dass der Junge gar nicht gebissen worden war, man könne ja gar keine Verletzungen sehen. Meine Antwort versetzte Vater, Mutter und andere Verwandte so in Rage, dass sie herbeistürzten und wie wild auf mich einschlugen.
„Der Junge ist mit Sicherheit gebissen worden, leugnen Sie nicht. Er wird an Tollwut sterben, sehen Sie nicht, in welchem Zustand er sich befindet!“
„Oh du liebe Scheiße, wenn dir jetzt nichts einfällt, dann stecken sie dich in den Knast und lassen dich hier verrecken.“, wandte sich Frederico auf deutsch an mich. In seiner Stimme schwang Panik mit. Es pochte in meiner Halsschlagader, doch ich riss mich zusammen.
Mein Mund war trocken und die Kehle zugeschnürt. Ich bat um Wasser. Ein blöd grinsender Polizist brachte mir ein verdrecktes Glas. Die Flüssigkeit darin sah aus wie Pisse, roch nach Pisse – es war Pisse! Angewidert, den aufkommenden Brechreiz unterdrückend, stellte ich es zur Seite.
„Der Junge wird nicht an Tollwut sterben, die Hunde sind dagegen geimpft. Die Papiere, die meine Frau holt, können das beweisen. Außerdem erkrankt man nicht an Tollwut, wenn man nicht gebissen wurde. Das kann gar nicht sein. Ich kenne eine Ärztin, die kann den Jungen sofort untersuchen. Ich kann sie bitten, herzukommen oder Sie bringen den Jungen ins Spital!“
Noch bevor Frederico das übersetzen konnte, löste sich der Vater von seinem Sohn, stand auf, kam geradewegs mit hasserfülltem Blick auf mich zu und pflanzte sich in geringer Entfernung vor mir auf.

„Ich traue keinem weißen Doktor, schon gar nicht einer Frau. Außerdem reicht schon der giftige Atem deines Hundes, um jemanden krank zu machen!“ warf er mir in lupenreinem Englisch entgegen.
„Richtig, Sie müssen so schnell wie möglich ein Gegenmittel gegen Tollwut besorgen. Dem Jungen geht es von Minute zu Minute schlechter. Sind Sie bereit, dem Jungen zu helfen?“ Auch der Kommandant konnte auf einmal Englisch.
Mit einem Schlag wurde mir klar, dass das alles nur eine gut organisierte Show war, mit dem Ziel, mich zu erpressen und abzuzocken! Ich war chancenlos, kein noch so gutes Argument konnte wirken. Ich hatte zwar keinen Schimmer, was er unter Hilfe verstand, dennoch stimmte ich zu, um die Situation zu entschärfen. Bevor ich noch fragen konnte, was gemeint war, stürmte Elke in den Raum. Unfassbar, wie rasch sie zurück war!
Ich bekam wieder neuen Mut und reichte dem Kommandanten die Papiere, aus denen hervorging, dass meine Hunde gegen Tollwut geimpft waren und der Schutz noch sechs Monate andauerte.
An seinen Fragen konnte ich erkennen, dass er nichts von dem, was da Schwarz auf Weiß in mehreren Sprachen geschrieben war, verstand.
Ich wies ihn auf die portugiesische Übersetzung hin. Auf meine Erklärungen reagierte er immer ärgerlicher und wütender. Endlich begriff ich, dass er gar nicht lesen konnte!
Ein Polizeikommandant, der nicht lesen kann!
Er zeigte dem Vater des Jungen die Papiere. Dem Vater hingegen sah man sofort an, dass er den Text verstand. Sein aggressives Verhalten änderte sich nach der Lektüre der Papiere schlagartig.
„Mein Sohn braucht ganz dringend das Gegenmittel und zwar rasch! Ich habe es bereits in Maputo bestellt und es wird sofort eingeflogen, wenn du jetzt bezahlst, verstanden?“ log er frech.

„Er stirbt, er stirbt … mein Kind stirbt …“ schrie die Mutter lauthals, während die Zaungäste wieder zu randalieren begannen.
„Es kostet 1.600 Dollar …“ setzte der Vater, mittlerweilen ganz ruhig und bestimmt fort.
„Wenn er stirbt, wirst du auch noch wegen Mordes angeklagt …“ unterstützte ihn der Kommandant.
„Woher sollen wir das nehmen, so viel haben wir nicht mit …“ meldete sich Elke von hinten mit zittriger Stimme.
„Okay, okay“, willigte ich ein und bat, mich mit meiner Frau beraten zu dürfen.
Mittlerweilen war es Abend geworden. Noch einmal zur Lodge und zurück zu fahren, um das Geld zu holen, war unmöglich. Es gab keine andere Lösung, Elke musste zurück und morgen mit dem Geld wiederkommen. Man „vertagte“ auf den nächsten Tag. Elke machte sich neuerlich auf den Weg und ich wurde in eine Zelle abgeführt. Frederico durfte nach Hause und versprach, morgen wieder zu kommen.
Wie in Trance ließ ich mich in die Zelle befördern. Ein dunkler schmaler, langer Schlauch. Eine kleine Luke sorgte für etwas frische Luft. Die Zelle ähnelte der an der südafrikanischen Grenze, mit dem positiven Unterschied, dass ich hier alleine war. Von Polizisten abgesehen, brauchte ich also keine Angst vor Übergriffen zu haben. Ich setzte mich in eine Ecke der Zelle und begann zu beten. Das beruhigte mich ein wenig.
Wie es wohl den Hunden geht, sind sie noch am Leben? Meine Niere schmerzte noch immer von den Schlägen. Dann legte ich mich auf die Holzpritsche und fiel in einen tiefen und erschöpften Schlaf.
Entsetzlicher Hunger und Durst weckten mich, als es noch dunkel war.
Es dauerte einige Zeit, bis mir ein Beamter eine Blechtasse warmen, dünnen Tee und ein hartes Stück Brot durch die Klappe in der Türe schob. Vorsichtig roch ich an der Flüssigkeit. Nicht

wieder Pisse! Es war Tee, und noch nie kam mir so wenig so köstlich vor!
Früh am Vormittag holten mich zwei Polizisten ab und führten mich zurück in den „Verhandlungssaal". Dort war die „klagende" Partei bereits vollzählig anwesend.
Mein erster Blick fiel auf den Jungen, ob er noch „lebte". Es fiel ihm offensichtlich ziemlich schwer, so zeitig am Morgen den sterbenden Schwan zu spielen.
„Dem Jungen ist es in der Nacht sehr schlecht gegangen, sein Zustand verschlechtert sich zunehmend" rief mir der Vater sofort entgegen.

Wo ist Elke …wo ist Frederico, warum schickt die Botschaft niemanden her? Verzweifelt suchte ich nach meiner Frau oder sonst jemand Vertrautem. Ich war alleine, den Schwarzen und dem Kommandanten ausgeliefert. Dieser begrüßte mich unerwartet freundlich mit einem „guten Morgen" und fragte mich, ob ich gut geruht hätte.
Er selbst wirkte ausgeschlafen und freundlicher als den Tag zuvor. Langsam begann er die Ereignisse des Vortages zu wiederholen und zusammenzufassen, als Elke mit einer Plastiktüte voll Geld hereinplatzte und sie auf den Schreibtisch knallte. Mit genüsslicher Miene nahm er die vielen Scheine heraus und begann sie langsam zu zählen, sodass die Zuschauer es genau mitverfolgen konnten.
Dann übergab er dem Vater die Scheine, der das Geld ebenso abzählte und es dann in einem mitgebrachten Sack verstaute.
Dann ging alles sehr schnell.
„Sie haben Ihren Beitrag geleistet, um dem Jungen das Leben zu retten. Sie sind frei!" verkündete der Kommandant in bestem Englisch.
Obwohl ich eigentlich erleichtert sein sollte, schwankte ich zwischen zorniger Ohnmacht und Gedanken an Massenmord hin und her. Dann wandte er sich ab, nahm mit seiner linken

Hand den Leatherman aus seiner Tasche, öffnete ihn und begann seine Fingernägel zu putzen.
„... ach, da sind ja noch Ihre Papiere und persönlichen Dinge" unterbrach er und schob mir die Sachen mit einer beiläufigen Geste über den Tisch.
„... und die Hunde können Sie auch mitnehmen ..."
Die Show war zu Ende.

Außer sich vor Freude fielen Fritz und Frida über mich her und leckten mir überschwänglich das Gesicht ab. Zermürbt, erschöpft, geistig vergewaltigt schleppte ich mich zu unseren Landrover. Elke führte die sichtlich gezeichneten Hunde fest an der Leine.
Wir fuhren den Landrover aus dem Polizeihof hinaus, während die Hunde nicht ablassen konnten, mich abzulecken. An der Abzweigung Richtung Hauptstraße stand die „feine" Familie tanzend und singend am Straßenrand, den zum Sterben kranken Burschen in ihrer Mitte. Als wir an ihnen vorbeifuhren, jubelten und winkten sie uns fröhlich zu, so als ob wir ihnen gerade ein unerhofftes, schönes Geschenk gemacht hätten.
Danny wartete schon in seinem Restaurant auf uns und versorgte mich und die Hunde mit dem Besten, was die Küche bot. Minutenlang schlabberten Fritz und Frida Wasser in sich hinein, bis der ganze Boden um sie herum nass war. Dann stürzten sie sich auf ihr Fressen. Auch Frederico war da, Gottlob war sein Schlüsselbein nur angeknackst. Alle zusammen feierten wir unsere Rückkehr überschwänglich.
Elke hatte kaum, dass man mich zur Polizeistation fuhr, die Botschaft angerufen und Hilfe angefordert. Obwohl sich vor Ort niemand hören oder gar blicken ließ, wollte ich um Unterstützung bitten, um wenigstens das erpresste Geld zurückzubekommen. So rief ich also die Deutsche Botschaft, die auch die österreichischen Interessen in Mozambique vertritt, an. Ich erklärte dem Zuständigen den Sachverhalt. Die Antwort brachte mich auf.

„Wenn Ihre Angaben stimmen, dann hat es sich um eine illegale Amtshandlung der Polizei gehandelt. Wir könnten verlangen, dass die Behörden Nachforschungen anstellen, das wird nicht viel nützen. Gottlob ist Ihnen ja nichts Ernsthaftes passiert. Wir können nur dann intervenieren, wenn wir Beweise haben, dass die Behörden nachhaltig die Rechte unserer Staatsbürger verletzen.“, teilte man mir mit.
„Mit anderen Worten, Sie hätten mir nur helfen können, wenn ich nachhaltig totgeschlagen worden wäre?“ fragte ich verärgert.
„Im weitesten Sinne, ja. Aber Sie wurden ja freigelassen und sind unverletzt. Für etwaige Schadensersatzansprüche muss ich Sie auf den Zivilrechtsweg verweisen. Wir schicken Ihnen in einigen Tagen einen Anwalt vorbei. Momentan ist es unmöglich, da die Straßen durch die starken Regenfälle praktisch unbefahrbar sind.“, wurde ich belehrt.

Den Urlaub mussten wir alleine schon aus Geldknappheit abbrechen. Wir beschlossen, die Zeit zu nützen, um die Gegend rund um die Coconutbay zu erforschen und das Freizeitangebot unserer eigenen Lodge zu nutzen. Langsam erholten wir uns von den lebensbedrohlichen Ereignissen und gingen zur Tagesordnung über.
Nach knapp drei Wochen stand ein deutsch sprechender Anwalt im Restaurant der Lodge und bot uns im Auftrag der Botschaft Hilfe an.
„Fein, dass Sie gekommen sind ...“ begrüßte ich den gut gekleideten blonden Mann. Ich bedankte mich für das großzügige Angebot der Botschaft und die Mühe, der er sich unterzogen hatte, hierher zu kommen.
„Bevor wir der Sache näher treten, möchte ich Sie nur darüber informieren, dass mein Honorar 1.600 Dollar beträgt. Im Vorhinein ... wenn sie verstehen ...“
Ich verstand und warf ihn hochkant hinaus.
„Die Weißen sind nicht anders!“ meinte Elke.
Wieder einmal roch sie schon am Vormittag nach Alkohol.

22. Der Zahnarzt

Sorglos genossen wir unser Leben am Meer. Im Süden waren bereits heftige Regenschauer eingetroffen und auf dem Weg zu uns nach Norden.
Eines Tages bekam ich Zahnweh. Wochenlang nahm ich schmerzstillende Medikamente, in der Hoffnung auf Besserung. Vergebens. Eines Nachts erwachte ich mit unerträglichen, pochenden Zahnschmerzen. Das halbe Gesichts war stark verschwollen. Der Zahn musste raus und zwar schnell.

Der einzige Zahnarzt der Stadt war schon seit Tagen in Maputo und konnte wegen der unpassierbaren Straßen nicht zurück kommen. Christine, die ich anrief, hatte einen schweren Malaria-Anfall. Also blieb mir nichts anderes übrig, als einen Buschdoktor aufzusuchen, den mir Lorenzo empfohlen hatte.

Nach knapp zwei Stunden Fahrt über extrem schwer zu fahrende Pisten erreichten wir das Dorf, in dem der „Doktor" zu Hause war.
Beim Eintreten durch die schmale, niedrige Tür der tradtionellen Grashütte verschwanden meine Schmerzen schlagartig und ich wollte sofort wieder umkehren.
Der „Arzt" wirkte sehr freundlich und streckte mir die Hand zur Begrüßung entgegen.
Dann führte er mich in einen durch eine zerfetzte Decke abgetrennten Raum, in dem ein uralter, rostiger Zahnarztstuhl stand. Wahrscheinlich war die Tatsache, dass der Mann einen Zahnarztstuhl besaß, auch seine einzige Befähigung, Zähne zu reissen, denn von Behandeln konnte keine Rede sein. Aber immerhin war es ein Zahnarztstuhl. Mehr an Ausrüstung sah man auf den ersten Blick nicht, dafür aber eine Reihe von Tierschädeln und zum Trocknen aufgehängte Pflanzen und Wurzeln.
Mir lief der Angstschweiß von der Stirn, als er sich in einer alten verbeulten Blechschüssel die Hände wusch und anschlie-

ßend mit einem breiten Grinsen und einer simplen Kombizange zurückkam.
Das krachende Brechen meines Zahnes spürte ich tief bis ins Gehirn und als er mit einer festen Drehung und einem Ruck versuchte, den Zahn zu ziehen, wurde mir schwarz vor Augen und ich fiel in Ohmacht.
Ein starker beißender Geruch und kühle Nässe auf meiner Stirn brachten mich wieder zur Besinnung. Sofort tastete ich mit meiner Zunge nach dem kranken Zahn.
Er war weg. Aber die Schmerzen waren noch da. Bevor ich jedoch realisieren konnte, was wirklich geschehen war, zeigte mir der Doktor die Zange mit dem Zahn. Es war nur der halbe Zahn ohne Wurzel. Er war abgebrochen und die Wurzel steckte noch fest im Kiefer.
In aller Brutalität realisierte ich, was mir nun bevorstand.
Die Wurzel musste herausgeschnitten werden. Alleine schon die Gesten, mit denen mir der Medizinmann erklärte, wie er das bewerkstelligen werde, ließen in mir Panik aufkommen. Meine Schmerzen waren mittlerweilen so stark, dass mir alles egal war und ich nur mehr nach Erlösung strebte. Das einzige Analgetikum, das verfügbar war, bestand aus einer halben Flasche Fusel, den ich in einem Zug hinunterkippte.
„Besser an Alkoholvergiftung sterben als mit diesen Schmerzen leben!“ dachte ich mir mit jedem tiefen Schluck.
Der Alkohol wirkte schnell und ich wartete fast gelassen darauf, dass der Medizinmann mit der Operation begann.
Ich beobachtete ihn wie er vor mir einen Schraubenzieher über einer Kerze sterilisierte und mit Schnaps reinigte.
Dann kam er auf mich zu, Lorenzo spreizte mir den Mund auf.
Ich kann heute noch das krachende Geräusch hören und den fast wahnsinnig machenden Schmerz spüren, als er mir mit dem Baumarktwerkzeug in den Kiefer stieß und die Wurzel heraus hebelte.
Dann war es abermals vorbei, ich fiel erneut in Ohmacht.

Ich erwachte völlig desorientiert mit einem bitteren Geschmack im Mund auf, noch immer im Zahnarztstuhl liegend.
Ich schaute verwirrt in der Hütte herum, bis ich Lorenzo neben mir sitzend erkannte.
Sichtlich erfreut lachte er mich an und hielt mir eine Kokosnussschale mit frischer Ziegenmilch unter die Nase.
Sofort tastete ich mit meiner Zunge auf die Wunde. Geschockt spürte ich ein großes Loch, in dem sich noch Haut und Knochenreste befanden. Gestocktes Blut, Eiter und Knochenreste hatten sich zu einer zähen Masse verbunden, die ich mit Todesverachtung in eine Schüssel spuckte.
Der Medizinmann zeigte mir stolz die herausgebrochene Wurzel. Sie war wie ein Anker nach außen gespreizt und riesig groß.
Dann trank ich die Ziegenmilch. Ich konnte spüren, wie ich zu Kräften kam und stieg langsam aus dem Stuhl. Kaum aufgestanden wurde mir schwindlig und musste mich wieder hin setzen.
Der Wundschmerz war beträchtlich, dennoch fühlte ich wesentlich weniger Schmerzen als zuvor.
Ich fragte Lorenzo, wie lange ich bewusstlos gewesen und was passiert sei.
„Der Medizinmann hat über eine halbe Stunde gebraucht, bis die Wurzel aus deinem Kiefer entfernt war. Ich musste dir den Mund spreizen. Dann hat er dir eine spezielle Medizin gemacht, mit der er die Blutung stoppen konnte. Du hast wirklich viel Blut verloren. Du warst zwei Tage ohne Bewusstsein, ich dachte schon, du wärst tot. Du hast immer wieder erbrochen." gab er mir gelassen zur Antwort.
„Und was ist das für eine Medizin, die er mir die Wunde stopfte?" wollte ich wissen.
„Ich weiß nicht genau, aber irgendein Gemisch aus Blättern, Kräutern, Erde, ein wenig Schlangengift und Innereien einer Schildkröte. Er hatte über eine Stunde gebraucht, die Medizin

zu machen. Er hat dann das alles zu einen Brei gekaut und dir in die Wunde gestopft".
Erneut überkam mich ein Brechreiz. Immerhin, ich war am Leben und mein Zahn heraußen!
Der Medizinmann und seine Frau brachten mir Kokosnussbrei mit Manjokawurzeln und luden mich ein, diese Nacht noch hier zu schlafen.
Widerstandslos akzeptierte ich, ließ mich in den Stuhl zurück fallen und schlief sofort ein.

Am nächsten Morgen wachte ich auf, als es schon hell war. Etwas geschwächt, aber guter Dinge ging ich vor die Hütte und konnte mir ein Bild vom Dorf der Einheimischen machen ,in dem ich unfreiwillig schon den dritten Tag zu Gast war. Der Landy stand noch genau so da, wie ich ihn abgestellt hatte. Kaum sahen die Dorfbewohner mich aus der Hütte kommen, kamen sie herbei, um mich zu „begutachten".
Ein kleines Mädchen brachte mir einen gekochten Maiskolben, ein anders Mädchen selbst gebackenes Erdnussbrot. Alle waren freundlich und fürsorglich. Als der Häuptling und der Medizinmann gemeinsam auf mich zukamen, wusste ich, dass ich mich langsam auf den Abschied vorbereiten musste.
Der Medizinmann gab mir noch die in ein Palmenblatt eingewickelte Medizin mit auf den Weg. Ich sollte sie die nächsten fünf Tage in die Wunde stopfen, damit sie schnell verheile.
Gerührt von so viel Herzlichkeit bot ich ihm als Dank meine Messer an und fragte, ob er noch Geld haben wollte.
Das Messer nahm er mit einem freudigen Grinsen an. Das Geld lehnte er kategorisch ab.
Lorenzo war in der Zwischenzeit wachgeworden und wir begannen uns langsam von den Bewohnern des Dorfes zu verabschieden, die mehr oder weniger vollzählig erschienen waren.
Nach all den schlimmen Erlebnissen mit Einheimischen dankte ich Gott, dass ich auch solche Menschen in Afrika erleben durfte.
Ich hatte bereits hohes Fieber als ich in Coconutbay ankam.

„Wo warst du, hab mir schon Sorgen um dich gemacht …!“ Elke kam uns entgegengelaufen. Als sie mich sah, war sie entsetzt, vor allem über das ballonartig angeschwollene Gesicht und die dunkelblauen, grün eingerahmten Flecken an der Wange. Sie versorgte mich mit Antibiotika und Schmerz stillenden Medikamenten. Ich schlief sofort ein.
Die Nacht war der blanke Horror, jedes Mal, wenn ich meinen Kopf zur Seite drehte, durchfuhren mich stechende Schmerzen.
Ich ging ins Bad und begann, meinen Unterkiefer vorsichtig nach links und rechts zu verschieben.
Erneut durchfuhren mich stechende Schmerzen. Mir wurde sofort klar, dass durch den Eingriff mein Kiefer gebrochen oder zumindest gespalten war.
„Du hast starkes Fieber ...“ Elke kam ins Bad und ich zeigte ihr meine „Entdeckung“.
„Wir müssen den Unterkiefer fixieren, da liegt ja alles offen … ich ruf´ sofort Christina an!“
Während ich vorsichtig lauwarmen Tee und Fleischsuppe in mich hinein schlürfte, kam Elke zurück und erklärte mir, dass wir eine Kieferstütze bauen sollten. Elke hatte selbst leidvolle Erfahrungen damit gemacht, als sie sich vor Jahren einen Kieferbruch zuzog. Wir wusste daher ungefähr, wie das ganze funktionieren konnte. Nur fehlte uns dazu das geeignete Material. Wir wussten, dass frischer Büffelkot, mit Sand vermischt, in trockenem Zustand so stabil wie Beton ist.
Wir formten daraus einen Halskrause, die den Unterkiefer einschloss und fixierte. Die ganze Konstruktion sollte auch noch auf den Schultern abgestützt werden.
Nur ein schmales Loch im Bereich des Mundes blieb frei. Gut, dass sich dort eine Zahnlücke befand und daher ein Strohhalm hineinpasste. Es galt noch, den Unterkiefer mit dem Oberkiefer zusammenzubinden. Dazu sollten Angelschnüre, zwischen den oberen und unteren Zähnen durchgefädelt und dann zusammengebunden werden. Obwohl Elke sehr vorsichtig war,

wurde dabei mein Zahnfleisch immer wieder aufgerissen. Eine wahre Tortur!
Nach gut zwei Stunden war der Kieferverband angelegt und ich lag bewegungslos im Bett. Der Büffelkot musste hart werden. Von nun an konnte ich den Mund weder öffnen noch schließen. Ich war in das eingesperrt und konnte weder reden noch essen.

Die nächsten drei Monate war ich unfähig, irgend etwas zu unternehmen. Trotz Antibiotika schüttelten mich anfangs regelmäßig Fieberanfälle. Ich konnte lediglich flüssige Nahrung mit einem Strohhalm aufnehmen.

Ich hatte gute acht Kilogramm an Gewicht verloren und war nach 3 Monaten ziemlich geschwächt. Als ich nach dieser Zeit erstmals den Verband abnehmen konnte, war ich erleichtert. Vorsichtig öffnete ich den Mund und stellte fest, dass alles halbwegs verheilt war, nur das Zahnfleisch sah noch ziemlich ramponiert aus. Auch das heilte nach wenigen Tagen.

Da es im Land unmöglich war zu reisen, hatten wir keine Gäste. Langsam erholte ich mich und begann auf regelmäßigen Rundgängen die Lodge zu kontrollieren und Pläne für notwendige Reparaturarbeiten zu schmieden. Ich bemerkte, dass die halbe Bar leer war. Alkoholische Getränke waren zu dieser Zeit nur sündhaft teuer zu bekommen. Ich stellte Elke zur Rede.
„Langsam wird es teuer mit deiner Sauferei, du hast die halbe Bar ausgesoffen!“
„Ohne mich wärst du schon längst abgekratzt!“ warf sie mir eiskalt entgegen.

23. Der Sturm

Jetzt war es wirklich an der Zeit, einige Tage Urlaub zu machen und unsere private Situation zumindest soweit zu klären, dass wir wenigstens als Geschäftspartner miteinander leben konnten. Dazu besuchten wir mit einiger Verspätung doch Bomene, die Lodge von Rachel.
Die Bomene-Lodge lag am Ende einer Landzunge, die weit ins Meer hinausreichte, fast am Ende der Welt, oder besser gesagt am Anfang der Welt. So musste der Garten Eden ausgesehen haben!
Bomene war eine Privatlodge nur für geladene Gäste. Der perfekte Platz zum Entspannen und Relaxen in Abgeschiedenheit und Ruhe. Ein Platz für Gespräche und zum Nachdenken. Wir begannen unsere Beziehung, oder besser gesagt das, was von ihr übrig war, zu analysieren.
Elke und ich stellten übereinstimmend fest, dass keiner von uns die Chance hatte, wegzulaufen. Alleine würden wir hier in diesem Land verkommen. Wir beide liebten das Abenteuer und wollten jedenfalls hier bleiben, solange es ging. Endlich hatten wir Zeit, über alle unsere Probleme zu sprechen. Unsere Gespräche führten wir mit großem Verständnis, Respekt und Einfühlsamkeit. Dennoch überfiel mich eine schwermütige Traurigkeit, als mir bewusst wurde, dass die Liebe zu meiner Frau verdunstet war.
Wir stellten unsere Stühle ins seichte Wasser in den weichen, samtigen Sand und warteten auf den Sonnenuntergang. Die leichte angenehme Brise, das sanfte Rauschen der Wellen und das lauwarme, seidenweiche Meerwasser, das um meine Beine spülte, vertrieben die trüben Gedanken ein wenig.
Neben uns befand sich eine breite, türkisfarbene Lagune, in der hunderte rosa Flamingos Futter suchten. Dahinter die üppig grünen Hügel, tropisch bewachsen. Vor uns der endlos scheinende, tiefblaue Indische Ozean.

Die Sonne versank langsam als orange-gelbe, glühende Masse in den Hügeln am Horizont. Müde und ausgelaugt von ihrem Tagwerk verströmte sie wenig später ihre letzte Kraft in violett-rotem Blut. Von Osten her verdrängte Dunkelheit das matt gewordene Licht und vermischte den Tag mit der Nacht. Das schwindende Licht, die Veränderung der Farben und die immer länger werdenden Schatten gaben der Szenerie ein bizarres, fast unwirkliches Aussehen. Für einen kurzen Augenblick lag das letzte Blutrot wie eine Feuersbrunst über den palmenbewachsenen Hügeln, dann färbte sich alles in satte, dunkle Blautöne.
Ich schwelgte in wehmütigen Erinnerungen an unsere Liebe und Elke schien es genauso zu gehen. Die Aussprache tat uns gut, auch wenn uns klar wurde, dass wir forthin mehr Bruder und Schwester oder Geschäftspartner sein würden. Elke wirkte etwas erholter, aber noch immer müde und schwach. Mir viel auf, dass sie immer öfter Zahnfleischbluten hatte.

Zurück in der Lodge berichtete Rachel, die Eigentümerin der Lodge, dass ein mächtiger Zyklon über Madagaskar fegte und wahrscheinlich auf dem Weg Richtung Mozambique war.
„Alle zwei bis vier Jahre ist Zyklonzeit am Indischen Ozean. Zyklone sind Biester, sie kommen von einer Sekunde auf die andere und verschwinden genauso schnell wieder. Sie lassen Verwüstung und Zerstörung zurück. Man kann vorher nur alles verstauen, anbinden und beten.
In meinem Kopf begann es wieder einmal zu rotieren. Was alles sollten wir hier noch erleben, in diesem verdammten, aber herrlich schönen Land? Einem Land, in dem man offensichtlich immer von vorne beginnen musste.
Jetzt verstand ich die aussagekräftige Weisheit, die besagt, dass man in Afrika nur so viel investieren soll, wie man auch bereit ist, zu verlieren. Ich war an dem Punkt angelangt, sogar mein Leben investieren zu müssen!
„Kann uns das noch erschüttern? Wir werden auch das überstehen!“ meinte Elke und schloss ihre Augen. Wir entschieden

sofort, nach Coconutbay zurückzufahren und alles für den Sturm vorzubereiten.
Rachel gab uns noch die neuesten Wetterberichte mit auf den Weg und mahnte zur Eile.
Die ersten Vorläufer des Sturmes waren bereits spürbar. Unaufhörlich wehte es Sandwolken über die Dünen, die ersten Palmdächer flogen davon. Der Boden des Restaurants war bereits mit einem welligen Sandteppich überzogen. Die Luft war heiß und beißend, wie in einem Dampfbad.
Auch der Landrover war bereits bis zur Hälfte mit Sand zugeweht. Wir fuhren los.
Der Wind wurde immer stürmischer und fette Regenwolken fegten über den tiefen Himmel, ohne dass ein einziger Regentropfen fiel. Wie in einem Sandsturm kämpften wir uns durch die Dünen und orientierten uns dabei am Ozean. Das Tosen der Brandung drang in Böen bis zu uns. Teilweise vermischte sich die salzige Gischt mit Sand und verklebte die Scheiben des Landrovers.
Von einer Sekunde auf die andere hatten wir strahlend blauen Himmel und lauen, friedlichen Wind. Wir hielten verdutzt an und blickten zurück: Hinter uns fegten dunkle, tief hängende Wolken über das Land. Die Luft war milchiggrau, vermischt mit Seewasser und Dünensand.
Nach einiger Zeit tauchte, in friedliches Sonnenlicht gehüllt, das erste Grün des Busches auf. Ohne Probleme erreichten wir die asphaltierte Hauptstrasse.
Im Campishmo angekommen, wartete Erwin bereits auf uns.
„Gott sei Dank seid ihr schon hier. Der Zyklon soll südlich von hier auf die Küste treffen, genau in der Gegend der Coconutbay! Ihr müsst so schnell wie möglich zur Lodge zurück, um alles sturmfest zu machen."
Auf der Fahrt sahen wir Menschen, die schwere Sandsäcke auf die Dächer ihrer Häuser legten und ihre Fenster mit Brettern zunagelten. Ein seltsames Bild, denn das Wetter war so gut wie schon lange nicht mehr.

Unsere Mannschaft war bereits damit beschäftigt, Vorkehrungen gegen den Sturm zu treffen.
Elke und die Frauen kümmerten sich um die Unterkünfte und das Restaurant. Die Männer und ich brachten die Boote, Jetskies und andere Gegenstände in Sicherheit. Wir ketteten alles abseits der Palmen fest zusammen und beschwerten das Ganze mit Sandsäcken. Die Pferde machten mir die größten Sorgen. Sie spürten genau, dass etwas in der Luft lag – im wahrsten Sinne des Wortes. Teils störrisch, teils aggressiv versuchten einige von ihnen, aus ihren Boxen auszubrechen. Wir banden den Pferden die Ohren nieder, damit sie das scharfe Geheule des Sturmes nicht hören konnten und brachten sie in einen doppelt gesicherten Pferch, wo wir sie eng zusammenbanden. Dann vernagelten wir beide Gatter mit soliden Brettern.

Eine Stunde, nachdem wir alles nach bestem Wissen und Gewissen gesichert hatten, traf der erste Zyklon aufs Festland.
Ich war gerade dabei, noch einmal alles zu kontrollieren, als der Sturm über uns hereinbrach. Es war mir unmöglich, aufrecht zu gehen und ich musste die letzte Strecke zum Restaurant zurückrobben. Das Atmen fiel mir schwer und ich band mir ein Tuch vor den Mund, um den aufgewirbelten Sand nicht einzuatmen.
Elke und die Frauen waren noch dabei, alle erdenklichen Ritzen und Spalten mit Lappen und Papier abzudichten.
Dann zog sich das Personal auf die windgeschützten Stellen hinter den Dünen zurück. Mit Decken und Planen über die Köpfe gezogen, versuchten sie, sich vor Wind, Sand und Gischt zu schützen.
Das ganze Restaurant wackelte, heulte und pfiff wie ein Geisterschloss. Wir konnten nicht mehr tun, als zu warten, bis alles vorbei war.
Wir hatten das Dach des Hauses mit Stroh gedeckt und ich war stolz, dass es dem Sturm noch immer Stand hielt.

Unsere Hunde hatten sich voller Angst in die letzte Ecke des Raumes zurückgezogen. Wie ein altes Ehepaar lagen sie zusammengerollt nebeneinander.
Es stürmte die ganze Nacht, doch nicht so stark, wie wir befürchtet hatten und es gelang uns sogar, einige Stunden zu schlafen.
Zeitig am Morgen schaute ich nach den Pferden. Ein liebliches Bild bot sich mir. Alle Pferde schliefen friedlich aneinander gelehnt in ihrem Pferch. Der Stall hatte zwar durch den Sturm gelitten, aber den Pferde ging es offensichtlich gut.
Ich setzte meinen Rundgang fort und stellte fest, dass außer starken Sandverwehungen und einigen abgedeckten Hütten keine größeren Schäden zu erkennen waren.
Ich setzte mich an das Funkgerät, um Erwin vom Zustand der Lodge zu berichten. Er berichtete mir, dass weitere Zyklone im Anmarsch waren und wir die Sicherungsmaßnahmen intensivieren sollten.
Dann erreichte mich ein Funkruf von der Delphin-Lodge.
„Der Zyklon hat die gesamte Lodge zerstört …alles weg!" Angie und José wirkten apathisch und mit den Nerven fertig.
„Wir kommen sofort zu euch hinüber!" antwortete ich spontan.
Die Dolphin-Lodge gab es nicht mehr. Alles weg, kein einziges Haus stand mehr! Nicht einmal Trümmer waren zu sehen. Dort, wo einmal das Haupthaus gestanden hatten, ragten nur mehr die Eckpfeiler aus dem Boden, dazwischen saßen Angie und José mit gesenkten Köpfen im Sand.
Als sie uns kommen sahen, standen sie mit hängenden Schultern völlig gebrochen auf und begrüßten uns stumm.
Es gab nichts mehr zu tun. Wir boten ihnen an, mit uns nach Coconutbay zu kommen. Doch zuvor wollten wir noch beim Campishmo vorbeischauen. Als wir dort ankamen, empfing uns Erwin mit besorgniserregenden Nachrichten.
„In Zimbawe, Zaire, Botswana und Südafrika herrschen noch nie dagewesene, sintflutartige Regenfälle. Wir müssen stünd-

lich mit Hochwasser in unseren Flüssen rechnen, vor allem der Libompo-River wird Probleme machen. Seine Mündung ist nur zwanzig Kilometer von unserer Lodge entfernt. Das Wasser im Delta ist verdammt flach, macht euch auf einiges gefasst!"
Wir stellen keine Fragen und begaben uns sofort auf den Rückweg, ein seltsames Gefühl in der Magengrube. Die Regenfälle hatten eingesetzt und auch der Wind legte wieder einmal stark zu. Während der Fahrt stellten wir fest, dass einige Nebenflüsse des Lebompo-River bereits Hochwasser führten. Graubraune Wassermassen wälzten sich Richtung Indischen Ozean.

Da ist die letzte Anhöhe vor der Lodge, nur noch die Dünen hinunter, durch das Palmenwäldchen, dann noch einige hundert Meter, dann sind wir da.
Wir fahren den Strand entlang.
In kurzer Entfernung sehe ich eine riesige, blaugraue Wasserwand auf uns zukommen.
Zwischen uns und der Riesenwelle liegt wie ein Puppendorf die Lodge.
Dann bricht die Wasserwand mit unglaublichem Getöse genau über dem Restaurant in sich zusammen.
Mein Herz steht still.
Fassungslos reiße ich die Augen auf: Ein meterhohe Flutwelle, durchsetzt mit Strohdächern und Unrat, bewegt sich rasch auf uns zu.
Ich lege den Retourgang ein und fahre Vollgas zurück.
Gebannt starre ich auf die näher kommenden Wassermassen.
Nur weg, hinauf auf den Hügel!
Ohne zu schauen rase ich zurück.
Nur das Lenkrad gerade halten!
Ein Krach, ein Ruck, der Landrover stirbt ab.
Ich kollidiere mit einer Palme.
Wasser bricht mit ungeheurer Wucht über uns herein.
Der Landrover läuft schlagartig voll, wir bekommen keine Luft.

Nach wenigen Augenblicken, die uns wie eine Ewigkeit vorkommen, ist alles vorbei.

Elke reicht das Wasser bis zur Nase, sie droht zu ertrinken, ringt nach Luft, erbricht Wasser.
Dann läuft das Wasser im Wageninneren schlagartig ab, reicht aber noch immer bis zu Sitzen.
An uns treiben Stühle, Dächer und Eiskästen vorbei.
Ist das nicht Odett, um Gottes willen! Unsere Köchin treibt tot an uns vorbei.
Elke beginnt hysterisch zu schreien und ist nicht mehr zu beruhigen.
Sie schlägt unkontrolliert um sich und beginnt sich die Haare auszureißen.
Ich umarme sie fest, sie wehrt sich wie von Sinnen.
Mit leichten Ohrfeigen kann ich sie zu sich bringen, dann verfällt sie völlig nach innen gerichtet in einen Weinkrampf.
Ein totes Pferd taucht auf, streift den Landrover und verschwindet wieder in den Wassermassen.
Wir müssen hier weg, aber wie und wohin?

Ich stellte fest, dass ich in meiner rasenden Fahrt im Retourgang geradewegs in den kleinen Palmenhain fuhr. Das hatte unser Leben gerettet. Die Palmen hielten der Flut stand und wir mit ihnen. Der Landrover stand fest verkeilt zwischen den Bäumen!
Mittlerweilen ging das Wasser soweit zurück, dass es nur mehr bis zu den halben Rädern reichte. Ich konnte versuchen, den Landy zu starten.

Hoffentlich ist kein Wasser in den Ansaugtrakt gelangt.
Schwerfällig dreht der Motor durch.
Dann einige Fehlzündungen. Er springt an und läuft, unrund und prustend.
Mit jedem Gasstoß klingt der Motor besser.
Mein Gott, ich liebe diesen Landrover!

Wir standen mit dem Wagen in einem unendlichen See ohne Ufer, nur einige Dünenkämme ragten wie Inseln aus den Fluten.
Ich bat Gott um Hilfe. Rund um uns herum war nichts und niemand, nur Wasser!
Ich verließ mich auf meine Erfahrungen und tastete mich durch die Wassermassen. Immer wieder prüfte ich die Tiefe von der Motorhaube aus. Die Fahrt glich einem Balanceakt mit verbundenen Augen, links, rechts, geradeaus, Meter um Meter.
Nach mehreren Stunden erreichten wir einen nicht überfluteten Teil der Hauptstraße, der wie eine lange Insel aus den Wassermassen ragte.
Elke zitterte noch immer am ganzen Körper und wurde immer wieder von Weinkrämpfen geschüttelt.
Langsam realisierte ich, dass sich auch andere Menschen auf diese Straßeninsel retten konnten. Unter ihnen auch einige Arbeiter unserer Lodge.
Von Ferne hörten wir Hilferufe. Wir konnten nichts tun. Die Hilferufe verstummten.

Eine weitere Flutwelle kündigte sich durch ein fernes Rauschen an. Hilflos versteckten wir uns dicht zusammengedrängt hinter dem Landrover.
Teile von Häusern, Möbel, entwurzelte Bäume, Tiere und unzählige Menschenleichen strömten an uns vorbei.
Mit uns hatten sich insgesamt sieben weitere Menschen auf die Straßeninsel retten können.
Einige waren verletzt. Der Inhalt der Bordapotheke war trocken geblieben und ich konnte Erste Hilfe leisten. Elke war geistig nicht mehr anwesend und zitterte nur noch vor sich hin.
Es war schon spät und wir mussten noch vor Einbruch der Dunkelheit etwas unternehmen.
Wenn die Asphaltdecke der Straße halten würde, bräuchten wir nur der Straße zu folgen. Ich hoffte, dass sie nicht zu stark

überschwemmt war. Jetzt erst realisierte ich, dass auch meine Hunde in den Fluten umgekommen waren.

Ich setzte zwei junge Männer, Angestellte der Lodge, auf die Motorhaube, um mit langen Stangen die Wassertiefe auszuloten. Die anderen fünf Schwarzen pferchten sich in den Landrover und wir fuhren los.

Wir kamen gut voran, manchmal jedoch reichte uns das Wasser bis zur Brust. Ich betete zu Gott, dass der Wagen standhielt. Und Gott erhörte mein Gebet. Wie ein Schiff kämpfte sich der Landrover durch die Flut, ohne auch nur ein einziges Mal Mucken zu machen.

Noch vor Einbruch der Dunkelheit erreichten wir Inhambane. Wir fuhren direkt zu Danny.

Als er uns sah, reckte er die geballte Faust in die Höhe, und rief andauernd, „Yes, yes, ihr lebt!" Seine Frau kam sofort aus der Küche, umarmte uns mit Tränen in den Augen und konnte es nicht fassen, uns wiederzusehen.

„Es ist purer Wahnsinn! Ganz Xeixei mit 130.000 Einwohnern ist völlig von der Umwelt abgeschlossen. Es soll tausend Tote geben und Zigtausende sind obdachlos! Die gesamte Infrastruktur des Landes ist weggespült worden, vor allem gibt es kein Trinkwasser. Es wird nicht lange dauern, bis die ersten Seuchen auftreten. Scheiße, wirklich Scheiße." Danny war außer sich.

Elke und ich standen wieder einmal da und hatten nichts außer den Landrover. Da fiel mir ein, dass ich im Auto einen kleinen Safe hatte, dessen Inhalt ich schon lange vergessen hatte. Ich lief zum Wagen. Ein Diamantring von Elke, unsere Eheringe, eine Heuer-Sportsuhr, ein goldenes Armband, zwei goldene Halsketten und rund 250 Dollar! Damit konnte man schon einiges anfangen. Ich dankte Gott dafür.

„Du wirst sehen in zwei, drei Tagen gib es hier nichts mehr in der Stadt. So wie sich die Krokodile über die Ertrunkenen hermachen, so werden sich die Überlebenden über die restlichen Lebensmittel hermachen. Bis internationale Hilfe hier eintrifft, wird Anarchie herrschen. Wenn, dann müssen wir schnell sein und jetzt einkaufen, was wir nur kriegen können!", meinte Danny.

Wir brachen sofort auf, um Wasser, Benzin und Lebensmittel zu besorgen. Wie zu erwarten, waren die Preise der indischen Händler ins Astronomische gestiegen. Alles war doppelt, wenn nicht sogar dreifach überteuert. Wir erwarben zwei Kanister Diesel für den Generator und 60 Liter Benzin. Dann bunkerten wir soviele Konservendosen wie nur möglich. Trinkwasser holten wir aus dem Brunnen eines Freundes von Danny. Es war klar zu erkennen, dass das Brunnenwasser bereits kontaminiert war. Sorgfältig kochten wir es ab und füllten es in Kanister.

„Elke schläft, sie wird sicher einige Zeit brauchen, bis sie den Schock überwunden hat ...". Dannys Frau hatte sich in der Zwischenzeit um Elke gekümmert. „ … immerhin hat sie ein wenig Tee getrunken."

Wir füllten den Generator auf und schalteten den Satelliten-Fernseher ein. Gebannt verfolgten wir die sich überschlagenden Meldungen über die Flutkatastrophe.

Wenig später konnten wir eine Funkverbindung zu Erwin herstellen.

„Campishmo wurde schwer beschädigt und steht noch immer unter Wasser. Von Coconutbay wird wohl nicht viel übriggeblieben sein. Gott sei Dank seid ihr am Leben. Ich habe gehört, dass weitere Zyklone auf uns zusteuern …. Alles Gute … Over and out.", meldete er sich, kurz und trocken.

Im Fernsehen wurden langsam die Ursachen und Umstände der Katastrophe bekannt.

Ein Seebeben hatte zwischen Madagaskar und der Küste einen Tsunami ausgelöst, der im Delta mit ungebremster Kraft auf die Wassermassen der Hochwasser führenden Flüsse traf. Das alles war unmittelbar vor unseren Augen passiert, mitten in der Coconutbay. Langsam begriff ich, dass wir nur mit knapper Not dem Tod entronnen waren.

Elke erholte sich nicht. Sie litt an Durchfall und Erbrechen. Am zweiten Tag begann sie hoch zu fiebern, behielt kein Essen mehr und war kaum ansprechbar. Ich fuhr zu Christine und schilderte ihr die Symptome. Obwohl Inhambane weitgehend trocken war, war die Stadt nach wie vor von der Umwelt abgeschlossen. Der Weg ins Spital war entsetzlich, im seichten Wasser der Lagune schwammen Leichen, Unrat und Tierkadaver. Das Spital und das Gelände davor waren überfüllt mit Hilfesuchenden. Hunderte Opfer der Flutwelle lungerten verzweifelt herum und warteten auf ärztliche Hilfe. Einige saßen klagend neben ihren toten Kindern. Ich schilderte Christina Elkes Symptome, auch dass sie vermehrt unter Zahnfleischbluten litt.
„Aus der Ferne kann ich nicht viel sagen, jedenfalls muss sie starke Entzündungen haben … Galle oder Leber, … aber vielleicht auch Skorbut, so wie du das schilderst. Ich kann euch hier nicht helfen, schau, dass sie rasch nach Südafrika in ein Spital kommt. Hier werden bald Seuchen ausbrechen. Du siehst, was hier los ist. Es ist grauenhaft. Wir brauchen dringend Medikamente, hoffentlich läuft die Luftbrücke der Amis bald an. In den ersten medizinischen Hilfspakete waren lauter unbrauchbare Dinge, … falsch eingepackt, kein Scherz!“ Christine war am Ende ihrer Kräfte, sie hatte tagelang durchgearbeitet, ohne zu schlafen.
„Mein Gott, aber wie von hier wegkommen?“
Christine wusste einen Weg, den einzig möglichen.
„Ich habe den Kapitän eines Frachtschiffes kennengelernt. Er wollte nach Maputo, musste aber die starken Zyklone abwarten. Er ist Grieche und hat sich hier im Hotel einquartiert. Er ist sicher wegen des Hochwassers noch hier. Vielleicht nimmt er euch mit, dann seid ihr schneller in Südafrika.“

Christine gab mir noch eine Reihe von Medikamenten und Einwegspritzen mit auf den Weg. Ich verabschiedete mich rasch, denn ich wollte den Kapitän nicht verpassen.

24. Auszug aus Mozambique

Bevor ich den Kapitän suchen ging, fuhr ich Elke zurück zu Gleyda und Danny.

Der Zufall wollte es, dass der bärtige Grieche gerade mit Danny im Restaurant saß und offensichtlich ernste Dinge mit ihm zu besprechen hatte. Schnell stellte sich heraus, dass sein Schiff im Hafen lag und 100 Tonnen Reis zu entladen hatte, was unter den herrschenden Bedingungen schwierig war. Danny, der viele Kontakte hatte, sollte behilflich sein, die Misere zu lösen. Ohne lange Umschweife kam ich auf den Punkt und fragte ihn, ob er uns samt dem Landrover nach Maputo mitnehmen könnte und was es mich kosten würde.

„Ich könnte schon, darf aber nicht. Wir sind ein Frachtschiff und dürfen keine Passagiere mitnehmen. Wir haben nicht genug Sicherheitsausrüstung für Passagiere an Bord, die Hafenbehörde würde mir Schwierigkeiten machen. Der Wagen ist kein Problem."

Selbst als ich ihm den Zustand, in dem sich Elke befand, erklärte, lehnte er ab.

„Wenn wir heute mit dem Reis Ausladen fertig werden, laufen wir morgen zeitig in der Früh aus. Ich kann den Landrover gerne mitnehmen. Was sich in dem Auto befindet, ist mir egal. Ich bin nicht einmal berechtigt, den Inhalt des Wagens zu kontrollieren. Du müsstest aber heute noch verladen! Morgen früh um fünf geht es los. Nur so nebenbei, die Hafenpolizei hat um 21 Uhr Wachablöse. Die Einen gehen früher, die Anderen kommen meistens später. Das Wachhaus ist dann für kurze Zeit unbesetzt. So sind die afrikanischen Behörden. Verstanden?"

Ich hatte verstanden und dankte Gott für diese Fügung. Wir wurde rasch handelseins. Die Überführung des Autos kostete mich meine Heuer-Uhr – ein guter Deal unter diesen Umständen.

Rasch rüsteten wir das Auto mit allem Notwendigen aus, vor allem Medikamenten, Proviant und Wasser. Danny schenkte uns eine Matratze, auf der Elke und ich auf der Überfahrt schlafen konnten. Anschließend fuhr ich zur Hafenpolizei, um die Frachtpapiere zu holen und dann gleich weiter zum Hafen, wo die Dockarbeiter den Landrover sofort auf das riesige Frachtschiff zu verladen begannen. Abenteuerlich hievten sie ihn an Bord und spannten ihn ganz vorne am Bug mit Eisenketten nieder. Winzig klein stand er dort oben wie eine Gallionsfigur.
Jetzt war Eile geboten, vor allem wollte ich mich noch bei allen Bekannten gebührend verabschieden. Die gegenseitige Hilfsbereitschaft, die absolute Verlässlichkeit und Gastfreundschaft werde ich für immer vermissen. Ohne diese Freunde wären wir längst verkommen.
Je näher der Abend rückte, umso nervöser wurde ich. Die Vorstellung, dass meine kranke Frau und ich als blinde Passagiere an Bord eines Frachters gehen sollten, machte mir Angst. Es musste alles sehr schnell gehen, denn wenn uns die Hafenpolizei erwischt hätte, wäre alles vorbei gewesen. Ich wollte unter keinen Umständen wieder in die Hände der Polizei fallen!
Elke fühlte sich nach der Penicillinspritze besser und ich konnte sie in die bevorstehende Aktion einweihen, während ich ihr ein weiteres Schmerzmittel gab. Für alle Fälle.
Danny stoppte seinen Wagen in der Nähe der Einfahrt ins Hafengelände. Es war bereits stockdunkel, nur ein schwaches Licht brannte in der Kommandatur.
Wir sahen, wie sich die Polizisten zur Wachablöse fertig machten und ihre Sachen zusammenpackten.
Zuerst geht der eine Polizist, kurz darauf die anderen beiden.
Jetzt aber rasch!
Ich umarme Gleyda und Danny innig, schnappe Elke an der Hand, renne zum Tor.
Danny fährt mit dem Wagen los, damit wir für kurze Zeit Deckung haben.

Ohne mich umzudrehen, hasten wir weiter zum Schiff.
Vom Schiff hängt eine ölige, rutschige und steile Rampe aus Holz herunter, die nur mit zwei dünnen Seilen gesichert ist.
Elke hat Angst, „Ich will da nicht hinauf!"
Ich umklammere sie fest von hinten und schiebe sie die wackelige Gangway empor.
Immer wieder rutsche ich aus, kann mich gerade noch halten.
Hinein in die Luke, wo sind wir da?
Nur noch die steile Eisenleiter hinauf.
Endlich stehen wir auf dem Deck des Frachters.
Das Schiff lag mit der Backbordseite am Kai und somit in Sichtweite des Gebäudes der Hafenpolizei. Dort rührte sich noch immer nichts. „Gott sei Dank sind schwarze Polizisten wirklich faul und unpünktlich!", dachte ich mir. Die erste große Hürde hatten wir geschafft.
Man konnte nicht viel sehen. Ganz vorne am Bug stand der Landrover, dorthin mussten wir noch unerkannt gelangen. Dazwischen klaffte die offene Ladeluke. Ein riesiges, tiefschwarzes Loch, an dem ein schlecht gesicherter, schmaler Steg zum Vorschiff führte.
Hoffentlich macht Elke keine Schwierigkeiten, wenn sie das sieht.
Wir müssen da hinüber!
Nur noch 150 Meter, reiß dich zusammen, du schaffst das.
Schau nicht zur Seite, sondern nur auf deine Füße.
Nur nicht hinfallen!
Dann hake ich sie unter ihrer Schulter ein und laufe den schmalen Steg zwischen Reling und Ladeluke vor zum Landrover.
Geschafft, Hecktüre auf, hinein mit Elke, dann ich.
Ich kontrolliere, ob die Vorhänge auch ordentlich zugezogen sind.
Stimmen von draußen.
Die neue Polizeiwache bezieht ihren Posten am Tor.
Wir sind in Sicherheit!

Ich bettete Elke auf die Matratze, deckte sie zu und legte mich neben sie.
Nach einiger Zeit musste ich pissen. Dabei fiel mir ein, dass wir nicht daran gedacht hatten, eine Reisetoilette mitzunehmen. Das konnte sich fatal auswirken, vor allem, weil Elke an Durchfall litt. Wir würden einige Tage auf See sein, eingesperrt in einen Landrover und hatten kein Scheißhaus mit! Nicht einmal Toilettepapier!
Elke lag mit leicht geöffnetem Mund da und ich stellte fest, dass ihr Zahnfleisch mit blutenden Geschwüren übersät war, die Eiter absonderten.
Bald sind wir hier raus und kann ich sie in ein Spital bringen.
Ich kippe einen großen Schluck Whisky hinunter, pinkle in eine leere Coladose und schlafe ein.
Das Vibrieren des Schiffes weckte mich, wir liefen aus. Elke schlief, noch immer tief benommen von den Medikamenten. Ich öffnete die Vorhänge und blickte hinaus. Die Sonne war bereits halb aufgegangen und tauchte die Landschaft in ein warmes rosa oranges Licht. Aus der Ferne wirkte auch diese dreckige Stadt paradiesisch. Vor uns lag der tiefblaue Ozean, friedlich und glatt.
Beruhigt konnte ich mich wieder schlafen legen.
Ein energisches Klopfen an der Seitenscheibe riss mich aus dem Schlaf.
Ein Matrose forderte mich mit Gesten auf, mitzukommen und führte mich geradewegs auf die Brücke zum Kapitän. Ich war überrascht!
„Hallo, guten Morgen. Habt ihr gut geschlafen? Alles ok?" begrüßet er mich freundlich.
„Hatten es nur ein wenig eilig beim Einchecken"
„Kaffee, Milch, Zucker?" fragte er lachend.
„Ich habe gerade über Funk eine Sturmwarnung hereinbekommen. Ein schwerer Zyklon quert unsere Route. Ihr könnt keinesfalls da draußen im Landrover bleiben. Ich habe Euch eine kleine Kabine herrichten lassen. Nicht besonders komfor-

tabel. Carlos, mein Maat, wird euch helfen. Wie geht es Ihrer Frau? Sieht aus, als ob sie Skorbut hätte. Sie sollte mehr frische Sachen essen!"
Damit hatte ich nicht gerechnet, ich war völlig überrumpelt! Dann half mir Carlos, Elke in die Kabine zu bringen.
„Was für ein Typ, dieser Kapitän!", dachte ich mir. Ein großer Stein fiel mir vom Herzen.
Die Kabine war vielleicht einen Meter breit und zwei Meter lang.Wenn man die Koje herunter klappte, hatte man nur wenige Zentimeter Platz zum Stehen.
Erleichtert wegen des unerwarteten Komforts, legte ich Elke behutsam in das schmale Bett. Aber wo sollte ich schlafen? Carlos löste mein Problem und wies mich auf eine Hängematte hin, die man über der Koje anbringen konnte. Vor dem Eingang zur Kabine war ein winziger, kastenartiger Raum mit einer Toilette, darüber eine Dusche. Welch ein Komfort im Vergleich zum Landrover! Dann versorgte ich die Geschwüre in Elkes Mund so gut es ging, ihr Atem roch ekelerregend. „Skorbut, das hat auch schon Christine vermutet ...", dachte ich. Elke war noch extrem schwach und ihr Durchfall wurde immer stärker. Noch nie war ich über eine Toilette so erfreut!
Endlich hatte ich Gelegenheit, den Frachter zu erkunden und ich genoss die frische Seeluft an Deck. Mit langen Schleppleinen fischten zwei Matrosen auf dem Achterdeck. Es dauerte nur wenige Minuten, bis ein großer Barracuda anbiss, den man sofort in die Kombüse brachte.
Das Schiff war unbeladen, ragte daher hoch aus dem Wasser und begann im stärker werdenden Seegang unangenehm zu rollen. Die riesige Ladeluke, an der wir letzte Nacht vorbei mussten, war nun geschlossen. Erst jetzt sah man, wie riesengroß das Deck war. Voller Neugierde betrachtete ich die Kräne, Winden, armdicken Stahlseile und tonnenschweren Geräte, die überall montiert waren. Die Besatzung war damit beschäftigt, alles, was sich losmachen konnte, mit schweren Trossen und Schäkeln zu sichern. Das Schiff wurde auf den

Sturm vorbereitet. Ich setzte mich an eine geschützte überbaute Stelle des Schiffes und rauchte nach Tagen meine erste Zigarette. Zeit für eine Zwischenbilanz. Ich war Mitte Vierzig und stand vor dem absoluten Nichts. Ich war mehrfach nur knapp dem Tod entronnen und auch meine Ehe war im Eimer. Ich hatte Afrika in seiner ganzen Schönheit und Brutalität erlebt. Ich hatte Menschen sterben sehen und mehrfach mein ganzes Hab und Gut verloren. Das alles hatte mich zu Gott geführt, dessen Existenz ich früher immer leugnete. Jetzt wusste ich, dass er da war und uns geleitet hatte und weiter leiten würde. Diese Erkenntnis stimmte mich glücklich. Mein Lebenswille war ungebrochen!

Ich durfte Abenteuer erleben, die man sich nicht erkaufen kann, die man in keinem Reisebüro buchen kann, denen man nicht nachlaufen kann. Sie sind mir einfach zugefallen.

War es Zufall?

Was wartet noch auf mich?

Welche Prüfungen muss ich noch bestehen?

Welchen Sinn haben alle diese Erlebnisse?

Tausend Fragen gingen mir durch den Kopf, die alle in die gleichen Antwort mündeten: Vertrau auf Gott und deine eigenen Fähigkeiten!

Das Leben hier hatte mich stark und selbstsicher gemacht! Ich war kein Sklave irgend eines Systems mehr, keine Marionette, gesteuert von irgendjemandes Interessen, keine 0815-Person, die in vorgegebenen Bahnen dahinvegetiert.

Ich war frei!

Ich hatte mich zum Überlebenskünstler, zum Abenteuerakrobaten entwickelt und war glücklich dabei. Meine Seele würde auf ewig mit meinen Abenteuern tätowiert sein.

Der näherkommende Zyklon schickte seine ersten Vorboten. Die Wellenkämme wurden höher und begannen vereinzelt, zu brechen. Der Kapitän forderte die Mannschaft über Lautsprecher auf, das Deck zu verlassen.

Carlos, der selbst bereits eine Schwimmweste anhatte, reichte mir zwei Schwimmwesten und forderte mich auf, in die Kabine zu gehen.
„In einigen Minuten ist hier die Hölle los. Verschraubt das Bullauge fest und seht zu, dass nichts Loses in der Kabine herumliegt. Lasst die Schwimmwesten immer an!"
Die Kabine hatte ein winziges, verdrecktes Bullauge, aus dem man das riesige Vordeck des Schiffes einsehen konnte. Elke saß in ihrer Koje und wirkte ein wenig erholter. Auch ihre Stirn fühlte sich nicht mehr so fiebrig an. Das Penicillin hatte offenbar gewirkte. An den Bewegungen des Schiffes war zu erkennen, dass der Sturm beträchtlich an Stärke zugenommen hatte. Ich verstaute alles, schraubte das Bullauge noch fester zu und stellte fest, dass der Landrover immer wieder von hoch aufschäumenden Wellen überspült wurde.
„Hast du die Sachen im Autosafe, die Papiere und das Geld auch gut und wasserdicht verpackt? Könnten nass werden ...", fragte mich Elke, beinahe mit alter Coolness. Mich überkam ein ungutes Gefühl.
Immer wieder blickte ich sorgenvoll durch das Bullauge. Der Frachter tauchte immer wieder in riesige Wellentäler ein und schaufelte riesige Wassermassen über den Bug und über den Landrover.
Irgendwie hatte ich den Eindruck, dass ein Teil der Gischt durch die Fenster hindurchströmte. Hatte ich vergessen sie zu schließen? Waren sie geborsten oder bildete ich mir das nur ein? Mit einem Mal wurde ich unsicher und panisch. Immerhin war in dem Auto alles, was wir noch hatten, vor allem unsere Dokumente und das restliche Bargeld! Was, wenn der ganze Landrover von Deck gespült würde?
Noch war der Zyklon nicht in voller Stärke eingetroffen. Ich wollte handeln und die Wertsachen aus dem Wagen holen!
Durch meine Rundgänge an Deck wusste ich, wo die Matrosen Tauwerk und Schäkel aufbewahrten.

Mir war bewusst, dass mein Vorhaben Irrsinn war, aber ich musste es riskieren, denn ohne Papiere und Geld im Hafen von Maputo anzukommen, wäre katastrophal gewesen. Den Schikanen der Behörden wollte ich mich nicht mehr aussetzen und für Bestechungszahlungen fehlte es uns an Barem.
Mir war klar, dass das gesamte Vordeck im Blickfeld der Brücke lag und mich der Kapitän bei meiner Aktion sehen würde, doch es war mir egal. In der Kammer mit dem Tauwerk angekommen, zog ich mich bis auf die Unterhose aus und schnallte die Schwimmweste fester. Dann konstruierte ich mir ein Brustgeschirr, an dem ich zwei Seile mit je einem Karabiner anbrachte. Anschließend kehrte ich in die Kabine zurück. Dort prüfte ich meinen selbst gebastelten Lifebelt auf seine Zuverlässigkeit, während Elke mich von meinem Vorhaben abzubringen versuchte.
Ich war bereit. Das Schiff rollte von einer Seite zur anderen, dann kippte es wieder nach vorne oder hinten. Langsam nahm ich den Rhythmus wahr und konzentrierte mich ganz auf die regelmäßigen Bewegungen des Schiffes.
Ich hänge den ersten Karabiner ein, gehe ein Stück, hänge den zweiten Karabiner ein, löse den ersten.
Ein Wasserschwall wirft mich zu Boden, ich knalle mit der Hüfte gegen irgendetwas.
Aufrappeln, Karabiner einhängen, weiter kriechen, zweiten Karabiner einhängen, ... warten bis das Schiff halbwegs gerade steht, auf allen Vieren weiterkriechen, einhängen, aushängen, einhängen...
Ich robbe ein Stück weiter, ein Brecher spült mich zurück.
Ich schlage irgendwo dagegen, mir bleibt die Luft weg, kann nur mehr stoßweise atmen ...
Weiter, noch ein Stück ... einhängen, aushängen, einhängen, ja nicht unachtsam werden.
Nur noch wenige Meter bis zum Landy.
Es dauerte rund eine Stunde, bis ich das ganze Vordeck überwunden hatte. Dann hockte ich mich hinter das Auto und war-

tete den nächsten Brecher ab, um ins Auto zu kommen. Dazu musste ich beide Karabiner lösen, dann die Türe aufmachen und einsteigen.
Das Schiff lief schräg gegen die Wellen an. Immer wieder tauchte es in riesige Wellentäler ein, um in einem Schwall von Brechern den nächsten Wellenberg zu erklimmen. Dabei reckte der Frachter seinen Bug steil nach oben in den pechschwarzen Himmel, um kurz darauf ins nächste Wellental zu stürzen. Ich konzentrierte mich auf die Systematik der Schiffsbewegungen.

Ich hänge den zweiten Karabiner in die Haltekette des Landrovers ein und warten bis der nächste Brecher durch ist ... jetzt!
Ich kann mich nicht mehr halten, Wassermassen stürzen über mich ein.
Ich hänge wie ein Boxer in den Seilen, das Brustgeschirr schneidet mir fast die Luft ab.
Ich habe keine Kraft mehr und muss die nächste Welle durchlassen.
Hoffentlich hält mein Lifebelt.
Wassermassen wirbeln mich von einer Seite zur anderen.
Immer wieder schlage ich gegen das Heck des Landrovers.
Die Seile schnüren die Brust ein.
Ich unternehme einen neuen Versuch.
Blitzschnell löse ich den einen Karabiner, öffne die Hecktüre, löse den zweiten Karabiner, springe in den Wagen und ziehe die Tür zu.
Erleichtert, ausgepumpt und aus mehren Wunden blutend, legte ich mich auf die Matratze und versuchte, mich zu sammeln. Alle Fenster waren in Ordnung und halbwegs dicht, nur hie und da sah man nasse Flecken. Wozu die ganze Aktion? Es war ohnehin alles in Ordnung! Und jetzt musste ich auch noch das ganze Stück zurück! Ich fühlte mich wie in einer geschlossenen Gondel auf einer Hochschaubahn.
Da war doch noch der Whisky unter der Sitzbank! Ich trank einen kräftigen Schluck und machte mich an die Bergung unserer Papier und Wertsachen.

Auf der einen Seite fühlte ich mich im Wagen geborgen, andererseits stand uns der Höhepunkt des Sturms ja noch bevor. Würde der Landrover das überstehen? Meine Selbstzweifel schwanden mit jedem neuen Brecher, der über den Landrover hinwegbrauste. Ich war überzeugt, das Richtige zu tun.
Ich demontierte eine Sonnenblende, schnitt das Plastikgewebe auf, steckte die Papiere und die Wertsachen hinein und klebte das Ganze mit einem Gewebeband zu. Gut, dass ich so etwas immer dabei hatte! Es gibt nichts Nützlicheres als Klebeband! Dann befestigte ich die „Aktentasche“ mit Klebeband auf meinem Oberschenkel.

Noch ein Schluck Whisky, dann geht's zurück.
Ein riesiger Brecher trifft den Landrover und drückt eine Seitenscheibe ein.
Ein Schwall Meerwasser bricht in den Wagen.
Ich fühle mich gefangen wie in einer Waschmaschine im Schleudergang.
Nichts wie raus hier!
Die hochgespülte Matratze verlegt mir den Weg.
Irgendwie kann ich die Tür öffnen und hake mich ein und steige aus.
Ich knalle die Hecktüre zu, ein Brecher reißt mich zu Boden.
Aufstehen, nichts wie weg hier!

Der Weg zurück über das mit Seewasser überspülte, schlingernde Deck kam mir leichter vor als der Hinweg. War das die eintretende Ruhe vor dem Sturm oder der Whisky? Je näher ich mich den Aufbauten des Schiffes näherte, umso schneller kam ich voran. Dann endlich erreichte ich den schützenden Niedergang.
Völlig fertig und am ganzen Körper zerschunden riss ich mir die auf meinen Oberschenkel geklebten Papiere ab und zeigte sie stolz meiner Frau. Sie umarmte mich und es machte mir nichts aus, als sie mich mit ihren eitrigen Lippen küsste.

Draußen setzte der Zyklon mit voller Kraft ein, den Landrover hatte ich bereits abgeschrieben. Meine Frau und ich versuchten es uns so bequem wie möglich zu machen und der Steward half uns, die Hängematte und ein Kojenbrett zu montieren. Vorher überbrachte er mir mündlich eine Botschaft des Kapitäns.

„Der Kapitän ist sehr aufgebracht über Ihr verantwortungsloses Verhalten. Am liebsten möchte er Sie vor ein Seegericht stellen oder den Fischen zum Fraß vorwerfen. Auf der anderen Seite bewundert er Ihren Mut und Ihr Geschick. Sobald es die Lage zulässt, verlangt er von Ihnen eine Rechtfertigung für Ihr Verhalten! Momentan hat er keine Zeit. Es gibt Probleme mit einer Maschine, das erfordert seine ganze Aufmerksamkeit."

Der Steward verließ die Kabine und kurz darauf schliefen wir ein.

Das monotone Tuckern der Schiffsmotoren weckte mich. Wir hatten den Höhepunkt des Zyklons einfach verschlafen! Irgendwie war ich froh darüber. Mein erster Blick galt Elke. Sie schlief tief und fest unter mir in ihrer Koje. Die Geschwüre waren offensichtlich zurückgegangen und auch das Fieber schien nur mehr schwach zu sein.

Der zweite Blick galt dem Landrover. War er noch da? Das Bullauge war mit Salz verkrustet und im ersten Moment konnte ich das Auto nicht sehen. Ich rannte hinaus, der helle Sonnenschein und die gleißende See zwangen mich, die Augen zu schließen. Langsam gewöhnte ich mich an das grelle Licht und konnte ihn sehen! Da stand er, fest angezurrt, aber ziemlich ramponiert.

Ich lief über das Deck.

„Hallo alter Freund, wie geht´s?" begrüßte ich ihn laut.

Sämtliche Seitenfenster auf der einen Seite waren aus ihren Rahmen gedrückt, beide Seitenspiegel und die Dachgalerie samt dem Doppeldach fehlten. Der Ansaugschnorchel war rechtwinkelig abgeknickt und im Wageninneren hatte das

Meerwasser gewütet. Das gesamte Inventar war im Heck des Wagens zu einem nassen Haufen zusammengeschoben.
Ohne lange zu warten, nahm ich alles heraus und hing es zum Trocknen auf. Den Schnorchel bog ich mehr schlecht als recht gerade. Wie schon so oft, musste ich überprüfen, ob Wasser in den Motor eingedrungen war, dann erst konnte ich starten. Es war fast unglaublich: Schon beim ersten Startversuch sprang der Motor an und lief rund und leise. „Wackerer, braver Bursche .. lobte ich ihn und küsste ihn auf das Armaturenbrett. „Bin stolz auf dich!"
Ich war verwundert über die beinahe menschlichen Gefühle, die ich dieser Maschine entgegenbrachte. Ich erinnerte mich daran, was wir alles über die Jahre hinweg gemeinsam erlebt hatten. Dieses Auto war mir ans Herz gewachsen.
Der nächste Tag hätte schöner nicht sein können. Delphinschulen begleiteten stundenlang das Schiff. Ich setzte mich mit Elke an Deck und genoss die sonnige Schiffsfahrt. Ein Matrose brachte uns Essen. Dann tauchte der Kapitän auf, besichtigte den Landrover, kam auf mich zu und sagte ohne ein Wort des Vorwurfes:
„Manchmal lohnt es sich, etwas zu riskieren. Alle Papiere in Sicherheit? Wir werden bald einlaufen."
Langsam schob sich die Skyline von Maputo uns entgegen.
Erneut beginnen mich meine Gedanken aufzufressen.
Wohin? Was tun? Wie wird es weitergehen?
Es war Zeit, von Bord zu gehen. Ich musste zum Kapitän, der mir die Frachtpapiere aushändigte und sich freundlich verabschiedete. Er erklärte mir noch genau, wohin ich gehen musste, um den Frachtscheinschein abstempeln zu lassen und einen Passierschein zu bekommen.
Mit afrikanischer Gelassenheit ließ man sich Zeit, alles zu überprüfen. Ich befürchtete, dass man uns Schwierigkeiten machen würde, falls man bemerkt hätte, dass wir an Bord eines Frachters waren. Das interessierte hier glücklicher Weise niemanden. Unsere Wertsachen hingegen interessierten die Beamten.

Langsam und gierig grinsend begutachtete man unsere letzten Habseligkeiten.
„Ich dachte, ich sollte hier noch einmal vorbeischauen!“ hörten wir von hinten unseren Kapitän. Dann sprach er in fließendem Portugiesisch die Beamten an, die sofort aufhörten, blöd zu grinsen. Man händigte uns unverzüglich die Wertsachen aus und gab uns zu verstehen, dass wir gehen konnten.
Mit einer lässigen Fingerbewegung an seinen Mützenrand verabschiedete sich der Kapitän nunmehr zum letzten Mal.
Ich habe ihn nie wiedergesehen.
Elke war im Auto geblieben. Eilig suchte ich einige herumliegende Kartons zusammen und ersetzte damit die fehlenden Fensterscheiben. Wir mussten noch aus dem Hafengelände hinaus und daher bei einem Kontrollhäuschen mit Schranken anhalten. Ich zeigte die Papiere vor und wurde aufgefordert, auszusteigen.
Elke lag währenddessen auf der mit einer Plastikplane abgedeckten, noch immer klitschnassen Matratze. Als sich die drei Beamten daran machten, den Wagen zu durchsuchen, gab ich ihnen zu verstehen, dass meine Frau eine sehr ansteckende Krankheit hätte und rasch ins Spital müsste.
Sie glaubten mir nicht und öffneten die Hecktüre. Dort lag Elke, mit offenem Mund und Schweißperlen auf der Stirn, aus der Matratze sickerte Flüssigkeit.
Die Beamten schlugen die Wagentür augenblicklich zu, sprangen zur Seite und winkten uns durch.
„Ich dachte, es wäre hilfreich, mir Wasser ins Gesicht zu spritzen und eine kleine Show abzuziehen, so schön schaut mein Zahnfleisch ja wirklich nicht aus!“ meinte Elke mit Galgenhumor. Es ging ihr offensichtlich besser.
Es war schwer, aus Maputo hinauszufinden, diesen Teil der Stadt kannte ich nicht. Es gab keine Straßenbezeichnungen, Wegweiser oder sonstige Hinweise. Jedes weiße Gesicht, dem wir begegneten, fragte ich nach dem Weg zum Highway. Nichts wie raus hier! Ich war überrascht, in welch gutem

Zustand sich die Schnellstraße befand. Keine Spur von Verwüstungen. Ich ließ den Landrover laufen, geradewegs in den Sonnenuntergang hinein.
Nach nur drei Stunden entspannter Fahrt erreichten wir die Grenze.
Der Grenzübergang war überfüllt mit LKWs, die Hilfsgüter geladen hatten. Volle LKWs auf der einen Seite, leere LKWs auf der anderen, die alle mit unglaublicher afrikanischer Gelassenheit und Langsamkeit abgefertigt wurden. Dazwischen eine Unmenge zerlumpter, heruntergekommener Menschen, die raus aus Mozambique wollten.
„Zieh noch einmal deine Show ab! Fletsch die Zähne, Baby!"
Elke hing an mir wie ein Sack Kartoffeln und zeigte ihr Gebiss, während ich immer wieder „Vorsicht, Ansteckungsgefahr!" rief. Blitzschnell wurden wir abgefertigt und konnten ungehindert passieren. Wie ein Spalier öffnete sich die Menschenmasse auf dem Weg zurück zum Wagen.
Nichts wie weg! In diesem gottverdammten, herrlichen Land wären wir um Haaresbreite umgekommen, jetzt war Mozambique für uns gestorben!
Noch einen halben Kilometer Niemandsland, dann waren wir in Sicherheit. Vorher musste ich aber noch die Nummerntafeln von Mozambique gegen die südafrikanischen Tafeln austauschen. Eigentlich hätte ich den Wagen seinerzeit schon in Südafrika abmelden müssen, um ihn in Mozambique anmelden zu können. Erstaunlicherweise hatte mich aber dort niemand danach gefragt und so hatte ich die alten Nummern noch. Das kam mir jetzt zugute. Im Schatten eines Trucks holte ich die Kennzeichen unter dem Reserverad hervor, montierte sie und fuhr zur südafrikanischen Grenzstation.
Hoffentlich hat mich niemand beobachtet!
Gemächlich und im Scheckentempo erhob sich der Grenzbeamte von seinem Stuhl und kam auf uns zu.
„Da capo, da capo ... noch einmal die Vorstellung!" forderte ich Elke auf, die diesmal neben mir auf dem Beifahrersitz saß.

Der Zöllner schlenderte um das Auto herum und notierte Wagentyp und Kennzeichen, mein Herz begann mir bis zum Hals zu schlagen. Bei meinem letzten Grenzübertritt scherte sich niemand darum. Nicht wieder dem Kommandanten in die Hände fallen! Dann kam der Beamte auf Elke zu, die den Karton aus dem Fensterrahmen entfernte hatte und ihn gequält anlächelte und dabei ihr herrliches Gebiss präsentierte. „Vorsicht, nicht zu nahe kommen, ansteckend!", rief ich quer durch den Wagen.
Sofort sprang er zur Seite und begann hektisch, mit dem Funkgerät zu hantieren, um seine Kollegen zu warnen. Ohne weitere Kontrollen wurden wir durchgewunken.
„Give me five!", hielt ich Elke meine Handflächen entgegen. Mit schweißnasser Hand schlug sie ein und konnte nach langer Zeit wieder einmal schallend lachen.

25. Der Busch ruft

Nach einer kurzen Nacht im Landrover, fuhren wir direkt nach Nelspruit ins Rob Ferrera Hospital.

Die Aufnahme des Spitals war zum Bersten voll. Alle Augenpaare waren auf uns gerichtet, nicht nur weil wir Weiße waren, sonder vor allem wegen unseres Aussehens und des fürchterlichen Körpergeruchs, der sich wie eine undurchsichtige, stinkende Blase rund um uns entfaltete. Mit einem beschämten Gefühl nahmen wir auf der langen, von Schwarzen überfüllten Holzbank Platz. Der Zustand des Krankenhauses passte zu uns. Schmutzig, heruntergekommen, ärmlich und deprimierend.

Langsam wurde ich ungeduldig, denn wir saßen nun schon mehr als zwei Stunden hier, ohne dass sich irgendjemand um uns gekümmert hätte. Dann endlich kam ein junger weißer Arzt auf uns zu, der sich Elkes annahm. Ein Helfer legte sie auf ein Spitalsbett und schob sie in ein Behandlungszimmer.

Während sie untersucht wurde, hatte ich Zeit etwas Essbares zu organisieren.

Als ich gerade den Wagen aufsperren wollte, sprach mich von hinten ein Mann an.

„Hallo, Wolf was machst du hier, wie geht es dir?“ Irgendwie kam mir diese Stimme bekannt vor.

Überrascht drehte ich mich um und blickte in ein mir bekanntes Gesicht. Ratlos versuchte ich einen Namen zu dem Gesicht zu finden.

„Erinnerst du dich an mich? Ich bin Loot, wir haben uns vor einiger Zeit bei Tibi in Johannesburg kennen gelernt“.

„Jetzt erinnere ich mich, du bist der Mann mit dem Camp im Kruger Park.“

Spontan beschlossen wir, in ein naheliegendes Kaffeehaus zu gehen. Ich entschuldigte mich für mein verwahrlostes Aussehen und erzählte ihm in kurzen Sätzen, was wir auf Zavora

erlebt hatten und was uns sonst noch in Mozambique zugestoßen war.
„Wir sind sofort hierher ins Spital gefahren, Elke ist ziemlich krank!“
Auch er hatte mit Tibi schlechte Erfahrungen gemacht.
„Ich wollte mit Tibi das Projekt „Beach and Bush“ aufziehen. Eine Woche am Meer, eine Woche in meinem Camp im Kruger Park. Nachdem Tibi verschwunden ist, möchte ich das Projekt jetzt alleine durchziehen. Ich könnte einen Manager für das Camp brauchen. Habt ihr schon einen neuen Job?“ fragte er mich geradeheraus.
Als ob es Gott gefügt hätte! Noch vor wenigen Minuten wusste ich nicht, wie es weitergehen sollte und kurz darauf bot sich uns die nächste Chance. Das konnte doch kein Zufall sein!
„Zuerst muss Elke wieder fit werden ...“ hielt ich mich ein wenig zurück.
So als ob er wusste, dass ich nicht ablehnen konnte, legte er mir 2000 Rand auf den Tisch und lud uns in sein Camp im Kruger Nationalpark ein. Dann erklärte er mir den Weg dorthin.
Ich war völlig überrumpelt, wir hatten unerhofft die Chance bekommen, ein neues Leben zu beginnen!
Eine Welle der Hoffnung riss mich förmlich fort.

Es bestätigte sich, dass Elke Skorbut hatte und zumindest drei Tage im Krankenhaus bleiben musste. Zu viel Alkohol und zuwenige Vitamine waren die Ursache. Ich quartierte mich auf dem billigsten Campingplatz von Nelspruit ein und besorgte Elke und mir das Notwendigste zum Anziehen. Jeden Tag kontaktierte ich Loot, um mehr über unsere neue Arbeit zu erfahren. In den Tageszeitungen bot man mehrere Jobs an, die mich interessierten. Für Loots Angebot sprach die Tatsache, dass ich die Gegend des Kruger Parks recht gut kannte und sich Ray´s Farm in der Nähe befand. Außerdem hatte der Kruger Park den Weltruf, eines der schönsten „Big Five“-Gebiete zu sein. Das interessierte mich besonders.

Elkes Zustand verbesserte sich zunehmend und die Nachricht von unserem Jobangebot beschleunigte den Heilungsprozess. Drei Tage später konnte ich sie aus dem Spital abholen und wir machten uns auf den Weg in den Manyeleti Park, in dem sich Loots Camp befand.
Die lange Fahrt dorthin gab uns Gelegenheit, wieder einmal über Elkes Alkohol- und Sexsucht und ihre Kindheitsprobleme zu sprechen. Es war uns beiden klar, dass wir einen neuen Weg einschlagen müssten, um uns selbst zu finden, jeder für sich alleine oder miteinander. Jetzt war die Chance da, vom Zug abzuspringen. Elke versprach, keinen Alkohol mehr zu trinken. Sie wollte, dass wir zusammenbleiben und ich akzeptierte ihre Entscheidung ohne Wenn und Aber.
Fünf Stunden später fuhren wir durch das Haupttor von Manyeleti, auf deutsch „Platz der Sterne". Der Pförtner gab uns eine schlechte Kopie einer Karte mit dem eingezeichneten 40 km langen Weg zum Pungwe Camp.

Mit einem Mal endete die Straße an einer Umkehrstelle vor einem mächtigen Leedwoodtree.
Rundherum sah man nichts außer dicht verwachsenem Busch. Wir stiegen aus und versuchten, irgendeinen Hinweis auf das Camp zu finden. Nichts zu sehen – kein Weg, kein Haus, kein Zeichen von Zivilisation.
Plötzlich hörte ich ein Rascheln im Busch und zwei in hübsche Buschuniformen gekleidete schwarze Frauen kamen auf uns zu.
Die größere der beiden stellte sich als Lucy vor, die andere hieß Magda.
„Seid ihr die neuen Manager?"
„Ja, mein Name ist Wolf und das ist meine Frau Elke. Loot hat uns herbestellt. Ist er hier?" stellte ich uns vor.
„Nein, er kommt wahrscheinlich erst in drei Tagen. Ich soll euch alles zeigen und den Hausbrauch erklären, hat er mir aufgetragen," antwortete sie etwas unsicher.

Unmittelbar in der Nähe der Umkehrstelle befand sich, durch das dichte Unterholz nicht zu erkennen, ein ausgetrocknetes Bachbett. Auf einem behelfsmäßig zusammengebundenen Steg überquerten wir den Graben. Auf der anderen Seite angekommen, erreichten wir über eine steile Böschung eine kreisrunde Lichtung mit einer Feuerstelle in ihrer Mitte. Dann tauchte die Vorderseite eines mit Gras gedeckten Gemeinschaftshauses, auch Lappa genannt, auf. Es war mit hübsch gedeckten Tischen und bequemen Sitzmöbeln eingerichtet. Daneben stand ein Handwaschbecken, das in einem Gestell aus in sich verschlungenen Ästen montiert war. Die Gebäude waren perfekt an die Umgebung angepasst und selbst aus kurzer Distanz schwer auszumachen.

„Das ist euer Zelt. Hier könnt ihr schlafen." Wir hatten wirklich Mühe, das gut getarnte Zelt zu erkennen. Es war drei mal fünf Meter groß, sehr sauber und gepflegt. Das Inventar bestand aus einem großen Doppelbett samt Moskitonetz, einem kleinen Schreibtisch und einem Doppelschrank. Vor dem Bett stand noch ein kleiner Kaffeetisch mit zwei Korbstühlen.

Das hintere Drittel des Zeltes war mit einem aus dünnen Ästen zusammen gebundenen Paravent abgeteilt. Dahinter befanden sich ein Waschbecken, eine originelle Dusche und eine einfache Toilette. Auf engstem Raum fanden wir alles vor, was man zum Leben brauchte. Wir waren begeistert, denn seit über einer Woche hatten wir in keinem ordentlichen und sauberen Bett geschlafen.

Strom gab es keinen, dafür aber zwei Paraffinlampen, die das Zelt in ein romantisches Licht tauchten. So hatte ich mir das Leben in der Wildnis vorgestellt!

Lucy holte uns zum Abendessen ab.

In der Lappa erwartete uns, in einer Reihe aufgestellt, die siebenköpfige Belegschaft des Camps.

Ein Schwarzer mittleren Alters mit einer schicken Rangeruniform trat auf mich zu und stellte sich als „Phinas" vor. Er war Spurenleser und Buschguide. Darüber hinaus war er verant-

wortlich für das gesamte Personal. Dann waren Willy und Amando an der Reihe, zwei junge Schwarze mit der gleichen Uniform. Beide waren „Mädchen für alles“, Mechaniker und Fahrer zugleich. Neben Magda und Lucy gab es noch eine dritte Frau im Camp. Man nannte sie Princess und irgendwie passte der Name zu ihr.
Dann überreichte mir Phinas einen kleinen Schlüssel und ein Schreiben von Loot.
„Hallo ihr zwei! Herzlich willkommen auf Pungwe.
Phinas und Lusy haben die Anweisung, euch alles zu zeigen und zu erklären.
Vorweg einige Tipps und Hinweise:
Erstens: Alle Angestellten gehören dem Stamm der Shangans an, die als eigenwillig und stolz gelten. Niemand hier hat eine Schulausbildung, sie alle leben seit ihrer Geburt im Busch. Also richtet euch nach ihnen, sie kennen den Busch, so wie du deine Westentasche.
Zweitens: Der kleine Schlüssel ist für die Gewehrtasche. Ich vertraue dir das Gewehr an. Verwende es nur im Notfall. Es ist das stärkste Gewehr, das man bekommen kann. Mit einem Schuss kannst du einen Elefanten niederstrecken. Du hast 4 Patronen im Gewehr und 5 Patronen als Reserve. Lass es nie aus den Augen!
Wir haben zur Zeit keine Buchungen, also habt ihr einige Tage Zeit, das Camp und die Umgebung zu erkunden. Geht nie alleine in den Busch, nehmt immer Phinas oder Amando und das Gewehr mit.
Ich komme Ende der Woche, dann werde ich mit euch den Rest besprechen.
Genießt das Buschleben, bis später. Eine Menge Arbeit wartet!
Gruß Loot
PS.: Alles Liebe an Elke, hoffentlich geht es ihr wieder gut.“

Meine Augen quollen über, als ich die leckeren Speisen sah, die Elke und die Frauen hergerichtet hatten. Salate, Koteletts,

Kartoffeln, Gemüse und Eiscreme als Nachtisch. Es war das erste richtige Essen seit Tagen. Wir fühlten uns wie im Schlaraffenland.

Obwohl auch eine kleine Bar mit Wein, Bier, Whisky und Brandy in der Lappa war, entschlossen wir uns, keinen Alkohol zu trinken.

Als ich am nächsten Tag erwachte, war ich völlig desorientiert und brauchte einige Zeit, bis ich begriff, wo ich eigentlich war. Vor dem Zelt empfing mich heller Sonnenschein und die frische Luft des Busches. Vor lauter Freude und Erleichterung schrie ich lauthals los und entlud die gesamte Anspannung der letzten Monate in einem einzigen, langgezogenen Schrei.

Keine zwei Minuten später klopfte es an der Tür und Phinas fragte, ob alles in Ordnung sei.

Verlegen versuchte ich, ihm meinen Gefühlsausbruch zu erklären, aber an seiner Reaktion konnte ich erkennen, dass er keine Ahnung hatte, wovon ich sprach. Dann überreichte er mir kopfschüttelnd eine gebrauchte, aber saubere und gebügelte Rangeruniform.

Ich zog die Uniform an – sie passte so recht und schlecht – und wir begannen den Rundgang durch das Camp. Bis jetzt kannte ich nur die Lichtung, die Lappa und unser Zelt. Meine Frau hatte mir noch vor dem Einschlafen von der Buschküche erzählt.

Die Lappa war das Herz und Zentrum der Logde, daneben befand sich die aus einfachen zusammengebundenen Holzpfählen errichtete, drei mal fünf Meter große Küche. Das ganze war, bis auf einen schmalen Spalt unterhalb des Daches, mit Wellblechplatten verkleidet. Die Beleuchtung wurde von Batterien und Solarpaneelen gespeist. Aus Sicherheitsgründen gab es keine Fenster. Die Einrichtung war zweckmäßig spartanisch: Ein Gasherd, eine Doppelabwäsche, ein großer mit Gas betriebener Kühlschrank, zwei ebenfalls mit Gas betriebene Gefriertruhen und in der Mitte ein großer Arbeitstisch. Direkt neben der Küche befand sich der Lagerraum, der nach dem

gleichen Muster gebaut war. Solide Blechschränke schützten die Vorräte vor ungebetenen Gästen.
Dann gab es noch zwei weitere Gebäude, die als Werkstätte und Lager dienten.
Die Gästezelte waren hübsch eingerichtet und verströmten romantisches, exotisch-abenteuerliches Flair. Im Gegensatz zu unserem Zelt verfügten die Gästezelte noch über kleine Holzterrassen mit Tischen und Stühlen.
Der Müllablageplatz war mit einem hohen, soliden Zaun eingefasst.
Die Angestellten der Lodge lebten in der Nähe des Camps, in kleinen, bescheidenen Holzhütten oder Zelten.
Abschließend zeigte mir Phinas noch den Gameviewerwagen für neun Personen. Er war mit drei ansteigenden Sitzreihen für jeweils drei Personen ausgestattet, damit alle Gäste gleich viel sehen konnten.
Über der vorderen Stossstange befand sich ein Sitz für den Spurensucher. Zum Schutz vor der Sonne konnte man ein Sonnendach über das ganze Fahrzeug spannen.
Wir fühlten uns wie im Paradies, ein Tag war schöner als der andere und die grässliche Zeit in Mozambique verblasste allmählich. Auf den ausgedehnten Buschwanderungen begegneten uns immer wieder Wildtiere aller Art in einer Vielzahl, die ich noch nie in meinem Leben gesehen hatte. Elke verbrachte viel Zeit mit den weiblichen Angestellten und wies sie in die kommenden Aufgaben ein.
Unser erster Gast war ein alleinreisender Holländer.
„Ich bin hier, um große Tiere zu sehen, die ganz großen. Ich bin nicht an Bienen und Schmetterlingen interessiert," begrüßte er uns arrogant.
„Dann sind Sie hier goldrichtig", antwortete ich knapp.
Die Mädchen gingen voraus zur Lichtung und trugen das Gepäck des Holländers. Mir fiel auf, dass sie nicht auf dem gewohnten Weg blieben, sondern seitlich in die Lichtung einbogen. Als ich die Flussböschung hinaufkam, wusste ich auch

warum. Ein großer Elefantenbulle stand keine zwanzig Meter vor uns mitten neben der Lappa. Er hatte das Handwaschbecken einfach aus dem Boden gerissen und erfreute sich am frischen Wasser, das aus der geborstenen Leitung sprudelte.
Der Holländer ging knapp vor mir und war so auf den Weg konzentriert, dass er den Bullen erst viel später bemerkte. Versteinert blieb er stehen und starrte mit weit geöffnetem Mund und aufgerissenen Augen die viertausend Kilogramm schwere Muskelmasse an. Im nächsten Augenblick kamen schon die Männer des Camps herbeigelaufen, schreiend und wild gestikulierend rannten sie auf den Dickhäuter zu. Der war sichtbar irritiert und verschwand laut trompetend im Busch.
Als ich mich dem Mann zuwandte, stellte ich fest, dass er sich – noch immer steif wie ein Stock dastehend – in die Hosen geschissen hatte. Er stank bestialisch und ich führte ihn zur Gästetoilette hinter dem Lappa.
Als er nach etlichen Minuten wieder erschien, beauftragte er mich kleinlaut, sein Gepäck wieder zum Auto bringen zu lassen.
Sein Besuch auf Pungwe dauert nicht einmal eine Stunde.
Er wollte sein Geld nicht zurück.

Immer wenn wir alleine im Camp waren, kochte Elke in der Buschküche Soßen und andere Gerichte vor, um sie einzufrieren, während ich in der Lappa saß und meinen Papierkram erledigte.
Als einige Unklarheiten mit einer Buchung auftraten, rief ich nach Elke. Keine Antwort. Das erschien mir seltsam. Ich ging in die Buschküche, um nachzusehen, denn ich hatte das Gefühl, dass irgendetwas nicht stimmte.
Elke steht steif und angespannt vor dem Herd.

Vom oberen Eck des Daches hängt eine unterarmstarke Mamba in die Küche herunter und züngelt in Augenhöhe vor Elke hin und her.
Sie ist keine zwanzig Zentimeter von ihrem Gesicht entfernt.

Langsam gleitet sie abwärts.
Elke steht mit beiden Händen auf den Herdrand gestützt da und rührt sich nicht.
Ich kann nichts tun, wenn ich die Schlange erschrecke und sie beißt zu, ist Elke binnen einer halben Stunde tot.
Glänzende Schweißperlen bedecken Elkes Stirn.
Die Mamba wird länger und länger und erreicht den Herd.
Dann kriecht sie langsam über die linke Hand meiner Frau auf die Vorderkante des Herdes zu.
Nur nicht zurückschrecken, bleib so, wie du bist, bete ich.
Langsam schlängelt sich die Mamba über Elkes Hand dem Fußboden entgegen.
Die ständig zischelnde, schwarze Zunge lässt mich erkennen das sie auf Futtersuche ist.
Nun ist die Schlange in ihrer ganzen Größe zu sehen.
Ich schätze sie auf über vier Meter.
Sie erreicht mit ihrem Kopf den Fußboden, genau zwischen Elkes Beinen.
Sie gleitet mit ihrem langen Körper kontinuierlich auf den Küchenboden, man hört das feines Schleifen ihrer Schuppen auf dem Beton.
Sie kommt auf mich zu, wird immer schneller.
Mit aller Anstrengung versuche ich, mich unter Kontrolle zu halten.
Mit schnellen wellenförmigen Bewegungen schlängelt sie sich zwischen meinen Beine hindurch zur Tür hinaus.
Als ich das Schwanzende zwischen meinen Beinen verschwinden sehe, drehe ich mich langsam um und sehe, wie sie im Busch verschwindet.

Elke stand nach wie vor kreideweiß und steif an den Herd gelehnt da und wirkte weggetreten.
Ich musste ihr mehrfach laut sagen, dass die Schlange fort war, dann erst begann sie hysterisch zu schreien.
Erstmals brachen wir beide unser gemeinsames Versprechen, keinen Alkohol mehr zu trinken.

Es dauerte nicht lange, bis wir eine ganze Flasche Whisky geleert aber lange, bis Elke und ich unseren Rausch ausgeschlafen hatten.
Am nächsten Morgen machte ich mir Vorwürfe, dass ich Elke wieder zum Trinken animiert hatte.
Am Ende der ersten Woche kam wie angekündigt Loot ins Camp, um über unser Dienstverhältnis zu sprechen. Unsere Gehälter waren zwar bescheiden, aber wir hatten dafür alle an Freiheiten, die wir haben wollten.
Insgesamt verfügte die Lodge über acht Gästebetten, somit war die Arbeit überschaubar. Loot kümmerte sich um das Marketing und die Verwaltungsarbeiten. Er hinterließ uns die Buchungsliste für die nächsten zwei Monate, auf der insgesamt zwölf Gäste vermerkt waren. Das war nicht gerade viel.
Es gab zwei Kategorien von Gästen.
Die einen wollten zu Fuß ausgiebige Buschwanderungen machen, die anderen zogen es vor, im Gameviewwagen herumgefahren zu werden. Normalerweise blieben die Gäste zwei bis drei Nächte. Nach den ausgiebigen Tagestouren waren die meisten so müde, dass sie gleich nach dem Abendessen in die Betten fielen. Gekocht wurde meistens am Lagerfeuer, gegessen in der Lappa mit den stets schön gedeckten Tischen. Jeden Abend mussten wir die Gäste zum Schutz vor Raubtieren bis ins Zelt geleiten und die Unterkünfte auf unliebsame Gäste wie Schlangen untersuchen. Erst wenn wir die Tür hinter ihnen schlossen, konnten wir uns entspannen.
Eines Tages hatten fünf Gäste für zwei Nächte gebucht, unter ihnen Yvonne, eine Belgierin, die während ihres Aufenthaltes auf der Lodge ihren sechzigsten Geburtstag feierte. Sie war eine nette ältere Dame, die sich alleine reisend zwei Ehepaaren angeschlossen hatte. Wir wollten ihr eine Überraschung bieten.
Als wir nach einem langen Tag im Busch gemeinsam am Lagerfeuer saßen, begannen unsere Frauen in ihrer National-

tracht zu Ehren unseres Gastes zu tanzen. Phinas begleitete sie dazu auf seiner Trommel.
Yvonne war sprachlos.
Elke hatte zusätzlich eine Torte gebacken und gerade, als wir mit Sekt auf den runden Geburtstag anstoßen wollten, ertönte in unmittelbarer Nähe lautes Löwengebrüll.
„Das ist ein jagendes Löwenrudel, die Treiberinnen sind schon in unserer Nähe. Ihre Beute muss sich hierher zu uns geflüchtet haben. Wir sind ihnen in die Quere gekommen. Du musst die Leute in die Zelte bringen!" flüsterte mir Phinas zu, der überraschend schnell zu trommeln aufgehört hatte.
Löwen sind hervorragend organisierte Jäger. Zuerst schicken sie Treiberinnen aus, die das Beutewild isolieren und hetzen, bis es ermüdet ist. Dann schlagen die stärksten und erfahrensten Löwinnen zu.
Wir waren offenbar mitten ins Zentrum ihres finalen Angriffes geraten. Gerade als sich das Geburtstagskind mit Tränen in den Augen für die Überraschung bedanken wollte, tauchte hinter ihr eine Löwin im flackernden Schein des Lagerfeuers auf und brüllte heiser. Phinas sprang der Löwin sofort entgegen und schrie sie laut an. Die Löwin machte kehrt und verschwand ärgerlich brummend in die Dunkelheit.
Die Geburtstagsgesellschaft saß kreidebleich und wie versteinert am Tisch. Auch mir zitterten die Knie.
„Hol´ alle Männer her, wir müssen die Gäste sofort in die Zelte bringen!" rief ich Phinas zu. Die Geburtstagsparty war zu Ende.
Ich lud das Gewehr durch.
„Willy checkt schon die andere Seite vom Camp. Die Löwinnen beginnen ihre Beute einzukreisen, – muss sich irgendwo hier bei uns versteckt haben", antwortete Phinas ruhig und auf jedes Geräusch konzentriert.
Ich forderte die Gäste auf, Ruhe zu bewahren. Ich wollte Yvonne zu ihrem Zelt begleiten und nahm das Gewehr in die eine Hand, die Taschenlampe in die andere. Mit zittrigen

Knien leuchtete ich den Busch rund um uns aus, das Geburtstagskind dicht hinter mir. Immer näher drang das Brüllen der Löwen, es musste sich um ein wirklich großes Rudel handeln! Keine dreißig Meter von der Lappa entfernt taucht eine Löwin auf.
Sie geht in Angriffshaltung, ihre Augen glühen im Licht der Taschenlampe.
Ich reiße das Gewehr hoch, ohne anzulegen ziele ich in Richtung der Löwin und drücke ab.
Es schlägt mir das Gewehr aus der Hand und ich stürze durch den gewaltigen Rückschlag nach hinten auf die Belgierin.
Aufstehen, nur nicht liegen bleiben, ich reiße Yvonne in die Höhe, wo ist das Gewehr?
Für einen Augenblick war es still geworden, nur hie und da raschelte es im Busch.
Yvonne war nicht mehr anzusprechen, mit aller Mühe schleppte sie sich auf mich gestützt die verbleibenden siebzig Meter zum Zelt. Dann half ich ihr, sich auf ihr Bett zu legen.
„Das war ein aufregender Geburtstag!" meinte sie und bedankte sich bei mir.
„Es ist wahrscheinlich noch nicht ganz vorbei … verhalten Sie sich ganz ruhig und verlassen sie auf keinen Fall Ihr Zelt!" verabschiedete ich mich, besorgt um die nette alte Dame.
Auch die anderen zwei Pärchen konnten ohne Zwischenfälle zu ihren Zelten begleitet werden. Wir wiesen die Gäste noch darauf hin, dass die Löwen sicher noch in der Nähe waren und daher Vorsicht geboten war. Wie nahe, sollten wir bald erfahren.
Elke war noch an der Bar. Entgegen ihren Versprechungen hatte sie wieder getrunken.
Lallend erzählte sie mir, dass ein Löwe erst vor wenigen Augenblicken unmittelbar vor ihr quer durch die Lappa gestreunt war. Ich schnappte sie unter dem Arm und führte sie angespannt und wachsam zu unserem Zelt.

Ich begann ihr gerade Vorwürfe wegen des neuerlichen Rückfalles zu machen, als gleich neben unserem Zelt ein tiefes, gefährliches Löwenknurren hörbar wurde.
Nur eine dünne Zeltwand trennte uns von der Raubkatze.
Elke wollte zu schreien beginnen, doch ich drückte sie aufs Bett und hielt ihr den Mund zu.

Dann begann das Spektakel. Wir befanden uns mittendrin, ohne sehen zu können, was draußen eigentlich vor sich ging. Die bis ins Knochenmark gehenden Geräusche wurden immer lauter und aggressiver. Pfauchen, Knurren und Gebrüll, dazwischen undefinierbare Laute eines zu Tode gehetzten Tieres.

Immer wieder streift einer der Löwen die Zeltplane, bleibt stehen, knurrt, schnüffelt.
Hoffentlich werden die Gäste nicht panisch und bleiben in ihren Zelten.
Das Getöse nimmt zu.
Die Löwen scheinen außer Rand und Band zu sein.
Was geht da draußen vor?
Ich tränk einige Tücher in Paraffin, bereit, sie anzuzünden, falls ein Löwe ins Zelt eindringt.
Sie dürfen uns keinesfalls riechen!

Nahezu drei Stunden dauerte das laute Schlachtengetümmel, dann war es mit einem Schlag vorbei.
Absolute Stille.
Ich zündete eine der selbst gebastelten Fackeln an und öffnete die Tür, einen Spalt nur, dann ganz.
Im Lichtkegel der Taschenlampe bot sich ein Bild der Verwüstung.
Der schöne Buschlilienstrauch direkt neben unserem Zelt war flachgedrückt und teilweise ausgerissen.
Der Holzofen für das Heißwasser, in dem das Wasser für die Duschen aufbereitet wurde, war umgeworfen und das ausgelaufene Wasser im Erdreich versickert. Der Boden war aufgewühlt, Sträucher, Gras und Pflanzen niedergedrückt. Stühle,

Tische und Inventar in der Lappa lagen wild durcheinander und waren teilweise zerstört.
Nach dem Zustand der Lappa zu schließen musste sich das Hauptgeschehen des Kampfes genau hier ereignet haben. Es sah aus wie nach einem Bombenangriff.
Die Lage war noch immer unsicher und so ging ich vorsichtig zurück zum Zelt und legte mich neben Elke, die bereits laut schnarchte. Sie roch stark nach Alkohol.
Gleich am Morgen sah ich nach unseren Gästen, vor allem nach Yvonne.
„Was war das denn gestern ....?", begrüßte sie mich, noch immer tief beeindruckt.
„Nichts Schlimmes, wir haben zu Ihren Ehren einige Löwen eingeladen, mitzufeiern. Gute Show, nicht?" Ich versuchte die gefährliche Situation zu überspielen.
„So stand das aber nicht im Katalog ...", ein unsicheres, noch etwas verkrampftes Lächeln huschte über ihr Gesicht.
Die beiden anderen Pärchen saßen noch ganz verstört und kreidebleich in ihren Betten und trauten sich nicht aus den Zelten. Das eine Paar nahm die Sache nicht ganz so gelassen auf. „Meine Frau will hier auf keinen Fall noch eine Nacht verbringen!", der Mann kündigte beim Frühstück an, sofort abreisen zu wollen und verlangte ruhig, aber bestimmt sein Geld zurück, zumindest einen Teil davon. Ich verwies ihn an Loot, da ich hier vor Ort das Problem nicht lösen konnte. Dann begleitete ich das Paar zu ihrem Wagen am anderen Ufer des trockenen Bachbettes.
„Es müssen Büffel hier vorbeigekommen sein ...", begrüßte mich Phinas und führte mich zu einem fast vollständig aufgefressenen Büffelkadaver, keine hundert Meter hinter den Gästezelten.
„Es gibt Spuren von 20 bis 30 Löwen, die an der Jagd beteiligt waren." berichtete er weiter.
Dann erklärte er mir anhand der Abdrücke, wie man Löwenspuren deuten konnte.

„Die Hyänen waren auch schon da," dabei deutete er auf andere Spuren am Boden. Immer mehr Details der nächtlichen Ereignisse wurden erkennbar.
„Es hat sich so angehörte als ob sich die Löwen auch untereinander bekriegt hätten", wollte ich mehr über das nächtliche Spektakel erfahren.
„Wahrscheinlich waren zwei verschiedene Löwenrudel hinter ein und demselben Büffel her," meinte Phinas. „Dabei sind sich untereinander in die Haare geraten." Er führte mich zu einer toten Löwin, die übel zugerichtet war. Der halbe Körper fehlte. Ihre Gedärme hingen bestialisch stinkend aus ihrem weit aufgerissenen Bauch. Am Rücken und Nacken waren tiefe Biss- und Kratzwunden zu sehen. Mit großem Interesse inspizierte ich den Löwenkadaver. Dabei fiel mir an der unversehrt gebliebene Vorderflanke eine alte, große Narbe auf. Um Gottes Willen, war das meine Angie? Ich hatte ihre Milch getrunken und ihren Atem gespürt, sie gestreichelt! Jetzt lag sie da, eine blutige stinkende Masse, von Fliegen übersät.
Oder war sie es doch nicht? War es eine andere Löwin mit zufällig den gleichen Narben?
Diese Zweifel quälten mich noch tagelang.
Yvonne, schon wieder heiter und fröhlich, und das verbliebene Ehepaar waren bereits fertig für den nächsten Buschausflug. Den ganzen Tag sprach man ausschließlich über die Erlebnisse der vergangenen Nacht. An diesem Tag konnten wir keine großartigen Tierbeobachtungen machen. Durch den nächtlichen Löwenkampf hatten sich viele Tiere zurückgezogen. Dafür wurden wir mit einem paradiesisch schönen Sonnenuntergang belohnt. Da war es wieder, das Sonnenblut, das schon so vielen Menschen das Herz aufgerissen und sie nach Afrika süchtig gemacht hatte. So wie mich!
Wieder einmal hatten Elefanten die Wasserrohre ausgegraben. Die intelligenten Tiere hatten gelernt, dass das Ausgraben von Wasserrohren wesentlich bequemer war, als Wasserlöcher aufzusuchen. In der Morgendämmerung fuhr ich mit Willy, dem

Mechaniker, die Trasse der Wasserleitung entlang. Es dauerte nicht lange und wir sahen die riesigen Tiere. Fünf Dickhäuter standen bis zu den Knien in einem großen matschigen Loch und vergnügten sich zufrieden mit den abgerissenen Plastikrohren, indem sie sich gegenseitig mit Wasser bespritzten.
In der aufkommenden, leicht nebeligen Morgendämmerung konnten wie noch etliche weitere Elefanten ausmachen, die in einem Umkreis von einigen hundert Metern friedlich grasten oder Bäume entlaubten.
In respektvollem Abstand blieben wir stehen und beobachteten die Dickhäuter bei ihrem Frühstück.
Dann war es Zeit, die Herde zu vertreiben, um die Wasserleitung wieder dicht zu bekommen.
Willy und ich nahmen unsere Steinschleudern aus dem Handschuhfach und sammelten geeignete Steine. Ohne dass uns die Elefanten bemerkten, schlichen wir uns auf Schussdistanz heran. Als erstes hatte ich einen kräftigen Bullen im Visier, der sich genüsslich im Schlammloch suhlte. Gleich der erste Steinwurf war ein Volltreffer. Dumpf schlug der Stein genau auf seinem Bauch auf. Erschrocken quälte sich der Bulle mit lautem Trompeten aus dem Schlammloch heraus. Sofort reagierten alle umherstehenden Riesen mit lautem Bauchknurren und nervösem Gehabe. Willy achtete darauf, dass kein Elefant in unsere Richtung lief und zielte daher auf die Tiere, die in unsere Richtung trabten. Wenn einer der Elefanten von einem Stein getroffen wurde, blieb er abrupt stehen, schleuderte seinen mächtigen Kopf hin und her, drehte sich um und preschte in die andere Richtung davon. Wie auf ein unhörbares Kommando folgte ihm der Rest und nach kurzer Zeit war kein einziger Elefant mehr zu sehen.

Die Elefanten hatten ganze Arbeit geleistet und die Plastikrohre der Leitung auf über zwei Metern Länge demoliert. Die Leitung stand nach wie vor unter Druck und so mussten wir zum Tank fahren und das Wasser abdrehen. Als wir über die Kante

des Hügels fuhren und der Wassertank in Sichtweite kamen, traute ich meinen Augen nicht. Sämtliche Elefanten, die wir vor einer Stunde vertrieben hatten, standen nun rund um den Tank und versuchten, an das Wasser zu kommen.
Da die Methode, sie mit der Steinschleuder zu vertreiben, erfolgreich gewesen war, entschlossen wir uns, sie wieder anzuwenden. Stein für Stein, Treffer um Treffer scheuchten wir sie davon.
Endlich war der Weg zum Wasserhahn frei.
Bevor wir wieder zum Leck in der Wasserleitung zurückfuhren, wollte ich nachsehen, ob noch genügend Wasser im Tank sei. Der Tank war fast leer und es floss kein Wasser nach.
Willy entdeckte, dass das Windrad der Pumpe blockiert war und sich nicht mehr drehte.
Ein Schlangenadler hatte sein aus groben Ästen geformtes Nest so gebaut, dass einige davon den Rotor blockierten. Das Nest schien auf den ersten Blick leer zu stehen, also kletterte ich den Mast hinauf.

Ein, zwei Meter noch, dann bin ich beim Nest.
Ein gellender Schrei fährt mir bis ins Knochenmark.
Dann stürzte sich der Adler von hinten auf mich und schlägt mir seine Krallen in den Rücken.
Gleichzeitig hackt er mit seinem messerscharfen Schnabel auf meinen Kopf ein.
Mit aller Kraft halte ich mich an den Eisensprossen fest.
Ich habe keine Hand frei, den Vogel abzuwehren.

Ich hatte meine alte, selbst gefertigte Lederjacke an und trug einen soliden Rangerhut. Das bewahrte mich vor schweren Verletzungen.
Ich kletterte in die Innenseite des Stahlturmes, um vor den Angriffen des Vogels besser geschützt zu sein. Ich verspreizte mich mit den Beinen im Inneren der Stahlkonstruktion und hatte so die Hände frei, um mich gegen den Adler zu wehren.

Mit ohrenbetäubendem, schrillem Geschrei drehte er aufgeregt seine Runden um den Turm, den nächsten Angriff vorbereitend.
Nur seine große Flügelspannweite verhinderte, dass er durch die Stahlkonstruktion hindurch kam.
Immer wieder startete er aus größerer Entfernung wütende Angriffe gegen mich. Dabei prallte er so hart gegen das Stahlgerüst, dass die Federn nur so flogen.
Da ich in dieser Position halbwegs geschützt war, zog ich meine Jacke aus und wickelte sie um meinen rechten Arm. Mein Plan war es, den Adler meine Hand attackieren zu lassen. Wenn er sich dann festgekrallt hatte, wollte ich ihn mit der freien Hand k.o. schlagen.

Provozierend strecke ich meine geschützte Hand durch die Stahlkonstruktion.
Der Adler sammelt seine Kräfte, steigt kreisend und kreischend höher.
Dann stürzt er sich auf mich herab.
Er bricht mir fast den Arm.
Mit seinen Greifern krallt er sich in meiner Lederjacke fest und hackt mit seinem Schnabel auf meinen Arm ein.
Ich versuche, ihn auf den Kopf zu schlagen.
Beim zweiten Versuch treffe ich ihn mit flacher Hand am Hinterkopf.
Der Adler fällt benommen zu Boden.

Kurz dachte ich, er wäre tot. Dann rappelte er sich auf, saß einige Zeit irritiert am Boden und flog dann sichtlich angeschlagen davon. Er wird wieder kommen, jetzt aber schnell!
Ich klettere hinauf zu dem Nest, in dem drei Eier liegen.
Drei starke Äste blockieren das Windrad, ich breche sie vorsichtig ab, um das Nest nicht zu zerstören.
Das Windrad beginnt sich wieder zu drehen.

Unten angelangt betrachtete ich meine Jacke. Sie war nicht mehr zu gebrauchen. Stellenweise waren ganze Lederstücke herausgerissen und übersät mit tiefen Schnitten.
An meinem Unterarm spürte ich brennende Schnittwunden. Selbst die solide Lederjacke konnte mich nicht vor Verletzungen durch die wütenden Angriffe des Raubvogels schützen. Willy, der die ganze Szene vom Auto aus beobachtet hatte, reichte mir den Verbandkasten. Die Schnittwunden waren zum Glück nicht besorgniserregend tief.
Eine Zeitlang saßen wir da und warteten, ob der Adler zurückkommen würde.
Meine zerfetzte Lederjacke hielt ich griffbereit auf dem Schoß – sicher ist sicher.

Nach einiger Zeit wies mich Willy auf einen etwas entfernt stehenden Baum hin. Dort saß der Adler mit seinem Weibchen und wartete, offensichtlich eingeschüchtert darauf, dass wir uns entfernten.
Wir fuhren zu dem Baum und ich konnte die Adler aus nächster Nähe betrachten.
Ich begann langsam und ruhig auf sie einzusprechen, so als ob ich mich bei ihnen entschuldigen wollte. Beide begannen ihre Köpfe zu drehen und mich abwechselnd anzusehen. Ich hatte den Eindruck, dass sie mir zuhörten, mich verstanden hatten und meine Entschuldigung annahmen.
Als ob er mir antworten wollte, begann einer der Vögel zu pfeifen und mit den Flügeln zu schlagen. Er wirkte weder aufgeregt noch aggressiv. Ein angenehmes, warmes Gefühl durchströmte mich, als sich beide mit schwerem Flügelschlag erhoben und in Richtung Horst davonflogen.
Wir reparierten zuerst den Wasserrohrbruch. Dann mussten wir wieder zurück zum Reservoir, um das Wasser aufzudrehen. Als wir zum Windrad zurückkamen, sahen wir beide Adler im Nest sitzen. Sie putzten sich gegenseitig das ramponierte Gefieder und ignorierten uns. Das Wasserbecken war bereits

wieder halb gefüllt. Ohne dass die Adler Notiz von uns nahmen, kontrollierten wir alles und öffneten den Wasserhahn. Die Gäste hatten wieder Fließwasser!

„Du kannst ja mit Adlern sprechen“ meinte Willy beeindruckt, während wir zurück zum Camp fuhren.

26. Wippiweppi

Elke hatte es wieder einmal voll erwischt. Ihre Alkoholsucht war Anlass für tägliche Streitereien über irgendwelche Belanglosigkeiten. Also stürzte ich mich in Arbeit.

Um diese Jahreszeit konnte es nachts ganz schön kalt werden, und so sammelten wir mehr Brennholz als sonst, denn ohne Lagerfeuer wäre es abends in der Lappa zu kühl geworden.

Zeitig in der Früh packten wir Proviant, Sägen und Buschmesser ein und fuhren einige Kilometer tief in den Busch. Der Anhänger war schon fast voll mit gutem Brennholz, als ich etwas Weißes durch das Buschgras blitzen sah. Wir standen vor einem gewaltigen Elefantenschädel. Beeindruckt von diesem Fund, trugen Willy und ich den schweren Schädel zum Wagen. Ich wollte den Schädel als Dekoration vor der Lappa aufstellen, doch Phinas und die anderen Schwarzen zeigten sich darüber gar nicht glücklich. Mit der Zeit fand ich eine Reihe von Tierschädeln, die ich allesamt am Mittelsteher der Lappa anbrachte. Einen großen Schenkelknochen einer Giraffe, den Schädel eines Büffels mit seinem ausladenden und geschwungenen Gehörn, einige Impala- und Springbockhörner, den Schädel einer Hyäne und andere Knochen. Für die Touristen war diese Trophäensammlung ein beliebtes Fotomotiv. Dass mir der Elefantenschädel noch sehr viele Unannehmlichkeiten einbringen würde, konnte ich zu diesem Zeitpunkt noch nicht ahnen.

Eines Nachts wurde ich durch ungewöhnliche Geräusche wach. Schon nach einigen Schritten merkte ich, dass sich ein Elefant in der Nähe der Lappa herumtrieb. Im Lichtkegel meiner Taschenlampe konnte ich erkennen, dass sich der Dickhäuter den Elefantenschädel aus der Lappa geholt hatte.

Fast zärtlich rollte er ihn Stück für Stück über die Lichtung, dann wieder hob er ihn mit seinem Rüssel auf und warf ihn in hohem Bogen von sich weg. Das Spiel wiederholte sich einige

Male. Mit Respektabstand folgte ich ihm, dann verschwand er im Busch. Hatte er sich die sterblichen Überreste seines Verwandten geholt? Verwirrt und nachdenklich ging ich ins Zelt zurück.

Erst am nächsten Morgen konnte ich den Schaden erkennen, den der Elefant angerichtet hatte. Nicht nur, dass er das Handwaschbecken aus den Boden gerissen hatte, um an das Wasser zu kommen, er hatte auch den zentralen Mittelsteher der Lappa sowie Teile der Dachkonstruktion schwer beschädigt. Als Phinas den Schaden sah, konnte er sich ein freches Schmunzeln nicht verkneifen, so als ob er sagen wollte „ich hab´s dir ja gesagt …".

Wir mussten den Schaden rasch reparieren, denn am nächsten Tag war eine große Gruppe Gäste angekündigt. Die Arbeiten stellten sich als schwierig und gefährlich heraus, da das ganze Dach einzubrechen drohte. Zuerst mussten wir eine Stützkonstruktion bauen und dann die geborstenen tragenden Teile mit Hilfe von Wagenhebern austauschen. Schließlich schraubten wir die neuen Teile wieder mit langen Gewindestangen zusammen.

Einige Wochen später fand ich den Elefantenschädel wieder, weit draußen im Busch. Er lag genauso da, wie ich ihn damals gefunden hatte. Diesmal ließ ich ihn dort, wo er war.

Die neuen Gäste waren ein Pärchen aus Frankreich, beide Sportlehrer, und ein Rechtsanwalt aus Finnland mit seiner Frau, die Ärztin war. Beide Paare hatten täglich zwei lange Buschwanderungen gebucht. Eine zeitig am Morgen, die andere gegen Abend. Die heiße Mittagszeit verbrachten wir im Camp. Das war durchaus ungewöhnlich, denn zweimal täglich vier ganze Stunden durch den Busch zu streifen, war auch für uns anstrengend. Wir beschlossen, alle drei Tracker mitzunehmen und ich packte zusätzlich Traubenzucker und isotonische Getränke ein. Willy bunkerte mehr Wasserflaschen als üblich. Da wir uns vom Camp weiter als üblich entfernten,

steckte ich mir sicherheitshalber zehn weitere Patronen in den Gürtel.
Ich begrüßte die Neuankömmlinge, informierte sie über die Sicherheitsregeln und ließ sie die entsprechenden Haftungserklärungen unterschreiben. Während die Gäste die Informationsblätter durchlasen, zündete ich mir eine Zigarette an.
„Können Sie bitte das Rauchen in unserer Gegenwart unterlassen? Das stört uns, wir sind Nichtraucher!“ schnauzte mich der Franzose an. Seine Frau warf mir dabei einen bösen Blick zu.
„Kann man als Raucher so lange Buschwanderungen überhaupt durchstehen? Ein Profi würde so etwas nicht tun!“ setzte er sein aggressives Verhalten fort.
„Wir haben ja eine Ärztin mit“, unterdrückte ich meinen Ärger und deutete auf die finnische Doktorin.
Er verstummte kopfschüttelnd und setzte sich auf ein Sofa in der Lappa, um kurz darauf nach der Toilette zu fragen. Auch während des Abendessens stand er immer wieder auf und ging hinters Haus, offensichtlich litt er an Durchfall.
„Wer von uns beiden wird eine Ärztin brauchen?“ dachte ich mir, noch immer verärgert über sein arrogantes Verhalten.
Wir brachen im Morgengrauen auf. In flachen Scheiben lag Bodennebel über der Landschaft. Es war die Zeit der Jäger. Wir konnten jederzeit auf Löwen, Leoparden oder andere Raubtiere stoßen.
Die Nebelfelder wurden immer weniger und mit den ersten Sonnenstrahlen wurden sie restlos aufgesaugt. Der Busch lag in aller Pracht vor uns.
„Das wird ja heiter …“, dachte ich mir als der Franzose nach einer Pause verlangte, um seine Notdurft zu verrichten. Ich mochte ihn nicht.
Die Tiere, die man zu den Big Five zählt, verdanken ihre Bezeichnung nicht ihrer Größe, sondern ihrem gefährlichen Verhalten, wenn man auf der Jagd nach ihnen ist. Man sagt, dass alle Big Five die gefährliche Eigenschaft haben, ihre Jäger gna-

delos zu verfolgen und zu töten. So auch Büffel. Sie sind Herdentiere und können ganz plötzlich angreifen, einzeln oder im Kollektiv. Wenn jemand in ihr Revier eindringt, attackieren sie den Feind geschickt mit ihren Hörnern, schleudern ihn zu Boden und trampeln ihn dann mit ihrer gigantischen Körpermasse von bis zu 1.500 kg zu Tode. Dabei sind sie bestens organisiert. Wie in einer Staffel verfolgen sie ihre Feinde bis zur Vernichtung. Gerät man als Mensch ins Visier einer Büffelherde, hat man kaum eine Überlebenschance.
Genau das passierte uns gleich zu Beginn unserer Buschwanderung. Wir waren völlig überraschend in eine Büffelherde geraten. Sie hatten uns zum Glück nicht gewittert. Wir mussten uns so rasch wie möglich in Sicherheit bringen. Selbst mein Gewehr hätte uns nichts genützt, es waren zu viele.
Phinas und Armando teilten sich auf und erkundeten vorsichtig die Gegend rund um uns. Ein großer Termitenhügel bot sich als Schutz an. Aufs äußerste angespannt hockten die Gäste eng aneinander gedrängt in seinem Schatten. Ich kroch auf den Hügel hinauf, um die Bewegungen der Herde zu beobachten, die friedlich dahingraste. Sie bestand aus rund sechzig Tieren.
Immer wieder mahnte ich mit dem Zeigefinger an den Lippen zu absoluter Ruhe. Manche Gäste konnten dem nervlichen Druck einer solchen Situation nicht standhalten und begannen zu schreien oder wollten weglaufen. Das durfte jetzt nicht passieren! Weglaufen wäre ein tödlicher Fehler gewesen. Diesmal geriet aber niemand in Panik.
Phinas und Armando kamen zurück und zeigte uns unseren Rückzugsweg. Zuerst krochen wir auf allen Vieren, dann konnten wir in gebückter Haltung weitergehen.

Plötzlich hebt ein unheimliches Grollen an.
Die Herde beginnt, sich mit ihrer ganzen Masse in Bewegung zu setzen, immer schneller, immer lauter, aber in welche Richtung?

Der Boden dröhnt und bebt von gefühlten tausenden Hufen.
Haben sie uns Eindringlinge gewittert?
Ich entsichere mein Gewehr, obwohl ich weiß, dass es sinnlos wäre, zu schießen.
Ich spüre den bebenden Boden bis in meine Magengrube.
Es hört sich an wie ein lang anhaltendes Donnergrollen.
Dann ist es still, nichts mehr rührt sich.

Ich nahm Phinas und Armando zu Seite und machte ihnen Vorwürfe, dass sie uns in diese gefährliche Situation gebracht hatten.
„Ihr wolltet ja große Tiere sehen! Ich wusste schon, dass sie da sind, aber mit den Löwen habe ich nicht gerechnet!" antwortete er stolz und selbstsicher.
„Welche Löwen?" antwortete ich erstaunt.
„Ein Löwenrudel hat die Herde angegriffen. Gut, dass die Büffel in die andere Richtung geflohen sind!"

„Glück gehabt," meinte ich und wir beschlossen, zur Beruhigung eine Erfrischungspause einzulegen.
Das finnische Pärchen war von dem gewaltigen Erlebnis, gleich zu Beginn der Buschwanderung begeistert. Offensichtlich war ihnen nicht bewusst, in welcher Gefahr wir uns alle befunden hatten.
Dem Franzosen hingegen ging es offensichtlich schlecht. Er hockte hinter seiner Frau so, als ob er sich verstecken wollte. Sie streichelte ihm über das Haar und flüsterte auf ihn ein. Mir war klar, dass ich mich um die beiden kümmern musste. Als ich auf sie zutrat, versuchten sie mich mit abwehrenden Gesten davon abzuhalten, ihnen näher zu kommen. Bald wusste ich warum. Der Durchfall hatte ihn übermannt – oder war es schlicht und einfach Angst? Er stank erbärmlich und den beiden stand ins Gesicht geschrieben, wie unendlich peinlich ihnen die Situation war.
„Nicht schon wieder!" Ich musste an den großmäuligen Gast aus Holland denken.

Die beiden baten mich, mit einem der Tracker zur Lodge zurückgehen zu dürfen, was ich vorerst ablehnte.
„Putz dir den Hintern ab, sonst bekommst du noch einen Wolf und wasch dir deine Hose im nächsten Bach aus", riet ich ihm bestimmt, ohne dabei ein böses Grinsen vermeiden zu können.
„Wir verlangen, zum Camp zurückgebracht zu werden!" blieb die Frau des Franzosen hartnäckig.
„Wir gehen keinen Schritt weiter!"
Die Finnen schalteten sich ein, da sie sich um ihren Ausflug gebracht fühlten. Man spürte förmlich die aufkommende Animosität zwischen den beiden Paaren.
Ich traf die Entscheidung, alleine mit den Franzosen zum Camp zurückzugehen. Der Rest der Gruppe sollte die Buschwanderung bis zur Mittagsrast im Camp fortsetzen.
Der Franzose wurde von Bauchkrämpfen geplagt. Man sah ihm an, dass er Schmerzen hatte. Ich führte das Paar zu seinem Zelt zurück.
Es dauerte keine Minute, hörte ich lautes Gekreische. Ich ging sofort zurück und öffnete die Tür. Völlig außer sich stotterten die beiden, dass sich eine Schlange in ihrer Dusche befände.
Meine Angst vor Schlangen hatte ich schon lange abgelegt. Ich hatte aus unzähligen Erfahrungen mit diesen Tieren gelernt, dass sie keine hinterhältigen Bestien waren, die einem auflauern. Die meisten Schlangen sind eher scheu. Wenn man von einer Schlange gebissen wird, dann handelt es sich meistens um einen Unfall. Entweder weil man auf sie steigt oder ihnen versehentlich zu nahe kommt und sie sich angegriffen fühlen. Wenn man sich ihnen ruhig nähert und keine hektischen Bewegungen macht, sind sie meist friedlich und verschwinden von selbst.
Zum Glück hatte der Franzosen die Schlange gleich entdeckt. Unvorstellbar, wenn er sich die Kleider vom Leib gerissen hätte und sofort unter die Dusche gerannt wäre. Ich sah sofort, dass es eine große Puffotter war. Ein Biss von ihr hätte zumin-

dest zu schweren Gewebezerstörungen geführt. Im schlimmsten Fall hätte er sogar tödlich sein können.
Ich ging langsam in die Dusche und versuchte, die Schlange mit dem Gewehrkolben niederzudrücken, um sie hinter dem Kopf zu packen. Mit den typischen Zisch- und Knallgeräuschen setzte sie sich zur Wehr. Puffottern wehren sich nicht lange. Ich packte sie fest hinter dem Kopf und fixierte mit dem Daumen ihren Oberkiefer. Nach einigen Sekunden ließ sie sich wie tot hinunterhängen.
Bevor ich die Dusche, mit der Schlange fest in der Hand, verließ, vergewisserte ich mich, ob keine weitere Puffotter im Raum war. Puffottern treten gerne in Gruppen auf. Erst als ich sicher war, dass keine weitere Schlange im Raum war, ging ich mit meiner Jagdtrophäe auf das am Bett stehende Pärchen zu, um sie ihnen zu zeigen.
„Gehen Sie weg, gehen Sie weg!“ kreischte die Französin in hellster Aufregung.
„Lassen Sie meine Frau in Ruhe!“ wurde der Franzose wieder frech und bemerkte vor Aufregung nicht, dass ihm seine angeschissene Hose noch immer bis zu den Knien hing.
Auch das finnische Pärchen hatte den Bushwalk wegen der großen Hitze abgebrochen. Zurück im Camp, hatten sich es die beiden in der Lappa bei kühlen Getränken gemütlich gemacht.
Als sie sahen, was ich da in Händen hielt, blickten sie mich ängstlich an. Ich legte die Schlange, die sich noch immer tot stellte, auf ihren Tisch, ohne sie loszulassen.
Ich forderte die beiden auf, die Schlange zu streicheln, es könnte nichts passieren.
Nicht viele Gäste hatten den Mut dazu, eine Schlange anzugreifen. Die beiden aber hatten nach kurzer Zeit keine Scheu mehr, das Tier zu berühren.
„Die hat ja eine ganz samtige und trockene Haut!“ meinte die Frau erstaunt.

Ich nutzte die Gelegenheit, eine Puffotter gefangen zu haben, und wollte sie melken. Mit Schlangengift kann man gutes Geld verdienen. Statistisch gesehen kommen Puffottern-Bisse häufig vor, daher besteht großer Bedarf nach ihrem Serum.
Elke brachte ein Glas und ein Tuch.
Dann löste ich den Fingerdruck vom Kopf des Reptils.
Ich konnte spüren, wie sich die Schlange aus der Fixierung zu befreien versuchte.
Vorsichtig und mit viel Gefühl drückte ich ihren Kopf mit meinem Daumen und Mittelfinger seitlich hinter ihrem Kiefer zusammen, damit sich ihr Maul öffnen musste.
Ich erklärte den Gästen die Anatomie einer Schlange, vor allem das Jacobsorgan.
Es besteht aus zwei kleinen Löchern, die sich im Oberkiefer befinden und hat die Aufgabe, die gesammelten Informationen, welche die Schlange durch ihre Zunge aufnimmt, zu verwerten. Deswegen züngeln Schlangen andauernd.
Puffottern sind sogenannte „Frontfänger". Ihre Fang- und Giftzähne ruhen eingeklappt im vorderen Teil des Gaumens. Bei Bedarf klappt sie die Giftzähne nach vorne aus und schlägt sie in ihr Opfer.
Nun konnte ich beginnen, die Schlange zu melken.
Elke brachte mir das mit einer Serviette abgedeckte Glas.
Mit einem Holzstäbchen löste ich ihre Giftzähne, klappte sie behutsam nach vorne und drückte sie durch die Serviette.
Die Kiefer der Puffotter waren weit offen über den Glasrand gespreizt, so als würde sie hineinbeißen.
Je stärker ich den Kopf andrückte, umso tiefer stießen die Zähne durch das Papier und trübe Gifttropfen treten aus.
Puffottern verfügen über große Mengen an Gift und es dauerte einige Zeit, bis ich sie gemolken hatte.
Von der Seite konnte man durch das Glas gut erkennen, dass die Zähne mit einer Haut, die wie ein Segel mit dem Kiefer verbunden ist, abgedeckt werden. Je mehr diese Haut zurückgeschoben wird, umso mehr Gift wird aus der Giftkammer ge-

pumpt. Je nach Stärke des Bisses kann die Giftdosis dadurch variiert werden. Eine wahrlich wunderbare Erfindung der Natur.

Als ich die Schlange abgemolken hatte, ließ ich sie abseits der Lappa wieder frei und brachte das Glas mit dem Gift in den Eiskasten.

Das französische Paar verzichtete erwartungsgemäß auf den Buschgang am Nachmittag und blieb in der Lodge. Die Finnen zogen nach der aufregenden Mittagsrast wieder mit uns los. Wir hatten Glück und konnten ein Löwenrudel bei der Jagd beobachten. Ein schauriges Spektakel, das uns alle in seinen Bann zog. Gegen Abend begegneten wir einer kleinen Elefantenherde, die wieder an der selben Stelle die Wasserleitung ausgraben wollte. Phinas verscheuchte sie in gewohnter Manier mit der Steinschleuder. Zu guter Letzt sahen wir im Abendlicht einen Leoparden in einem Baum liegend vor sich hin dösen. Das finnische Ehepaar hatte Glück, es fehlte nur noch ein Nashorn, um alle Big Five gesehen zu haben. Aber morgen war ja auch noch ein Tag.

Nashörner interessierten mich selbst, sie waren auch in unserer Gegend selten geworden.

Den Abend verbrachten wir Geschichten erzählend am Lagerfeuer. Die Finnen waren wissbegierige, fröhliche Menschen und stellten viele Fragen. Die Franzosen blieben dem Abendessen fern und ließen sich ihr Essen ins Zelt bringen.

Elke überfiel mich stockbesoffen mit allerlei grundlosen Vorwürfen in unserem Zelt. Wieder einmal war sie auf Streit aus. Es war mir unerträglich geworden, neben ihr zu schlafen. Langsam machte sich in mir ein Gefühl der körperlichen Abneigung breit. Ich begann, sie nicht mehr riechen zu können, im wahrsten Sinne des Wortes.

Kurzerhand nahm ich meinen Schlafsack und mein Gewehr und ging unerschrocken zu dem noch glimmenden Lagerfeu-

er, wo ich mein Nachtlager aufschlug. Besser von einem Tier gefressen werden, als neben dieser Frau schlafen!
Ich legte mich auf den Rücken, verschränkte die Arme hinter meinem Kopf und betrachtete die Milchstraße mit ihrer gigantisch großen Ansammlung an Sternen, die in dieser Gegend besonders hell leuchteten.
Das Buschorchester hatte an diesem Abend seine besten Melodien auf dem Programm und ich fühlte mich wie im Paradies. Lediglich Eva fehlte. Sie schlief schwer betrunken im Zelt.
Kalter, feuchter Morgentau auf meinem Gesicht weckte mich.
„Guten Morgen Boss, hast Du gut geschlafen?“
Phinas stand neben dem Feuer und legte leise Holz nach.
Er hatte heißen Kaffe mitgebracht. Das war ungewöhnlich, denn normaler Weise waren die Frauen dafür zuständig.
An seinem Verhalten spürte ich, dass ihm etwas am Herzen lag.
„Ich habe dich gestern dabei beobachtet, was du mit der Schlange gemacht hast. Du bist wirklich sehr mutig.“
Nach einer Weile fragte er weiter.
„Was machst du mit dem Gift, ich könnte es gut brauchen, wenn du es nicht haben willst“ rückte er heraus.
„Was willst du mit dem Gift?“ Ich wollte verhindern, dass das Gift in die Hände eines Hexendoktors fiel.
„Man kann Medizin daraus machen, gegen Ekzeme und Insektenbisse unserer Rinder und Ziegen. Man muss es nur mit verschieden Pflanzen und Wurzeln mischen und dann auf die Ekzeme der Tiere aufbringen, dann trocknen sie schnell aus. Der Medizinmann macht eine gute Mischung.“
Ich traute ihm, er war ein aufrichtiger, ehrlicher Bursche. Trotzdem rang ich ihm das Versprechen ab, das Gift nicht anders zu verwenden. Er gab mir sein Ehrenwort und ich schenkte ihm das Schlangengift.
„Ich muss es gleich dem Medizinmann bringen, ich nehme dir auch ein Geschenk mit. Danke, Boss!“ verabschiedete er sich erfreut.

Die Franzosen erschienen reisefertig samt ihrem Gepäck zum Frühstück.
Der Mann hatte seine Aggressivität wiedergefunden und bezichtigte mich der Fahrlässigkeit, ihn und seine Frau in solch gefährliche Situationen gebracht zu haben. Abermals stellte er mich lauthals zur Rede, weil ich wieder einmal rauchte. Kommentarlos nahm ich die Vorwürfe hin und freute mich, diese Gäste bald los zu sein.
Die Finnen überschlugen sich vor Freude über das Erlebte und fieberten dem nächsten Buschausflug entgegen. Sie bedankten sich bei mir und den Boys überschwänglich für den vergangenen Tag. Das hatte bislang noch niemand gemacht, die Tracker waren richtig verlegen, aber stolz. Auch ich konnte das Lob gut gebrauchen.
Phinas kam mit dem Geschenk für mich zurück.
„Wippiweppi" meinte er einsilbig, als er es präsentierte.
„Wippiweppi" ist der Zulu-Begriff für einen eigenwilligen Baum. Er hat ähnliche Blätter wie eine Akazie, nur etwas kleiner und samtiger, zartgrün mit einem in die Sinne gehenden Duft.
Phinas erklärte mir, dass die Einheimischen die Blätter wie Toilettenpapier verwenden würden. Gestern habe man sehen können, wie wertvoll Wippiweppi sein könnte!
Die Franzosen, die schweigend und sauer auf die Abreise warteten, bekamen seine Erklärung mit. Sie fühlten sich verhöhnt und beklagten sich verärgert über den respektlosen Umgang mit ihnen.
Phinas wunderte sich, warum sein Geschenk an mich bei ihnen so schlecht ankam und verstand die Welt nicht mehr.

Kurz vor der Abfahrt musste der Franzose noch einmal auf die Toilette – ohne Wippiweppi.
Ich hingegen benutzte ab diesem Tag nur noch diese herrlich samtigen und duftenden Blätter.

27. Frans, der „King of Lions"

Obwohl ich wusste, das es ein gefährlicher Job war, hatte ich mich freiwillig zu einer Anti Poaching Unit (APU) gemeldet. Anti Poaching Units werden im allgemeinen private oder staatliche Sicherheitsdienste genannt, sie haben verschiedene Securityaufgaben zu erfüllen.
Unsere Gruppe sollte Wilderer und illegale Flüchtlinge in unserer Umgebung aufspüren und sie überführen. Wenn wir irgendwelche Spuren von Wilderern fanden, musste ich alle Details genau dokumentieren. Ich sicherte alle vorhandenen Spuren wie Fußabdrücke, Lagerfeuerstellen, Patronenhülsen, Fallgruben, Speere und Pfeile und zeichnete die Fundorte auf eine Karte ein. Ich musste herausfinden, wo und wie das Tier erlegt und zerteilt wurde. Das war kein Job für zart Besaitete. Immer wieder fanden wir Kadaver von Tieren, die durch Drahtschlingen oder Gift qualvoll verendet waren. Vielen von ihnen wurden bei lebendigem Leib die besten Fleischstücke herausgeschnitten, der Rest den Raubtieren überlassen.
Eines Tages bekam die Gruppe, der ich angehörte, über Funk die Anordnung, ein bestimmtes Gebiet nach Wilderern abzusuchen.
Ich fuhr sofort zum vereinbarten Treffpunkt der kleinen, schwer bewaffneten Truppe.
Es dauerte keine Stunde anstrengenden Marsches durch den Busch, als wir das leise, schmerzvolle Fiepen eines Nashorns hörten.
Plötzlich sehen wir einen Wilderer in den Busch davonrennen.
Wir nehmen die Verfolgung auf.
Ich laufe an dem Nashorn vorbei, die Drahtschlinge ist tief in seinen Hals eingeschnitten, im Horn steckt eine Säge.
Es atmet nur noch schwach.
Ich laufe hinter unserem Spurenleser her.
Er läuft an einem Marula Baum vorbei, schreit auf, Blut spritzt.

Er sackt in sich zusammen und kann vor Schmerz nicht einmal mehr schreien.
Vor mir im Gras liegt sein abgehackter Arm.
Dann hallen Schüsse aus einem automatischen Gewehr durch den Busch.
Die Ranger vor mir gehen in Deckung.
Der Ranger hinter mir stößt mich zu Boden und wirft sich auf mich.
Auf der anderen Seite der Lichtung rennt ein Schwarzer davon, in der einer Hand eine AK47, in der anderen eine blutige Machete.
Wir teilten uns auf. Die eine Gruppe verfolgte den Mann mit der Machete. Die andere Gruppe kümmerte sich um unseren schwer verletzten Kameraden. Wir banden dem Mann den Oberarmstummel knapp unter der Achsel mit einem Gewehrriemen ab, packten den abgetrennten Arm ein und brachten den Verletzten in das 250 km entfernte Spital.
Wie wir später erfahren sollten, konnte sein Arm nicht mehr gerettet werden.
Der brutale Wilderer wurde gefasst und den Behörden übergeben.
Der Mann, der mich zu Boden stieß, als die Schießerei begann, hieß Frans. Ich bedankte mich bei ihm, dass er mir das Leben gerettet hatte und er reagierte mit einer abwehrenden Geste und einem tiefen brummenden „Klar doch!"
Wenn man Frans zum ersten Mal sah, war man eher erschrocken, wenn nicht schockiert. Er war ein massiger, hässlicher Riese. Sein Gesicht glich einem alten, zerfurchten, schwarzen Stück Leder. Es war von unzähligen schlimmen Narben übersät. Das Augenfälligste in seinem Gesicht war jedoch seine Nase und seine Lippen. Die Lippen nahmen mehr als zwei Drittel seines Gesichtes ein und wirkten wie ein überdimensionierter, aufgeblasener Schwimmreifen. Seine Nase war so breit, dass seine hervorstehenden Backenknochen fast überdeckt wurden. Frans lachte gerne, viel und laut. Wenn er dabei

seinen riesigen Mund öffnete, kam ein einziger gelber gigantischer Vorderzahn zum Vorschein.
Die dunklen, blutunterlaufenen Augen gaben ihm ein diabolisches Aussehen.
Seine rechte Schulter schien zu fehlen, obwohl der Arm da war.
Trotz seines abschreckenden Äußeren war er ein hervorragender verlässlicher Kamerad, angenehmer und weiser Gesprächspartner sowie ein humorvoller Freund.
Früher diente Frans mehr als 8 Jahre als Freiheitskämpfer für die ANC in Südafrika, Mozambique, Zimbabwe und Angola und lebte während dieser Zeit fast ausschließlich unter extremen Umständen im Busch. Wie viele Menschen er auf dem Gewissen hatte, wollte ich gar nicht wissen.
Er hatte am meisten Erfahrung von uns allen im Kampf gegen Wilderer. Er kannte alle ihre Tricks und Verhaltensmuster.
Eines Tages hatte er genug von Kriegen gegen Menschen und wollte sein restliches Leben lang nur mehr für die Erhaltung der Natur und der Tierwelt kämpfen. Das tat er hervorragend.
Frans kam oft zu uns ins Camp auf Besuch. Er gehörte demselben Stamm wie Phinas und die anderen Angestellten des Camps an. Alle hatten enorm viel Respekt vor dem hässlichen Riesen, allein schon wegen seiner äußeren Erscheinung.
Frans war ein Unterhaltungstalent. Am Lagerfeuer sitzend begann er seine aus Blechdosen gebastelte Gitarre auszupacken und mit seiner herrlich tiefen Stimme zu singen, manchmal tanzte er auch dazu – African Blues vom Feinsten. Die Saiten seiner Gitarre fertigte er aus Nilpferdsehnen selbst. Er hing sie am Ast eines Baumes auf, band einen Stein an das andere Ende und wartete, bis sich die Sehne auf die gewünschte Dicke ausgedehnt hatte.
Wenn er betrunken oder bekifft war, ließ er sich gerne dazu überreden, sein mehrfach geflicktes T-Shirt auszuziehen und sein Verletzungen zu zeigen. Jede der Narben, die wie dicke Raupen seinen ganzen Körper überzogen, hatte eine Geschichte, die seine Zuhörer gebannt verfolgten. Wenn er seine un-

glaublichen Erzählungen mit großen Gesten und furchteinflößender Mimik zum besten gab, war es so still, dass man eine Stecknadel hätte fallen hören können. Seine Stammesbrüder nannten ihn „Frans, King of Lions" und das hatte seinen Grund.

Immer wieder musste er erzählen, wie ihm ein Löwe die Schulter und den halben Rücken abgebissen hatte. Er schilderte die Geschichte so spannend, dass sich die Frauen die Ohren zuhielten. Das freute ihn dann besonders und es animierte ihn, noch lauter und dramatischer über die weiteren drei Löwenattacken zu berichten. Mit bloßen Händen hatte er insgesamt vier Löwen niedergestreckt, indem er ihnen seine Finger tief in die Augen gerammt hatte. Spätestens bei diesem Teil der Geschichte kreischten die Frauen auf. Dann war er zufrieden, lächelte mit seinem riesigen Mund so, dass man den einzigen Zahn sehen konnte. Dann schlief er seinen Rausch aus, um einige Wochen später wiederzukommen. Immer wieder mit neuen, noch spannendere Geschichten.

Frans und Phinas waren meine großen Lehrmeister im Busch geworden. Sie kannten jede Pflanze, jedes Tier, konnten sie hören, riechen und an ihren Spuren erkennen. Obwohl beide einen eher eigensinnigen Charakter hatten, waren sie die besten und verlässlichsten Buschläufer, denen ich je begegnete. Ihre Sinne waren so ausgeprägt, dass sie sogar in der Abenddämmerung aus einem fahrenden Fahrzeug heraus kleine, gut getarnte Tiere erkannten. Einmal sogar ein Chamäleon!

Auf eine respektvoll distanzierte Art waren wir Freunde geworden und wir konnten uns zu hundert Prozent aufeinander verlassen. Keine Woche, kein Monat verging ohne faszinierende Buscherlebnisse.

Immer öfter begann ich, alleine in den Busch zu wandern. Eines Tages traf ich auf eine Schleifspur im hohen Gras. Fast geradlinig führte sie zwischen Bäumen und Gestrüpp hindurch. Zuerst dachte ich, dass Wilderer hier gewesen sein mussten, aber ich fand keine Hinweise oder passende Spuren. Das Auf-

fällige waren die in der Umgebung gehäuften Elefantenspuren.
„Schleift hier ein Elefant irgendetwas hinter sich her?", rätselte ich. Aber was zum Teufel könnte das sein?
Dann entdeckte ich die Herde, die mehr oder weniger verstreut um ein Tier herumstand.
Das Tier in der Mitte war ein kleiner Bulle, der an seinem Bein einen großen Busch hinter sich herzog.
Ich konnte erkennen, dass er schon sehr geschwächt war und große Schmerzen haben musste.
Als der Busch lichter wurde, konnte ich erkennen, dass er mit dem rechten Hinterbein in eine Wildererschlinge geraten war, die sich schon tief in sein Bein hineingefressen hatte.
Richtig auftreten konnte er mit diesem Bein nicht mehr und er lahmte sichtlich.
Ich wollte mich dem Elefanten nähern und rieb mich mit Dung ein, um nicht gewittert zu werden. Dann robbte ich auf das Tier zu. Erstaunlicherweise konnte ich mich von hinten bis an sein verletztes Bein annähern, ohne dass irgendetwas passierte. Ich nahm meinen Leatherman und versuchte damit, den einige Meter langen und 4 Millimeter dicken Draht aufzuzwicken. Der Elefant ließ mich das tun, ohne zu reagieren. Still stand er da und bewegte sich nicht. Ich hatte Angst, aber mein Mitleid war größer.

Plötzlich spüre ich seinen Rüssel in meinen Nacken.
Ich erstarre zu Stein.
Jetzt ist es aus!
Der Elefant beginnt mit seinem Rüssel mein Gesicht abzutasten, gefühlvoll, fast zärtlich.
Dann legt er mir seinen Rüssel über den Kopf, so als ob er mir zu verstehen geben wollte, „mach nur, ich vertraue dir!"
Der kleine Bulle spürte genau, dass ich ihm helfen wollte und ermunterte mich, weiterzumachen.

Ich fühlte mich sicher und es gelang mir, den an der Schlinge hängenden Busch zu entfernen, nicht jedoch die tief eingeschnürte Schlinge selbst.
Völlig ohne Angst streichelte ich seinen Rüssel und zog mich langsam zurück, um Hilfe zu holen.
„Ich lass dich nicht im Stich, grauer Riese ..." flüsterte ich ihm zu.
Ohne unnötig Zeit zu verschwenden, informierte ich die Parkverwaltung von dem Elefanten.
Am nächsten Morgen weckte mich das Funkgerät. Der Mainranger informierte mich, dass er mit seinen Leuten und einem Tierarzt unterwegs war. Wir trafen uns am vereinbarten Treffpunkt.
Frans, Phinas und ich bildeten die Vorhut, denn ich hatte die Herde zuletzt gesehen.
Es dauerte nicht lange und wir hörten schon das Knacken und Bauchgrollen unserer Freunde.
Aus zwanzig Meter Entfernung schoss der Tierarzt seine Betäubungsspritze ab.
Der Elefant reagierte, als hätte ihn eine Biene gestochen. Er trabte einige Schritte vorwärts und begann dann wieder zu fressen. Keine fünf Minuten später zeigte die Narkose ihre Wirkung. Der Dickhäuter begann zu schwanken, machte einige unkoordinierte Schritte auf die Seite und sackte in sich zusammen. Jetzt mussten wir nur noch abwarten, wie die anderen Herdenmitglieder reagieren würden, wenn sie sahen, dass ein Mitglied ihrer Familie nicht mehr auf den Beinen stand. Sie kamen dem schlafenden Bullen irritiert wirkend zu Hilfe. Frans und Phinas vertrieben sie mit Steinwürfen und Geschrei und sicherten die Gegend.
Der Draht hatte sich schon tief in das Fleisch hineingefressen. Die Wunde war entsetzlich entzündet und eiterte stark.
Dem Tierarzt gelang es nicht, den dicken geflochtenen Draht mit einem Seitenschneider zu durchtrennen und Frans musste helfen. Auch er brauchte beide Hände, um den dicken Draht

zu durchschneiden. Erst nach mehreren Versuchen hatte er es geschafft und grinste breit und zufrieden.
Der Arzt konnte nunmehr den Draht aus der Wunde entfernen und sie dann vernähen. Dann schützte er die Naht mit einer speziellen Creme, die Fliegen und Ungeziefer fernhalten sollte.
Abschließend befestigte wir noch ein Sendehalsband um den Hals des Bullen.
Die Betäubung ließ langsam nach und wir mussten uns beeilen, die zwei großen Schrauben durch das Halsband zu stecken und festzuziehen.
In der Zwischenzeit hatten die drei Ranger den Dickhäuter vermessen, alle Verletzungen dokumentiert und Fußabdrücke abgenommen. Fußabdrücke von Elefanten sind, wie Fingerabdrücke beim Menschen, einzigartig und dienen zur Identifikation der Tiere.
Verdutzt und nach Orientierung suchend, erhob sich der kleine Bulle, blieb noch einige Zeit wackelig stehen und folgte schließlich der Herde.
So als ob er sich verabschieden wollte, drehte er sich noch einmal um und hob seinen Rüssel. Ich war zu Tränen gerührt, so wie damals, als wir meiner Angie das Leben gerettet hatten.

28. Genug

Edgar war ein seltsamer Mann mit einer skurrilen Neigung zum Nationalsozialismus. An Hitlers Geburtstag zog er sich regelmäßig eine SS-Uniform an, legte eine Schallplatte mit Hitlerreden auf und stand in seinem Wohnzimmer stramm. Er war Single und hatte einen interessanten Job. Seine Tätigkeit wurde „Bush-Clearence“ bezeichnet, was man am besten als „Waldsäuberung“ bezeichnen konnte. Irgendwann in der Geschichte des Kruger Nationalparks wurde ein Baum eingeschleppt, der in manchen Gegenden zu einer richtiggehenden Plage wurde.

Dieser Baum wird Mopani genannt. Er verbreitet sich rasch und verdrängt so ziemlich alle heimischen Pflanzen um ihn herum. Die Nationalparkverwaltung beauftragte Edgar, diese Bäume zu dezimieren. Sein Job war zweifach interessant. Zum einen wurde er dafür bezahlt, den Busch von Mopanibäumen zu säubern, zum anderen verwertete er das hervorragende Holz. Mopaniholz ist besonders hart und widerstandsfähig, aber ist daher auch schwer zu verarbeiten. Edgar besaß eine Firma, die aus diesem Holz hervorragende Gartenmöbel herstellte.

Die Baumart hatte aber auch weitere nützliche Eigenschaften. Riesige Raupen einer Nachtfalterart ernährten sich von seinen Blättern. Aus den Kokons wird teure Wildseide gewonnen. Darüber hinaus sind die Raupen äußerst proteinreich und schmecken geröstet hervorragend.

Wir lernten Edgar kennen, als er eines Tages in der Lappa stand, seine Bush-Clearence-Dienste anbot und einige Tage lang die Gegend von Mopanibäumen säuberte.

Die Fahrt nach Huitspruit und zurück dauerte sechs bis acht Stunden. Ich musste dorthin, um einzukaufen. Ich wurde von Elke aufgehalten, die wieder einmal wegen irgendeiner Kleinigkeit einen Streit vom Zaun brach. Daher konnte ich erst mit

einiger Verspätung losfahren. Ausnahmsweise benutzte ich diesmal meinen altgedienten privaten Landrover, den ich mit leeren Gasflaschen und Getränkekisten bis unters Dach vollpackte. Ich hatte es eilig, denn ich wollte vor Mitternacht zurück im Camp sein.
Zornig und mit Wut im Bauch machte ich mich auf den Weg. Vom Camp bis zur asphaltierten Hauptstraße waren rund 40 Kilometer Piste zu bewältigen. Ich fuhr schneller als sonst – viel zu schnell.

In einer lang gezogenen uneinsehbaren Linkskurve stehen plötzlich zwei Elefanten mitten auf der Straße, Kopf an Kopf, ihre Rüssel ineinander verschlungen. Ich muss stark bremsen. Die Räder blockieren, das Auto schleudert.
Kurz bevor ich zum Stehen komme, touchiere ich das Bein des einen Elefanten.
Der Bulle wird wütend und attackiert mich.
Mit einem ohrenbetäubenden Trompeten dreht er sich frontal zu mir um und stößt zu.
Seine Stoßzähne bohren sich in den Kühler.
Heißes Wasser und Dampf treten aus.
Mit dem schweren Rüssel drischt er auf das Dach.
Der Bulle rast wie besessen, immer wieder stößt er zu.
Ein Kotflügel fliegt davon, dann die Motorhaube.
Er bohrt seine Stoßzähne in den Ventildeckel, es riecht nach verbranntem Öl.
Alles raucht und dampft.
Wieder und wieder hebt er den Landrover wie eine Zündholzschachtel auf und lässt ihn danach fallen.
Ich sitze wie gelähmt im Wagen, Getränkekisten und Gasflaschen fliegen umher.
Ich nehme die Hände schützend vor mein Gesicht, mehrfach schlage ich mit dem Kopf auf.
Blut rinnt mir in die Augen.

Er schiebt er den Landy wie ein Spielzeugauto die steile Straßenböschung hinunter, er überschlägt sich beinahe, dann knalle ich mit dem Heck in einen Baum.
Ich war gefangen und konnte nur mehr zusehen, wie er mich töten würde. Er hatte sich in Kampfstellung gebracht und bereitete sich auf den finalen Angriff vor. Ich begann, laut zu beten, immer schneller, immer hastiger.
Er senkt sein mächtiges, ölverschmiertes Haupt, legt die Ohren an, rollt den Rüssel ein und beginnt zu laufen.
Durch die Rauch und Dampfschwaden kann ich nur mehr die Umrisse des heranstürmenden Kolosses erkennen.
„...vergib mir meine Süden ..." ich schließe die Augen und warte auf den Aufprall.
Wie durch ein Wunder drehte der Elefant knapp vor meinem-Wagen ab und verzog sich mit tiefem Trompeten in den Busch. Ein schwerer Schüttelfrost überkam mich und ich blutete aus mehreren Platzwunden am Kopf.
Ich fand mich zwischen Scherben, Blechteilen, Getränkekisten und kreuz und quer liegenden Gasflaschen wieder.
Zuerst sah ich mich um, ob die Elefanten noch in der Nähe waren, dann wollte ich aussteigen. Die Fahrertür klemmte. Die Beifahrertüre jedoch ließ sich mit einiger Kraftanstrengung halb öffnen.
Dann betrachtete ich das Schlachtfeld. Die Straße und die Böschung waren mit Blechteilen und Glasscherben übersät, so als wäre ich auf eine Landmine gefahren. Alles Schrott, ich hatte keine Chance, mit diesem Wagen auch nur einen einzigen Meter zu fahren.
Ich versorgte meine noch immer stark blutenden Platzwunden auf Kopf und Stirn und setzte mich auf die Böschung. Ich hatte weder Proviant noch Getränke auf die Fahrt mitgenommen. Langsam begannen auch die Rippen, Arme und die Hüfte zu schmerzen. Mein Kopf brummte wie nach einem k.o.-Schlag. Ich war verzweifelt. Eine schwere Depression überfiel mich wie ein Keulenschlag.

Bis ins Camp waren es rund 16 Kilometer, die ich nun zu Fuß zurück musste, ohne Essen, ohne Trinken, bei enormer Hitze. Ich durfte nicht unaufmerksam werden, denn die Gegend war voller hungriger Raubtiere. Je länger ich mich über die staubige Sandstrasse dahinschleppte, desto größer wurden die Sorgen um meine Zukunft. Jetzt war auch der Landrover hinüber. Ohne Fahrzeug ist man in dieser Gegend hoffnungslos verloren. Ich hatte restlos genug, von allem. Meine Lebensbilanz war aus dem Lot geraten. Die positiven Erlebnisse wogen die Katastrophen nicht mehr auf. Alle Niederlagen, Debakel und Misserfolge zogen an mir vorbei. Ich hatte genug davon, immer wieder alles zu verlieren. Ich hatte genug davon, immer wieder neu anfangen zu müssen. Ich hatte genug von meinem Leben. Ich hatte genug von Elke. Für mich war die Zeit gekommen, um mit ihr Schluss zu machen. Heute noch!

In der Ferne kann ich das Windrad mit dem Adlernest sehen.

Noch gute fünf, sechs Kilometer, dann bin ich zu Hause.

Zu Hause?

Am Wassertank angekommen, mache ich Pause, trinke gierig und springe ins Wasser, so wie ich bin. Mir ist alles egal, scheißegal. An den frischen Elefantenspuren erkenne ich, dass sie wieder hier gewesen waren, um an das Wasser zu kommen. Es ist mir egal, scheißegal.

Sie stand schwankend da und soff Wein aus einer Flasche.

Als sie mich bemerkte, verschluckte sie sich und dabei sabberte ihr der Wein aus dem Mund auf die Brust.

Ich konnte nichts mehr sagen, schüttelte den Kopf und ging zum Zelt.

Edgar liegt nackt in meinem Bett.

Er springt auf und sucht mit hochrotem Kopf nach Ausreden, dabei bedeckt er seinen Schwanz mit beiden Händen und sucht seine Klamotten zusammen.

Auf einem Bein hüpfend versucht er, in seine Unterhose zu schlüpfen.

Dann schleicht er mit eingezogenem Kopf hinaus.

Nach außen hin bin ich kalt wie Eis, innerlich fühle ich mich zum Zerplatzen.
„Nimm dein Gewehr mit, du Arschloch“ rief ich ihm nach
Er hörte nicht und das kostete mich fast mein Leben.
Elke kam durch die Tür herein.
„Du bist schon da, … was machst du denn da, … habe gedacht du würdest erst später kommen, … stammelte sie sichtlich betrunken.
„Du brauchst dir gar keine Ausreden einfallen zu lassen, genug gelogen … es ist aus!“ Ich war selbst verwundert, wie gelassen ich diesen Satz aussprach.
Dann rastete sie aus, überhäufte mich mit Vorwürfen und gab mir die Schuld an ihrem Zustand.
„Du hast mein Leben versaut, du blöder Trottel …“ begann sie mich zu beschimpfen.
Ihre seit Jahren aufgestauten Aggressionen entluden sich in Vorwürfen, Beleidigungen, Beschimpfungen und Demütigungen. Sie redete sich immer mehr in Rage und Zorn.
Dann sieht sie Edgars Gewehr.
Sie hebt es hoch und schießt unkontrolliert aus der Hüfte auf mich.
Ich springe zur Seite.
Der erste Schuss verfehlt mich, Elke lädt erneut durch.
Ich springe nach vorne und schlage ihr mit der Faust ins Gesicht.
Elke fällt um wie ein Stein.
Plötzlich stand Loot in der Tür.
„Es tut mir leid, ich muss euch beide kündigen!“ sprach er mich leise an.
Elke hatte sich von meinem Schlag erholt und rappelte sich hoch.
„Afrika ist der falsche Kontinent für dich ...“ richtete er sich an sie.
„Ihr seid untragbar für das Camp, ihr habt bis morgen Zeit eure Sachen zu packen.“

Im Hinausgehen meinte er zu mir „…tut mir leid, Wolfgang, ich kann nicht anders!"
Ich beschloss auf schnellstem Weg zurück nach Österreich zu fliegen und ersuchte Loot, mich nach Johannesburg mitzunehmen. Auf der siebenstündigen Fahrt erzählte er mir, er wusste schon lange, dass meine Frau ein Verhältnis mit Edgar hatte. Es tangierte mich wenig. Dann erzählte er mir, dass sie bei Edgar einziehen würde. Armer Edgar.
Kaum in Wien angekommen, traf die Scheidungsklage ein. Darin stand, dass ich die alleinige Schuld am Scheitern unserer Ehe hätte. Durch meinen Aufenthalt in Wien hatte ich keine Möglichkeit, in Südafrika vor Gericht zu erscheinen, um meine Sicht der Dinge darzustellen. Ich musste mich einer lange aufgeschobenen Operation unterziehen und meine Zähne in Ordnung bringen lassen. Es erschien mir sinnvoller, auf alle ihre Bedingungen einzugehen, als monatelang zu prozessieren. Ich wurde schuldig geschieden und schloss das Thema Elke ab.
Knapp zwei Monate sollte mein Aufenthalt in Österreich dauern, bis mich das Heimweh wieder nach Afrika zog.
Ich erlangte meine Lebensfreude wieder und voller Tatendrang und Erwartungen kehrte ich nach Johannesburg zurück.
Ich nahm einen Managerjob in der Heia Safari Ranch an. Die Heia Safari Ranch lag nicht weit von Johannesburg entfernt und war ein beliebtes Ziel für Touristen. Die Ranch war ein Aushängeschild des südafrikanischen Fremdenverkehrs. Der Betrieb glich eher einer luxuriösen Hotelanlage mit exotischem Flair als einer Ranch. Neben touristisch organisierten Abenteuern im Busch bot man auch allabendliche Folklorevorstellungen wie traditionelle Zulutänze, Trommelkonzerte und ähnliches an. Meine Aufgabe bestand in der Organisation und Durchführung von Safaris. Der Job war nicht gerade vergleichbar mit dem, was ich bisher getan hatte, aber überaus lukrativ und es kam regelmäßig Geld auf mein Konto.

Hier lernte ich auch Johanna kennen. Sie gab mir wieder Mut, Kraft und ließ mich die Welt mit anderen Augen sehen.
Johanna ist 25 Jahre jünger als ich, bildschön und gehört dem stolzen Volk der Zulus an.
Die Zulus bilden die ethnische Mehrheit in Südafrika. Der rasche Aufstieg des Zuluvolkes ist vor allem darauf zurückzuführen, dass sie die im Kampf besiegten feindlichen Stämme nicht ausrotteten, sondern die Besiegten in ihr Volk integrierten. Die Zulus waren gefürchtete, gut ausgebildete Krieger, die sowohl den Buren als auch den Engländern erbitterten Widerstand bei der Annexion ihrer Stammesgebiete geleistet hatten.
Im Gegensatz zu vielen anderen schwarzen Frauen ist Johanna wissenshungrig, weltoffen und unabhängig, ohne ihre Stammeswurzeln zu verleugnen. Sie war zurückhaltend, aber immer zur rechten Zeit da. Auf der Haia Safari Ranch schätzte man ihre Vielseitigkeit und Strebsamkeit, was sie für Jobs in allen Bereichen einsetzbar machte.
Das Apartheit-Regime in Südafrika kümmerte sich nur wenig um die Schulbildung der schwarzen Bevölkerung. Es war politisches Programm, die Schwarzen „dumm" zu halten. Es gab kaum gut ausgebildete schwarze Lehrer. Erst durch Nelson Mandela wurde es besser. Johanna hatte Glück, weil sie in eine halbwegs ordentliche Township-Schule mit einem ambitionierten Lehrer gegangen war und Lesen, Schreiben und Rechnen gelernt hatte. Das war damals keine Selbstverständlichkeit. Trotz Schulpflicht und prinzipiell kostenloser Schulen konnten es sich viele Familien nicht leisten, alle ihre Kinder in die Schule zu schicken. Entweder, weil man die Kinder zum Arbeiten brauchte, oder, weil man nicht einmal das Geld für die verpflichtenden Schuluniformen, Bleistifte und Papier aufbringen konnte. Besonders betroffen waren Mädchen. Wozu Schulbildung, wenn man sie ohnehin bald verheiraten würde und noch dazu Geld für sie bekäme?
Johannas Mutter arbeitete als Hausmädchen bei einer reichen englischen Familie und hatte wenig Zeit, sich um ihre Tochter

zu kümmern. Johanna wuchs daher bei ihrer Großmutter in einem Township in der Provinz Kwa-Zulu-Natal auf. Als ich Afrika verließ, wurde sie gerade 86. Im Township herrschte ein babylonisches Sprachgewirr. Aus ganz Afrika kamen die Menschen in diese Siedlungen, weil hier Frieden herrschte, man sich frei ansiedeln konnte und die Chance auf Arbeit größer war als in ihren Heimatländern. Bald sprach Johanna acht afrikanische Dialekte, Africaans und Englisch. Das konnte sie in jedem Job gut brauchen.

Ihren leiblichen Vater sah Johanna selten. Er hatte zahlreiche Frauenbeziehungen gleichzeitig und unzählige Kinder. Nicht einmal er selbst wusste genau, wie viele. Johannas Mutter hatte einen anderen geheiratet. Johannas Stiefvater sollte in unserem Leben noch eine wichtige Rolle spielen.

Mit 22 lernte Johanna den Vater ihres Sohnes kennen. Er war ihr erster Mann und schon in der Hochzeitsnacht wurde sie schwanger. Die Beziehung dauerte nur 10 Monate, denn als das Kind einige Wochen alt war, erkrankte ihr Mann an Malaria und starb kurz darauf. Sie zog zurück zur Großmutter. Dort pflegte sie aufopfernd ihre zwei älteren Schwestern, die beide an AIDS erkrankt waren, bis zu ihrem schrecklichen Tod. Nach dem Zerfall des Appartheit-Systems wurden weiße Männer für afrikanische Frauen immer interessanter. In den Augen vieler Schwarzer sind alle Weißen unermesslich reich. Ein weißer Mann kann dir eine bessere Zukunft bieten. Aber gerade das ist häufig ein fataler Trugschluss, denn allzu oft werden schwarze Frauen von ihren weißen Männern nur als Lustobjekte betrachtet. Den Frauen macht es nichts aus, wenn die anderen ihre weißen Männer abfällig als „Sugardaddies" und sie selber als „Coconut-Women" bezeichnen: Außen schwarz, innen weiß. Ihren Männern guten Sex zu bieten und dafür ein gutes Leben zu haben – warum nicht? Solange die Sippe davon profitiert, akzeptiert man eine solche Beziehung mehr oder minder. Verlassen die weißen Männer aber ihre schwarzen Frauen, verlieren sie ihren sozialen Rückhalt im Stamm.

Ihr „Wert“ als Frau sinkt und selten bekommen sie einen neuen Mann. Als alleinerziehende Mutter überlebt man in Afrika besonders schlecht, schon gar nicht mit Kindern. Überleben im wahrsten Sinn des Wortes.
Wer glaubt, Rassismus und soziale Ausgrenzung sei auf Weiße beschränkt, der irrt. „Stammesrassismus“ gehört zum Alltag in Südafrika. Es gilt als ganz normal, wenn ein Minitaxifahrer mit Zuluwurzeln einen Schwarzen anderer Stammeszugehörigkeit nicht einsteigen lässt und ihm die Beförderung verweigert.
Uns war klar, dass uns alle schief anschauen würden, sowohl Schwarze als auch Weiße.
Rassismus ist eine Krankheit der Seele.
Uns war klar, dass es nicht leicht werden würde, diese Liebe zu leben. Nächtelang wogen wir alle Für und Wider ab, um schließlich das Risiko einzugehen.

Sie ist eine attraktive junge und begehrenswerte Afrikanerin, mit Kind. Ich liebe sie – ohne Wenn und Aber.

Er ist kein reicher alter Weißer, kein Sugardaddy. Ich liebe ihn – auch ohne Hab und Gut.

Wir wollen zusammen sein!

Es dauerte nicht lange und wir bezogen gemeinsam ein kleines Haus am Rande von Johannesburg, nicht weit von der Haia Safari Ranch entfernt. Gemeinsam mit ihrem dreijährigen Sohn führten wir ein harmonisches und glückliches Familienleben.
Eines Tages kündigte mein jüngerer Sohn Andreas an, dass er uns besuchen wollte. Meine Freude war groß. Drei Wochen später holte ich ihn vom Flughafen ab und ich genoss es, ihm einen Teil meines afrikanischen Lebens zeigen zu können.
Wir saßen gerade gemütlich um den Tisch und aßen zu Abend, als alles sehr schnell ging.

„Hands-up!“ Ein maskierter Mann zielt im offenen Fenster stehend auf uns.

Ich springe auf und werfe dem Angreifer Gegenstände entgegen.
Andreas reißt den Tisch wie einen Schild hoch, Johanna versteckt sich hinter dem Eisschrank.
Dann beginnt der Räuber in rascher Folge zu schießen.
Ich höre nicht auf, alles, was mir in die Hände kommt, dem Eindringling entgegenzuwerfen.
Nach dem vierten Schuss kehrt Ruhe ein.
Andreas ist getroffen.
Wimmernd und mit schmerzverzerrten Gesicht kauert er am Boden und drückt sich beide Hände an die linke Seite seines Bauchs.
Eine große Wunde klafft in seinem Unterleib, Blut fließt.
In rasender Fahrt bringe ich ihn ins nächste Spital.
Er wird sofort notoperiert.

Die Kugel hatte ihn durch den Tisch hindurch getroffen und sich dabei verformt. Die Auswirkungen waren fatal. Zwischen vorletzter und letzter Rippe war sie an der linken Seite seines Körpers eingedrungen, hatte Milz und Darm zerrissen bis sie knapp vor dem Hüftknochen stecken geblieben war.
Ich konnte die Operation durch ein Fenster mitverfolgen. Die Gefühle, seinen eigenen Sohn mit offener Bauchdecke daliegen zu sehen, kann man nicht beschreiben. 25 Zentimeter Darm und die Milz mussten entfernt werden. Der Horror dauerte sechs Stunden und ich betete ohne Unterlass.
Nach Wochen auf der Intensivstation musste Andreas weitere vier Monate mit einem künstlichen Darmausgang leben. Sofort nach der Entlassung brachte ich ihn nach Österreich zurück und blieb vier Monate in Wien, bis der künstliche Darmausgang operativ entfernt werden konnte.
Andreas überlebte ohne wesentliche Spätfolgen. Er ist verheiratet und glücklicher Vater einer Tochter.
Nach meinem Monate dauernden Aufenthalt in Österreich war mein Job auf der Haia Safari Ranch vergeben. Ich beschloss,

meine Lederwerkstätte wieder zu aktivieren. Das funktionierte so halbwegs und wir konnten ein ruhiges und harmonisches Privatleben führen. Das öffentliche Leben allerdings wurde in Johannesburg immer brutaler. Kaum ein Tag verging ohne Hiobsbotschaften von angeschossenen oder getöteten Bekannten und Freunden. Als ich an einer Ampel mit vorgehaltener Pistole mein Auto einem Räuber geben musste, hatte ich wieder einmal genug und suchte einen neuen Job.

So waren wir nicht besonders enttäuscht, als auch Johanna ihren Job verlor. Das Management in der Haia Safari Ranch wurde ausgetauscht. Wie in Südafrika üblich, bringt der neue Chef sein eigenes Personal mit – meist aus dem eigenen Clan – und Johanna musste gehen.

Es dauerte nicht lange und mir wurde ein guter Posten auf einer 125 Hektar großen Gamefarm nordöstlich von Nelspruit angeboten. Diese Lodge war in Privatbesitz und wurde nur auserlesenen privaten Gästen angeboten. Pro Jahr waren wenige Wochen für Gäste gebucht und das vor allem in der Hauptsaison. Ich sollte den Job allerdings erst im kommenden Frühsommer antreten. Wir kratzten unsere Ersparnisse zusammen, gaben unser Haus auf und beschlossen, bis zum Frühjahr zu Johannas Großmutter ins Township zu ziehen.

29. Coconut Women

Townships waren in der Zeit der Apartheitheit entstanden, um schwarze Minenarbeiter möglichst nahe der Gruben anzusiedeln, sie damit leichter kontrollierenzu können und sie von den weißen Wohngebieten fernzuhalten. Es war erklärtes Ziel der weißen Politik, diese Wohnsiedlungen so primitiv wie möglich zu gestalten, damit es sich die Bevölkerung dort keinesfalls bequem machen konnte. Die Häuser sind überwiegend aus Wellblech oder grob zusammengezimmerten Brettern gebaut und werden „Shacks“ genannt. Es gibt keine Kanalisation, Strom oder Fließwasser.

Eine Toilette besteht aus einer Grube, darüber wird eine Getränkekiste mit dem Boden nach oben gestellt, nachdem man ein kreisrundes Loch ausgeschnitten hat. Als besonders luxuriös gilt eine Klobrille aus einem alten Autoreifen. Das ist weich und warm und durchaus bequemer als die Standardversion. Eine Toilette wird mit mehreren Familien geteilt. Ist die Grube voll, wird sie zugeschüttet und daneben ein neues Loch gegraben. Als Sichtschutz dient ein paraventartiger Bretterverhau. Um sicher zu gehen, dass die Toilette frei ist, pfeift man kurz, ertönt kein „Antwortpfiff“, ist das Örtchen frei.

Hauptproblem ist die Wasserversorgung. Trinkwasser gibt es praktisch nicht. Aus den wenigen Brunnen müssen Frauen und Kinder das schlechte Wasser oft kilometerweit nach Hause bringen. Das milchig-graue Wasser muss mindestens zehn Minuten abgekocht werden, damit man es gefahrlos trinken kann. Dieser Prozedur unterziehen sich wenige und trinken lieber das selbstgebraute, extrem starke Maisbier „Shake Shake“. Es verwundert nicht, dass die meisten Einwohner praktisch rund um die Uhr betrunken sind.

Meistens stellt die Regierung ein Gelände zur Verfügung, auf dem die Bevölkerung ihre primitiven Unterkünfte unkontrolliert selbst bauen kann. Neben den Hütten am Rande der Sied-

lungen wird Mais und Gemüse auf kleinstem Raum angebaut oder Ziege, Schafe, Rinder und Hühner gehalten.
Die Bevölkerung in den Townships explodiert. Siedlungen, die für 10.000 Menschen konzipiert sind, beherbergen nach wenigen Jahren bereits 80.000 Einwohner.
So entstanden illegale Siedlungen auf privatem Land. Den Grundbesitzern blieb oft nichts anderes übrig, als sie zu tolerieren. Versuche, die Landnahmen gewaltsam zu beenden, endeten in blutigen Massakern, gefolgt von massiven Racheaktionen der Schwarzen. Selbst die Behörden sind machtlos.
Südafrika gilt als „Paradies" und daher strömen aus ganz Afrika heimatlose und mittellose Menschen dorthin, meist illegal. Das macht Probleme, nicht nur wegen der rapide wachsenden Bevölkerung und der herrschenden Arbeitslosigkeit, sondern auch wegen der unterschiedlichen Ethnien und deren Mentalität. Townships sind Auffanglager, Ghettos und Slums zugleich, aber auch Orte der Hoffnung. Hier ist das Leben noch immer besser als in einem von blutigen Bürgerkriegen und tödlichen Seuchen heimgesuchten Ursprungsland.
Die Versorgung in den Townships funktioniert überraschend gut. Es gibt kleine Supermärkte und Läden, mit beschränktem Angebot, aber auch Banken und Bargeldautomaten. Mit mehr Bargeld in der Tasche als notwendig sollte man im Township nicht herumlaufen. Es existiert eine minimale ärztliche Versorgung, die ständig an die Grenzen ihrer Möglichkeiten stößt. Pro forma gibt es auch Polizisten, die jedoch allesamt wegschauen, wenn etwas passiert und durchwegs korrupt sind. Dennoch herrscht so etwas Ähnliches wie eine Rechtsordnung – die Einwohner regeln sich ihre Angelegenheiten selbst, teilweise auf abschreckend brutale Weise.
Townships haben auch Grundschulen, in denen man zumindest Lesen, Schreiben und Rechnen unterrichtet. Trotz Schulpflicht gehen viele Kinder nicht zur Schule.
Diese Kinder lungern in den verdreckten Straßen herum und verdienen sich ein paar Rand durch Betteln und Stehlen oder

schließen sich kriminellen Gangs an. Manche verkaufen primitiv gefertigte Gegenstände. Prostitution und AIDS sind allgegenwärtig. Kombiniert mit häufigem Alkohol- und Drogenkonsum ergibt sich ein kaum vorstellbares Potenzial an Kriminalität, Aggression und Gewalt. Neid und Eifersucht beherrschen die Menschen. Wer es schafft, einen Job zu bekommen und regelmäßig Geld zu verdienen, muss mit Intrigen und Anfeindungen rechnen, denn es wird erwartet, dass das Geld mit der Sippe geteilt wird. Wer sein Geld für sich sparen will, gehört nicht hierher und zieht weg. Ist man wieder ohne Job und mittellos, kehrt man zurück.
Verblüffend groß ist die Anzahl an Mischlingskindern. Einheimische Weiße können hier um ein paar Rand Sex mit blutjungen Mädchen kaufen. Es ist geradezu als selbstmörderisch zu bezeichnen, hier ungeschützten Sex zu haben. Laut neuester Statistik sind bereits 28% der Schulmädchen HIV-positiv und jährlich werden knapp 90.000 schwarze Mädchen schon mit zehn Jahren schwanger. Viele Kinder kommen bereits HIV-positiv zur Welt. Im Gegensatz dazu sind „nur" 4% der männlichen Schulkinder HIV-positiv. Die schwarzen Behörden begründen diese Diskrepanz mit dem ausufernden weißen Sextourismus in den Townships. Nicht erwähnt wird, dass junge Mädchen auch von Schwarzen missbraucht werden und den HIV-Virus verbreiten.
Eines Tages begegnete ich einem weißen katholischen Priester, in Begleitung eines blutjungen schwarzen Mädchens. Er genierte sich nicht einmal, sein Kollar zu tragen! Ich konnte nicht anders und stellte ihn zur Rede. Er blickte mich nur verständnislos an, sagte kein Wort, drehte sich um und ging weiter. Er schien geradezu verwundert, hier einen Weißen zu treffen, der nicht wegen eines Sexabenteuers hier war. Verantwortungslosikeit in ihrer extremsten Form.

Wir zogen im Township bei Johannas Großmutter ein und richteten uns in ihrer primitiven, aber nicht ungemütlichen

Hütte ein, so gut es ging. Die alte Frau war froh, endlich wieder einen Mann im Haus zu haben. Die beengte Wohnsituation war nicht so schlimm, da sich das gesamte Leben ohnehin im Freien abspielte.
Von einer Minute auf die andere war ich mitten in einer anderen Welt. Unvorstellbar für einen Europäer wie mich, auch wenn ich Afrika schon zu kennen glaubte. Seltsamerweise genoss ich diese neue Erfahrung und wollte alles kennenlernen - bis in alle Details.
Als Weißer wurde ich im Township sehr skeptisch und misstrauisch empfangen. Ständig richteten sich hunderte Augenpaare auf mich. Ich getraute mich lediglich in Begleitung von Johanna oder ihrem Bruder oder Schwager, auf die Straße zu gehen. Da es keine Straßennamen gibt und alle Hütten gleich aussehen, verirrt man sich leicht. Nach dem Weg braucht man gar nicht erst zu fragen, denn man landet sicher an einem Ort, wo man in aller Ruhe ausgeraubt werden kann.
Langsam lernte ich aber auch die positiven Seiten des Lebens im Township kennen, den Familienzusammenhalt, die Bereitschaft, alles zu teilen und die Freude, jeden auch noch so kleinen Anlass zu feiern, die Demut, mit seinen Lebensumständen zufrieden zu sein, die Zusammenkünfte am abendlichen Feuer und das Geschichtenerzählen, die fröhlichen Gesänge und den herrlichen allabendlichen Klang von afrikanischer Trommeln sowie die rhythmischen Tänze. Auch Johanna tanzte zu jeder Gelegenheit. Sie hat den Townshipblues in ihrem Blut. Black magic women!

Johannas Großmutter liebte mich von Anfang an abgöttisch und ihre Fragen, ob ich Johanna nicht heiraten wollte, wurden von Tag zu Tag häufiger.
Nach den traditionellen Heiratsbräuchen der Zulus kostet eine Frau bis zu zehn Rinder. Den Brautpreis nennen die Zulus „Lobola“ und er wird als Ausgleich für die verlorene Arbeitskraft eingehoben. Verlässt eine Frau ihren Mann und kehrt zu

ihrer Familie zurück, müssen die Rinder zurückgegeben werden. Das gilt überwiegend für die ländlichen Gemeinschaften. Im Zuge der Christianisierung und Industrialisierung wurde der Brautpreis zunehmend in Geld bezahlt. Heute kostet eine Braut rund 2.500,- Euro, je nach dem, wie schön, jung und gebildet sie ist. Jungfrauen kosten mehr und eine ausgebildete Krankenschwester ist praktisch unbezahlbar. Wenn ein Weißer eine Schwarze heiraten will, steigt der Preis rasch auf das Zehnfache.
Johannas Stiefvater bestand auf der Bezahlung eines Brautpreises.
„Einem Zulu würde ich sie gratis geben, wenn ER sie heiraten will, muss er 25.000 Rand bezahlen" ließ er uns ausrichten.
Johanna war entsetzt.
„Er glaubt, dass man mich nur mehr an einen Weißen verkaufen kann!"
Obwohl sie als selbstbestimmte Frau die Lobola zutiefst ablehnte, war sie gekränkt.
Ich hatte gerade genug Geld, mir das Leben im Township leisten zu können und die ganze Angelegenheit war mir zutiefst zuwider. Johanna zu heiraten, musste ich wohl vergessen.
Aber was soll´s, Hauptsache, wir sind zusammen.
Auch Großmutter verstand den Stiefvater nicht und meinte eines Tages, „ … dann musst du eben Zulu werden!".
„Warum nicht?" meinte ich spontan, ohne zu wissen, was da auf mich zukommen würde.
„Warum nicht!" meinte auch Johanna und lachte. Die Idee gefiel ihr.
Großmutter war begeistert und drückte mich minutenlang fest an ihren mächtigen Leib, sodass ich kaum atmen konnte.
Vorerst mussten wir den Chief des Clans, den Medizinmann sowie den Ältestenrat überzeugen, denn wir brauchten deren Zustimmung. Dazu wollte man mich erst einmal genauer kennenlernen. Großmutter organisierte alles und bald wusste das halbe Township von unserem Plan.

Drei Monate lang saßen wir immer wieder am Lagerfeuer und mussten Rede und Antwort stehen. Die Tradition sah vor, dass Frauen kein Mitspracherecht in Gemeinschaftsangelegenheiten hatten. Das passte Johanna und mir gar nicht. Schlussendlich schafften wir das Unmögliche, sodass wir beide an den „Verhandlungen" teilnehmen konnten und Johanna auch gehört wurde. Das galt als Revolution. Damit mussten erst alle Beteiligten fertig werden, vor allem ich. Immerhin musste ich mein gesamtes europäisches, christlich orientiertes Weltbild zurückstellen, wenngleich ich es keinesfalls ablegen wollte. Das brachte mich regelmäßig in Gewissenskonflikte.
Der Stamm legte besonderen Wert darauf, dass mein Sozialverhalten den Stammesregeln entsprach. Immer wieder wurde ich auf meine Loyalität gegenüber der schwarzen Gemeinschaft „überprüft" und auf Herz und Nieren gecheckt.
Unbekannte luden mich ein, mit ihnen zu essen oder am Lagerfeuer ein Bier zu trinken. Man interessierte sich für alles und ich erzählte immer wieder die gleichen Geschichten über mein bisheriges Leben und meine Weltanschauung. Am nächsten Tag wussten alle, was ich gesagt hatte. Auf meinen Wegen durch das Township wurde ich fast ständig von einem oder mehreren jungen Männern begleitet, die auf mich aufpassen sollten. Immer öfter grüßte man mich freundlich. „Ein gutes Zeichen", dachte ich.
Eines Tages lud mich eine alte, seltsam gekleidete Frau ein, sie in ihrem Haus zu besuchen. Als der Junge, der mich begleitet hatte, bei ihrem Haus angelangt war, blieb er draußen stehen. „Du darfst nichts trinken …" flüsterte er mir mit ängstlicher Stimme zu, als ich in die Hütte ging. Die Wände der Hütte waren vollbehangen mit kitschigen, christlichen Heiligenbildern. Obwohl fast die Hälfte der Zulus christianisiert war, überraschte mich diese extreme Form der Heiligenverehrung. Überall standen Marienfiguren und andere Devotionalien herum. Es roch seltsam und aus dem Hinterraum drangen unidentifizierbare, unter die Haut gehende Geräusche. Ich war

verwirrt. Die Frau begrüßte mich freundlich und bat mich, auf einem Sofa Platz zu nehmen. Dann verschwand sie im Hinterraum der Hütte und kam mit einem Kürbisbecher zurück. Sie stellte ihn vor mir auf den Tisch und bot mir das süßlich riechende, gelbe Getränk an. Ein Gastgeschenk abzulehnen ist in Afrika eine schwere Beleidigung. Mir schossen die Worte des Jungen durch den Kopf: „Du darfst nichts trinken …".
Warum hat er das gesagt?
Hat er mich gewarnt?
Wovor hat er mich gewarnt?
Wer ist diese Frau?
Sie war nett, freundlich und doch unheimlich zugleich.
Gerade als ich alle Bedenken über Bord werfen wollte und den Kürbisbecher zur Hand nahm, kam mein Begleiter durch die Tür und blieb ehrfürchtig stehen.
„Johanna braucht dich dringend, du sollst rasch kommen!"
Ich spürte, dass er mich warnen wollte und reagierte.
Wortreich entschuldigte ich mich bei der Frau, stellte den Kürbisbecher ab und verließ mit dem Jungen das Haus.
Ich wollte wissen, was los war.
„Sie ist ein Hexendoktor …" sagte er.
„Der Teufel ist hier in Afrika weiß …", erklärte der Junge weiter. „… wenn sie Körperteile von Weißen bekommen würde, dann könnte sie daraus besondere und teure Medizin machen. Gut, dass du nicht getrunken hast!"
Ich hatte schon einige persönliche Erfahrungen mit Hexendoktoren gemacht und vieles gehört, aber diese Variante kannte ich noch nicht.
„Warum hast du mich hierher begleitet, wenn du weißt, was sie macht?", wollte ich wissen.
„Ich will nicht, dass sie auf mich böse ist, sie hat große Macht!"
Das konnte ich verstehen!

Eine Tages wurde ich ans Lagerfeuer der Ältesten eingeladen. Man teilte mir mit, dass ich vorerst in die Gemeinschaft des

Clans aufgenommen war. Allerdings standen die Bedingungen, unter denen ich Johanna zur Frau nehmen konnte, noch nicht fest.
Ich bedankte mich für das Vertrauen des Clans und versprach, mich dieser Entscheidung würdig zu zeigen.
Ich hatte erreicht, dass man mich als Mensch akzeptiert hatte, obwohl ich weiß war!
Jetzt musste ich nur noch „ein Mann werden", um Johanna heiraten zu können.
Die Nachricht von der Entscheidung der Ältesten machte rasch die Runde.
Ein großes Fest wurde organisiert und alle kamen.
Diesmal erschienen Verwandte, Freunde und Bekannte festlich gekleidet in ihrer Zulutracht.
Eine Ziege wurde geschlachtet und ich musste von der noch warmen Leber und von dem noch pulsierenden Herzen des Tieres essen. Die Frauen fingen das warme Ziegenblut in Gefäßen auf und mischten es mit allerlei Zutaten und Gewürzen. Unter dem Gejohle der Gäste durfte ich das Getränk trinken und war damit als Mitglied des Clans anerkannt. Das Fest dauerte fast eine Woche, die ich mehr oder minder besinnungslos erlebte. Johanna und die Frauen waren ständig an meiner Seite und kümmerten sich um mich. Das war auch notwendig, denn das Zulubier setzte mir fürchterlich zu.
Um als „vollständiger" Mann anerkannt zu werden, der sich eine Frau nehmen darf, fehlte es noch an Einigem. Gespannt wartete ich auf die Bedingungen der Ältesten.
Mittlerweile war es Winter geworden. Die Luft wurde knochentrocken und eiskalt, knapp über dem Gefrierpunkt. Ohne wärmende Feuer würde man nicht überleben. Holz wird im Winter knapp, daher sammelte man im Township alles, was brennt, auch Plastikflaschen, Altöl und Autoreifen.
Im Winter bleibt einem im Township – im wahrsten Sinne des Wortes – keine Luft zu Atmen. Beißender Rauch und bestialischer Gestank ist allgegenwärtig. Eine graugelbe Dunst-

schwade hängt ständig über dem Township, es gibt kein Entrinnen. Überall stehen brennende Tonnen, an denen sich die Menschen wärmen und die Umgebung in ein gespenstisches Licht tauchen. Immer wieder rauben dir pechschwarze Rauchschwaden den Atem.
Die wenigen Holzreserven spart man sich für die abendlichen Lagerfeuer auf, wenn man bei Geschichten und Gesang gemütlich zusammensitzt. Diesen Winter waren Johanna und ich DAS Thema und man spekulierte bereits darüber, ob ich die gleichen Mannesrituale wie die jungen Zulumänner bewältigen würde.
Zu Ende des Winters teilte mir der Ältestenrat mit, dass ich gleich wie die anderen jungen Männer behandelt werden würde. Das hieß, dass ich vorerst einen Stockkampf gegen einen Zulukämpfer zu absolvieren hatte. Sollte mein Kampf sich als ehrenhaft erweisen, musste ich mich anschließend an einer Leopardenjagd beteiligen, mit meinem Speer das Tier treffen und damit beweisen, ein Jäger zu sein, der seine Familie ernähren kann.
Dann erst durfte ich mir eine Frau nehmen. Dabei würde sich die letzte Hürde ergeben. Traditionell wird zur Hochzeit ein Ochse gebraten. Es ist die Aufgabe des Bräutigams, den Ochsen mit einem einzigen Machetenhieb zu töten.
Nachdem ich die Bedingungen gehört hatte, wurde mir ein wenig mulmig. All das hatte ich mein Leben lang noch nicht gemacht.
„Mein Bruder kümmert sich darum, dass man dir alles beibringt ...“ beruhigte mich Johanna.
„Gut, ich muss zuerst Stockfechten lernen.“
Schon in zwei Wochen sollte der Stockkampf stattfinden. Die Zeit war knapp, denn im Gegensatz zu den anderen jungen Männern, die am Ritual teilnahmen, hatte ich keine Ahnung davon.
„Ein Mann muss immer wehrhaft sein ...“, das sagt das traditionelle Zulugesetz. Daher lernen schon die Kleinsten, mit

dem Stock zu kämpfen. Je geschickter ein Zulu mit dem Stock umgehen kann, umso anerkannter ist er in seinem Clan. Große Stockkämpfe dürfen nur im Rahmen spezieller Zeremonien ausgeführt werden.
Man benutzt zwei, jeweils einen Meter lange und drei Zentimeter dicke Stöcke aus Zebraholz. Einen Stock benutzt man zum Abwehren von Schlägen und Stichen, den anderen zum Attackieren. Gute Stockfechter greifen abwechselnd mit der linken oder rechten Hand an, um den Gegner zu verwirren. Bei rituellen Kämpfen dürfen der Kopf und die Genitalien nicht getroffen werden. Ziel des Kampfes ist es, dem Gegner so viele Treffer wie möglich zuzufügen, bis dieser zu Boden geht oder einen Stock fallen lässt. Dazu sind Schläge auf die Finger besonders wirkungsvoll.
Mein zukünftiger Schwager war ein angesehener Stockfechter und ich trainierte mit ihm jeden Tag, stundenlang. Völlig fertig, mit blauen Flecken übersät, fiel ich abends ins Bett und war für nichts mehr zu gebrauchen. Immerhin bescheinigte er mir einen Tag vor meinem großen Auftritt, dass es andere gebe, die sich ungeschickter anstellten. So wie ich ihn kannte, war das ein Kompliment.
Der große Festplatz im Township war festlich geschmückt und eine große Menschenmenge bildete ein Spalier, als ich die „Arena" betrat. Ich kam mir vor wie ein Gladiator, der nicht wusste, welcher Bestie er vorgesetzt werden würde. Mein nackter weißer Oberkörper hob sich kurios von der schwarzen Menschenmasse ab. Die vielen Kinder kicherten und zeigten mit ihren Fingern auf mich. So etwas hatte man hier noch nicht gesehen! Fast Hilfe suchend versuchte ich, Johanna auszumachen, aber ich konnte sie in der Menschenmenge nicht erkennen.
Dann erschien mein Gegner. Ein muskulöser junger Mann, der, seine Stöcke umherwirbelnd, auf mich zukam. Seine Haut glänzte ölig, sein Blick war ernst und entschlossen. Es machte

mir Mut, als ich feststellte, dass er ein gutes Stück kleiner war als ich.
Er wirbelt auf mich zu und bevor ich noch richtig kampfbereit bin, treffen mich mehrere Stockschläge auf der Schulter und den Oberarmen.
Die Zuschauer johlen begeistert.
Dann gehe ich in den Angriff und entsinne mich auf das, was mir Johannas Bruder beigebracht hat.
Mit meinem linken Stock deute ich einen Schlag an, drehe mich um die eigene Achse und steche mit dem anderen Stock zu.
Hart treffe ich meinen Gegner in den Bauch.
Ich wiederhole den Angriff, aber mit dem anderen Stock.
Diesmal trifft mein Stich sein Brustbein.
Er zuckt vor Schmerz zusammen, das nütze ich aus und schlage ihn auf den Rücken.
Zornig stürzt sich mein Gegner mit wirbelnden Stöcken auf mich, tänzelt herum, trifft mich immer wieder.
Ich verteidige mich mit beiden Stöcken, den einen Stock halte ich in der Mitte, den anderen am dünnen Ende.
Bleib auf Distanz, du bist größer!
Dann gehe ich zum Gegenangriff über.
Stich zu, das mag er nicht.
Wieder und wieder werde ich getroffen.
Ob ich ihn treffe, kann ich nicht mehr wahrnehmen.
Immer härter schlägt er auf mich ein.
Ich spüre nichts mehr, schlage zurück und stoße zu.
Nur nicht zu Boden gehen, nicht den Stock fallen lassen, angreifen, verteidigen, weitermachen.

Der Kampf dauerte schon eine ganze Weile und langsam erlahmten unsere Bewegungen und Schläge.
Ich mobilisiere meine letzten Kräfte.

Ich denke an Muhammed Ali, steppe vor, zurück, nach links, nach rechts …

Sein Angriff geht ins Leere, ich hingegen treffe ihn immer wieder mit kurzen harten Stichen.
Dann schwinden auch meine Kräfte.
Plötzlich stoppt man den Kampf von außen.
Ich stehe noch immer aufrecht da und habe beide Stöcke fest in der Hand!
Die Zuschauermenge skandiert „Crazy Molungu, Crazy Molungu, Crazy Molungu ..."

„Was heißt das?" frage ich gänzlich außer Atem meinen Schwager. „Sie haben dir einen Spitznamen gegeben: Crazy Molungu." Das bedeutet soviel wie Crazy White Guy. „Du bist ja auch ein verrückter Kerl."

Dann wird das Urteil verkündet: Beide Kämpfer haben fair und hart gekämpft, keiner hat verloren – unentschieden!
Die Zuschauer jubeln und klatschen, ich hab´s geschafft!
Auf einmal steht Johanna vor mir und umarmt mich.
„Und jetzt beweise ihnen noch, dass du ein guter Jäger bist!"

Leoparden sind die am häufigsten verbreitete Großkatzenart in Südafrika. Sie werden schonungslos gewildert oder gefangen, deswegen sind Leoparden auch in Südafrika geschützt. Leoparden sind Einzelgänger, die in großen Territorien alleine jagen und das vorwiegend in der Dämmerung. Tagsüber ziehen sie sich in gut geschützte Verstecke zurück. Nur in der Paarungszeit kommen sie zusammen. Deswegen bekommt man Leoparden auch schwer zu Gesicht. Manche Fachleute meinen, dass Leoparden nicht vom Aussterben bedroht sind, sondern sich im Gegenteil stark verbreiten. Aus meiner langen Erfahrung im Busch kann ich bestätigen, dass Leoparden keinesfalls selten geworden sind, sondern sich nur selten sehen lassen. Leoparden sind Zivilisationsfolger. Speziell wenn sie alt oder verletzt sind, suchen sie die Nähe von menschlichen Ansiedlungen auf, denn dort ist das Jagen erheblich einfacher als draußen im Busch. Einheimische Viehzüchter sind davon nicht begeistert. Immerhin kann ein einzelner Leopard bis zu sechs Kälber pro Jahr schlagen. Hin und wieder verirrt sich ein Leopard sogar in die Großstadt. Offiziell dürfen nur 75 Leoparden pro Jahr in Südafrika erlegt werden. Das führt zu Konflikten mit den Zulus und anderen Stämmen, die die Leopardenjagd als wesentliches Kulturgut pflegen. Das Initiationsritual sieht vor, dass sich junge Männer an einer Leopardenjagd beteiligen müssen, um zu beweisen, dass sie als Jäger ihre Familien ernähren können. Erst dann darf ein Mann heiraten.

Auch ich sollte das beweisen.

Rund um unser Township breitete sich eine von einzelnen Felsstöcken durchsetzte, hügelige, unwegsame Savannenlandschaft aus. Ein ideales Jagdrevier für Leoparden. Vor dieser „Prüfung" hatte ich wenig Angst, denn ich hatte reichlich Buscherfahrung und auch den Umgang mit dem Speer hatte ich in den ganzen Jahren erlernt und regelmäßig geübt. Dennoch hatte ich noch nie an einer traditionellen Jagd teilgenommen.

Tagelang war das weitläufige Gebiet nach Leopardenspuren abgesucht worden. Die Aufregung war groß, als man schließlich fündig wurde. Ein großes Leopardenmännchen wurde in einer Höhle vermutet. Rasch sprach sich die Nachricht herum, die Jagdgesellschaft formierte sich und zog in die Savanne.

Über Wochen hinweg hatte ich mich immer wieder informiert, wie so eine Leopardenjagd ablaufen würde und versuchte mir im Geiste vorzustellen, welche Rolle ich dabei spielen würde. Die Zulus jagen Leoparden in Form einer Treibjagd. Ziel ist es, das vermeintliche Versteck des Tieres großräumig einzukreisen, um dann mit lautem Geschrei und Lärm das Tier aus dem Versteck zu scheuchen und den Kreis immer enger zu ziehen. Mit einem Speer kann man maximal auf wenige Meter genau treffen und das Ziel ist nicht gerade groß. Ein in die Enge getriebener Leopard ist ein gefährlicher und aggressiver Gegner. Ich war bis zum Äußersten gespannt.

Das alles passiert mehr oder weniger kommunikationslos. Es gibt praktisch keinen Jagdleiter oder ähnliches. Alle wissen, was zu tun ist und jeder kann sich auf seinen Nachbarn verlassen.
Die Annäherung in das vermeintliche Gebiet erfolgte vorsichtig und leise, die Windrichtung genau beachtend. Der Leopard durfte uns nicht zu früh entdecken. In gebückter Haltung bewegte sich die Gruppe mühsam vorwärts. In diesem Gelände war es nicht leicht, voranzukommen.
Auf einmal, ohne jedes Wort, schwenkten die Flügel der Gruppe aus und in kürzester Zeit waren die Nebenmänner kaum mehr auszumachen. Eine gespannte Ruhe lag über der Gegend.
Wie wussten die Männer, wann der Kreis geschlossen wird? Wann sollte er enger gezogen werden? Angestrengt versuchte ich, Blickkontakt zu meinen Mitjägern zu halten und verließ mich auf meine Instinkte.
In einiger Entfernung von mir befand sich eine Gruppe von Akazien, nicht weit davon ein großer, verwitterter Felsen. Ich ahnte, dass sich der Leopard dort versteckt hielt. Aber noch waren wir viel zu weit entfernt und die Lücken zwischen den einzelnen Treibern viel zu groß. Wir kamen immer näher und es verblüffte mich, wie gut gedeckt und wie selbstverständlich die Treiber und Jäger den Kreis enger zogen.
Dann hob ein schauerliches Geschrei an, begleitet vom Lärm von Trillerpfeifen und Blechtrommeln. Mit einem Mal sah man einen großen Menschenkreis aus dem Gras rund um den Felsen auftauchen, der sich ruhig, aber stetig verengte. Die Schlinge um das Leopardenversteck zog sich zusammen.

Dann taucht er auf.
Irritiert und wild pfauchend erscheint der Leopard in einer Felsspalte.
Er zieht sich wieder in seine Höhle zurück, dann taucht er wieder auf.

Er ergreift die Flucht und hetzt auf die Treiber zu.
Die Treiber gestikulieren wild und schreien dabei, andere halten ihre Speere bereit.
Der Lärm wird lauter, alle bewegen sich vorwärts.
Der Leopard wendet, rast in die andere Richtung, bleibt irritiert stehen, sucht nach einem Ausweg. Doch da ist keiner.
Dann flüchtet er in die ausladende Krone einer Akazie.
Schauerlich pfauchend ist er bereit zu kämpfen.
Von da an ging alles ganz rasch. Im Nu hatten die Jäger einen engen Kreis um die Akazie gebildet und nun war es an uns zukünftigen Jägern, unseren Mut und unser Geschick zu beweisen.
Der erste Speer trifft den Leoparden in die Seite.
Verwundet klettert er höher, pfaucht und droht mit den Pranken, er blutet.
Jetzt war es an mir, meinen Speer zu schleudern. Ein schwieriger Wurf, denn ich musste praktisch senkrecht hinauf werfen und eine Bahn zwischen die Äste hindurch wählen.
Ich konzentriere mich, spanne meine Muskeln an, nehme einige Schritte Anlauf und werfe.
Zuerst dachte ich, dass ich ihn verfehlt hätte, denn es sah aus, als ob der Speer in dem Ast stecken würde, an den sich der Leopard klammerte. Doch dann wurde klar, dass ich ihn im hinteren Rückenbereich getroffen hatte.
Dann werfen die Anderen. Ein Speer, ein zweiter, ein dritter treffen das Tier in kurzen Abständen. Der Leopard fällt vom Baum, waidwund und bewegungsunfähig, aber noch lebend.
Er hat die Augen geschlossen und atmet nur noch schwer.
Ein Jäger erlöst ihn mit einem Stich in die Kehle.
Der Leopard ist tot.

Ich hatte meine zweite Prüfung bestanden und damit waren alle Bedenken über meine Männlichkeit zerstreut. Der Clan war bereit, mich als Zulu zu akzeptieren und der Ältesten Rat verkündete, dass ich Johanna zur Frau nehmen konnte.

Das Fell und ein Reißzahn des Tieres stehen dem Chief des Clans zu. Die „neuen“ Jäger erhalten die Krallen. Den zweiten Reißzahn darf der Chief einem besonderen Gast übergeben und damit die Verbundenheit mit ihm dokumentieren.

Ich hätte gerne das Gesicht des Stiefvaters gesehen, als er die Neuigkeit erfuhr. Die 25.000 Rand Brautpreis konnte Johannas Stiefvater vergessen!

Wir waren nicht das einzige Brautpaar. Bei traditionell orientierten Zuluclans sind Massenhochzeiten üblich, zur gleichen Zeit werden gleich mehre Paare vermählt.
Die nächsten Tage und Wochen verbrachte der gesamte Clan mit Feiern und Hochzeitsvorbereitungen. Die Frauen nähten und stickten und bereiteten die Zeremonie vor. Ich sah Johanna selten, denn sie musste natürlich überall dabei sein.
Obwohl ich meinen Status in der Zulugesellschaft endgültig erworben hatte, musste ich mich auf die Hochzeitszeremonie vorbereiten, denn ich wusste kaum etwas darüber. Nächtelang saßen wir am Feuer, um alle Details zu erfahren.
Vor allem die Schlachtung des Ochsen bereitete mir Kopfzerbrechen, denn wo und wie konnte ich das üben?
Mein Schwager zeigte mir an einem lebenden Ochsen genau, wohin ich den Schlag ausführen musste, um den Ochsen auf der Stelle zu töten. Ich zimmerte mir ein Gestell, das die gleiche Höhe wie der Nacken eines Ochsen hatte und spießte eine Melone auf einen Stab. Dann markierte ich die Position des dritten und vierten Halswirbels des Tieres mit einer Kreide. Genau dort musste ich treffen. Ich übte täglich und zerhackte dabei mindesten dreißig Melonen unter dem Gelächter der Kinder. „Crazy Molungu, Crazy Molungu“ spotteten sie und liefen mit den Melonenhälften davon.
Drei Tage vor der Hochzeit brachte man den Ochsen. Das Braten eines ganzen Ochsen dauert mindesten drei Tage und so muss alles entsprechend vorher organisiert werden.

Ich war nervös und aufgeregt wie niemals zuvor. Wieder einmal waren viele Menschen zusammengekommen, um der Schlachtung des Tieres beizuwohnen. In einer feierlichen Zeremonie band man das Tier auf ein eigens dafür konstruierte Gestell. Ich bebte vor Aufregung.
„Es ist nur eine Melone …“ beruhigte ich mich und schlug zu.
Ich traf ihn genau und präzise, wie zuvor die Kreidestriche.
Der Ochse fiel lautlos in sich zusammen und war auf der Stelle tot.
Minutenlang zitterte ich noch, bis ich begriff, dass damit die letzte Hürde geschafft war.
Die eigentliche Hochzeitszeremonie erlebte ich wie in Trance, überwältigt, benommen vom Alkohol, aber erleichtert. Der Medizinmann hielt eine ernste Ansprache, in der er uns aufforderte, die Werte der Familie hoch zu halten, den Zusammenhalt der Sippe zu fördern und die Traditionen des Volkes zu wahren. Der Chief überreichte mir eine Kette mit dem zweiten Reißzahn des Leoparden und einer Kralle samt zahlreichen Zuluperlen, jede einzelne war mit Bedeutung für mein zukünftiges Leben belegt. Ich war zu Tränen gerührt über diese Ehre. Seit damals trage ich die Kette täglich, sie ist schlechthin zum Sinnbild meines Lebens geworden.
Dann bricht die Feier über Johanna und mich herein. Die Stimmung zu beschreiben ist geradezu unmöglich. Hunderte Menschen treten uns entgegen, strahlen uns an, hunderte Hände berühren uns. Jeder will ein Stück von uns. Man kann sein eigenes Wort nicht verstehen. Irgendwann verschwimmen die Gesichter der anwesenden Menschen in Gesängen, Farben, Trommeln, Tänzen und Gerüchen. Ich lasse es geschehen und treibe dahin in überwältigenden, unvergesslichen, farbenfrohen Bildern, mehrere Tage und mehrere Nächte lang, bis zur vollständigen Erschöpfung.
Johanna und ich waren nun Mann und Frau.

Die Zeit war gekommen, unseren neuen Job anzutreten.

Relativ emotionslos verabschiedete man uns im Township, nur Großmutter zerdrückte einige Tränen und hoffte, uns irgendwann wiederzusehen.
Es war Frühling im Township geworden, man konnte die Luft wieder atmen und wir genossen die Fahrt in unseren neuen Lebensabschnitt durch die immer bunter werdende Landschaft.

30. Vor Liebe erdrückt

Wir hatten ein beschauliches und ruhiges Leben im Busch. Neben den Routinearbeiten, die notwendig waren, um eine Lodge zu führen, hatte ich die Aufgabe, Wilderer aufzuspüren und der Polizei zu übergeben. Allerdings gab es kaum Probleme und so genossen wir viel gemeinsame Zeit im Kreise der kleinen Familie. Durch Johanna lernte ich den Busch und das Leben in Afrika von einer ganz anderen Seite kennen, aus der Sicht einer Einheimischen, die die Sprache spricht und Sitten und Gebräuche kennt. Eine gänzlich neue Erfahrung, die mich für mein weiteres Leben prägen sollte.

Eines Tages fand ich bei einer meinen ausgiebigen Buschwanderungen zwei verwaiste Löwenbabies, die bereits halb verhungert waren. Obwohl Johanna von meiner Idee, die Löwencups aufzuziehen, nicht gerade angetan war und mich mit allen erdenklichen Tricks umzustimmen versuchte, wollte ich es trotzdem wagen. Ein erfahrener Tierarzt gab uns ein Rezept für die Zusammensetzung eines geeigneten Löwenmilch-Ersatzes. Ich kostete die Milch immer wieder, denn ich hatte den Geschmack von Löwenmilch noch gut im Kopf. Man konnte geradezu zusehen, wie schnell sich die beiden entwickelten und immer größer wurden. Sie waren die Sensation im Camp und auch Johanna liebte sie mittlerweile abgöttisch.
Nach einiger Zeit mussten wir ein großes Löwengehege bauen. Gleich neben unserem kleinen, aber sehr gemütlichen Zelt zog ich auf einer Fläche von 10 x 20 Meter einen zwei Meter hohen Zaun auf und baute einen ordentlichen Holzverschlag. Das Gehege wurde von meinen zwei „Kindern" sofort angenommen.
Aber genauso wie ich mich auf meine „Schmusekatzen" einstellte, stellten sie sich auch auf mich ein. Die ersten paar Monate nahm ich sie an einer Leine mit in den Busch und je öfter

ich mit ihnen unterwegs war, desto weniger brauchte ich die Leinen.
Dennoch wollte ich sie auf das Buschleben vorbereiten, denn eines Tages sollten sie wieder ausgewildert werden.
Obwohl beide Löwen unterschiedlichen Geschlechts waren, gab ich ihnen männliche Namen. Ich taufte das Männchen Cäsar und das Weibchen Nero. Nero war zweifellos aktiver und auch viel mehr auf mich konzentriert als Cäsar. Cäsar hingegen war genau das Gegenteil, man konnte schon im Alter von rund sechs Monaten erkennen, dass er ein richtiges Löwenmännchen werden würde. Faul, dominant und bequem. Außer wenn es ums Fressen ging, da war Cäsar immer der erste und manchmal aggressiv gegen Nero und mich. Weil seine Tatzenhiebe immer stärker und kräftiger wurden, musste ich lernen, mich vor den schnellen Angriffen zu schützen.
Eines Tages ging jedoch alles viel zu schnell.
Die beiden waren bereits 15 Monate alt, als ich eines Tages mit ihnen in den Busch ging, um Gazellen für meine Angestellten zu jagen.
Es dauerte nicht lange, da kam mir ein großer, alter Impalabock vor die Mündung. Kaum war das Tier erlegt, versuchten die beiden Löwen, mir die Jagdtrophäe streitig zu machen.
Es wäre unmöglich gewesen, den Bock einfach ins Camp zurückzutragen. Obwohl die Löwen mir gegenüber sehr zutraulich waren, schien mir das zu gefährlich.
Ich entfernte mich ein ganzes Stück von ihnen und wollte den hinteren Lauf des Bockes abschneiden, um damit die Löwen zu füttern.
Als ich den Lauf des Tieres abgetrennt hatte, entfernte ich mich damit einige Meter vom restlichen Kadaver und forderte die zwei auf, mir zu folgen. Die beiden Löwen reagierten nicht. Daher entschloss ich mich, das Stück Fleisch so weit wie möglich von mir wegzuschleudern, um sie damit zu animieren, sich das Fressen zu holen. Während ich zu einer großen Schwungbewegung ausholte, sprang mich Cäsar von der Seite

her an. Er verfehlte das Stück Fleisch und quetschte mir mit seinen Vorderpfoten den Brustkorb zusammen. Ich stürzte zu Boden. Mir blieb die Luft weg und ein heftiger Schmerz durchfuhr meine Brust. Verkrampft und nach Luft ringend, versuchte ich, mich wieder aufzurichten. Aber Cäsar stand auf meinen Brustkorb, öffnete sein Maul und starrte mir direkt ins Gesicht. In diesem Moment schloss ich mit meinem Leben ab, denn ich war fest davon überzeugt, dass er mir jetzt den Todeskuss geben würde.

Genau das Gegenteil passierte. Er begann, mich mit seiner schleifpapierähnlichen Zunge abzulecken. Dann ließ er von mir ab. Obwohl die Schmerzen in meiner Brust fast unerträglich waren, konnte ich mich nach einiger Zeit aufraffen und mich wieder sammeln.

In der Zwischenzeit hatten sich die beiden Löwen über den Kadaver des Impalabockes hergemacht. Ich kümmerte mich nicht mehr um sie und schleppte mich zum Haus.

Ich legte mich sofort ins Bett und Johanna verarztete mein blutig geleckte Gesicht.

Die Schmerzen wurden unerträglich und ich war mehrfach der Ohnmacht nahe.

Johanna musste per Funk die Notambulanz anfordern.

Es dauerte Stunden, bis der Krankenwagen kam und weitere Stunden, bis ich im Spital ankam.

Es war dasselbe Spital in Nelspruit, in das ich Elke nach der Rückkehr aus Mozambique gebracht hatte.

Man stellte fest, dass ich innere Blutungen hatte, aber welche Organe verletzt waren, wusste man nicht genau, dazu fehlten die Diagnosemöglichkeit. Ein kubanischer Arzt äußerte den Verdacht, dass ich ein Aneurysma hätte und dieses nur operativ behandelt werden könnte. Das wäre hier in diesem Spital aber gänzlich unmöglich.

Johanna ließ nichts unversucht, mich in ein Krankenhaus nach Johannesburg überstellen zu lassen. Die Krankenversicherung lehnte es ab, die Operations- und Behandlungskosten zu übernehmen. Unsere finanziellen Mittel reichten aber einfach nicht aus, um die Behandlung selbst zu finanzieren. Ich wurde immer schwächer und Resignation überkam mich. Ich hatte mit meinem Leben abgeschlossen.

Ich nehme mein Handy und wähle die Nummer meiner Schwester in Österreich. Ich erzähle ihr von meinem Zustand und verabschiede mich – für immer.
Dann schaltet sich das Handy ab – der Akku war leer. Was für ein Sinnbild!

Wie ich später erfahren sollte, rief meine Schwester sofort meine beiden Söhne an. Außer sich erzählte sie ihnen, was passiert war.

Mein Leben beginnt an mir vorüberzuziehen und ich stelle mir die letzten Fragen.
Werde ich nach dem Tod genauso behandelt, wie ich meine Mitmenschen zu Lebzeiten behandelt habe?
Hinterlasse ich mehr Positives als Negatives?
Haben mir die Menschen verziehen, denen ich Schlechtes angetan habe?
Habe ich den Menschen vergeben, die mir Schlechtes angetan haben?
Wie wird die Verhandlung vor dem letzten Gericht ausgehen?
Wird es mir in meiner Todesminute gelingen, mich zu Gott zu bekennen?

Dann wurde ich ruhig. Ich hörte auf zu kämpfen und zu fragen.
Ich hatte ein abenteuerliches, aber gutes Leben geführt, ich hatte zu Gott gefunden und würde mich in seine Hände begeben.

Plötzlich stehen meine zwei Söhne neben meinem Krankenbett.
„Komm mit, wir bringen dich nach Hause!"

Geboren am 8. August 1953 in Wien
Grundschule
Kürschnerlehre
Zwei Söhne aus erster Ehe

1976	Meisterprüfung zum Kürschner
1976	bis 1991 selbstständig als Kürschner und Pelzhändler
1991	Auswanderung nach Südafrika, zweite Ehe, im selben Jahr Scheidung
1991-1993	Selbstständig in Johannesburg, Übersiedelungsfirma und Lederwerkstatt
1994-1997	Restaurant in Johannesburg, Hochzeit mit Elke
1997	Gameranger-Kurs und Übersiedelung nach Mozambique
1997-2000	Aufbau und Übernahme der Zavora-Lodge sowie Coconutbay-Lodge
2000	Flutkatastrophe in Mozambique, Verlust des gesamten Hab und Gutes, Rückkehr nach Südafrika, Übernahme des Pungwe-Camps in Manelety
2003	Scheidung von Elke, Überfall in Johannesburg, Sohn Andreas wird angeschossen
2004-2006	Managerjob auf der Heia Safari Ranch in Johannesburg
2006	Hochzeit mit Johanna nach Zuluritus
2007-2010	Manager auf der Thinshaba-Lodge
2010	Unfall mit einem gezähmten Löwen, Rückkehr nach Österreich, Notoperation

Derzeit wohnhaft in Österreich